民营资本投资项目
全过程工程咨询范例

江苏建诚工程咨询有限公司 著

郭海星 王 润 主编

中国建筑工业出版社

图书在版编目（CIP）数据

民营资本投资项目全过程工程咨询范例 / 郭海星，王润主编 ；江苏建诚工程咨询有限公司著. -- 北京：中国建筑工业出版社，2024. 12. -- ISBN 978-7-112-30814-9

Ⅰ．F279.245

中国国家版本馆CIP数据核字第2025NA3677号

责任编辑：张礼庆
责任校对：赵　力

民营资本投资项目
全过程工程咨询范例

江苏建诚工程咨询有限公司　著

郭海星　王　润　主编

*

中国建筑工业出版社出版、发行（北京海淀三里河路9号）
各地新华书店、建筑书店经销
北京鸿文瀚海文化传媒有限公司制版
河北鹏润印刷有限公司印刷

*

开本：787毫米×1092毫米　1/16　印张：$16\frac{1}{2}$　字数：333千字
2024年12月第一版　　2024年12月第一次印刷
定价：**68.00元**
ISBN 978-7-112-30814-9
（43895）

版权所有　翻印必究

如有内容及印装质量问题，请与本社读者服务中心联系
电话：（010）58337283　QQ：2885381756
（地址：北京海淀三里河路9号中国建筑工业出版社604室　邮政编码：100037）

编写委员会

主　　　　编：郭海星　王　润
编委会成员：王文群　吕志勋　杨庆恒　夏国庆　刘　莹
　　　　　　董　栋　刘健辉　陈方宜　杨丰富　姚立新
　　　　　　尹　涛　张学伟　张艾龙　佴仁飞　王　刚
　　　　　　刘筛萍　郭　鹏　朱雷香　张稼雨

前 言 | PREFACE

全过程工程咨询是将前期决策、招标代理、勘察设计、项目管理、工程监理、造价咨询等局部单项咨询工作有机融合而成的综合咨询服务模式。实施全过程工程咨询模式的核心是如何将这些咨询业务有机地融合，其中最基础的工作是建立全过程工程咨询团队高效的内部领导机制和职责分工，最重要的工作是提前筹划并实施的项目管理和高质量的咨询服务成果。

承接某民营职业技术学院全过程工程咨询业务后，公司领导按照强矩阵制组建全过程工程咨询项目部（以下简称"项目部"），提出了全过程工程咨询的服务策略和工作要求，项目部认真研究项目特点与要求后，公司领导和质量技术中心组织全过程工程咨询项目部成员进行全过程工程咨询工作方案策划，确定了各项具体的咨询工作内容、内部工作组（部门）及其工作职责，提出了以项目管理组作为项目部的统帅部门，全过程工程咨询负责人兼任项目管理组组长，统一组织协调前期工作组、招标代理专员、勘察单位、设计团队、工程监理组和造价咨询组的工作。项目管理组全面负责从项目立项到交付的项目推进工作，按进度里程碑节点组织协调所有参建单位和内部工作组（部门）推进实施项目建设；从项目目标超预期实现和参建者共赢的高度负责对接建设单位；负责招标采购的策划与实施；负责编制勘察、设计任务书，检查控制勘察、设计工作质量；负责制订施工质量、安全和文明施工管理的目标、基本原则和方法并监督执行；负责确定造价咨询的相关依据和原则，审核造价咨询的相关工作成果。

本项目全过程工程咨询的特征之一是前瞻性与主动性。即前瞻性地策划各种目标、方案与计划，积极主动地组织相关参建单位按进度节点进场完成相应的任务，前瞻性地预测项目建设过程中可能会出现的风险、主要问题与矛盾，并主动地按照目标、计划、方案、图纸、规范、经验有效开展各项控制工作，前瞻性地分析各相关单位或人员的真实想法及可能出现的矛盾，提出具体的解决方案，矢志不渝地推进项目建设。

本项目全过程工程咨询的特征之二是高质量的咨询服务水平。不论是在项目筹划、方案设计、施工图设计、工艺控制、进度推进、材料采购，还是质量控制和造价咨询等工作中，均提出高水平的方案、图纸、实施计划或方法，展现了良好的控制效果和高超的处置能力，很快就获得了建设单位和代建单位的信任与支持，在项目参建单位中树立了威信，使得项目顺利建成并交付使用。

项目交付后，公司质量技术中心组织项目团队组成项目复盘总结工作组，进行了较长时间的全面复盘总结，在此基础上编写了本书。本书既反映了项目团队实施全过程工程咨询中的工作经验，也包含了对全过程工程咨询工作方法的优化提炼。

本书由郭海星、王润担任主编。根据分工，第一章由郭海星、刘健辉、刘筛萍编写；第二章由郭海星、王润编写；第三章由刘莹、朱雷香编写；第四章由王润、董栋、杨丰富、陈方宜、郭鹏、王刚编写；第五章由江苏省建设工程设计院有限公司本项目设计团队吕志勋、姚立新、尹涛、张学伟编写；第六章由杨庆恒、王文群编写；第七章由夏国庆、张艾龙、佴仁飞编写；张稼雨负责本书的文字编辑工作。初稿完成后，公司质量技术中心组织专家对初稿进行了多次讨论与修改，最后由郭海星、王润统稿。本书由杨效中主审。本书是全过程工程咨询工作的实践探索与经验总结，凝结了公司的智慧与辛劳。本书可作为全过程工程咨询工作培训教材，也可供承担全过程工程咨询或项目管理工作的同行参考。由于开展全过程工程咨询业务的时间不长，相关工作经验和水平有限，请读者和专家批评指正。

江苏建诚工程咨询有限公司总经理　郭海星
2024 年 11 月

目　录 | CONTENTS

第一章　概述 ·········· 1
第一节　全过程工程咨询的提出 ·········· 1
第二节　全过程工程咨询的内涵和服务模式 ·········· 2
第三节　公司对全过程工程咨询项目的组织领导 ·········· 4

第二章　全过程工程咨询的策划 ·········· 14
第一节　项目全过程工程咨询策划的准备 ·········· 14
第二节　全过程工程咨询的团队建设 ·········· 18
第三节　项目建设方案 ·········· 24
第四节　全过程工程咨询的主要工作方案 ·········· 28

第三章　项目立项论证 ·········· 47
第一节　通用航空产业的发展 ·········· 47
第二节　项目建设的必要性与可行性 ·········· 52
第三节　项目的选址与建设条件 ·········· 55
第四节　培训中心项目建设方案 ·········· 57
第五节　培训中心的投资估算 ·········· 61

第四章　项目管理 ·········· 64
第一节　项目管理的工作定位 ·········· 64
第二节　项目报建工作 ·········· 76
第三节　地质勘察工作的项目管理 ·········· 81
第四节　设计工作的项目管理 ·········· 84
第五节　招标采购 ·········· 106
第六节　施工现场准备工作 ·········· 109
第七节　施工进度控制 ·········· 112
第八节　质量、安全与文明施工管理 ·········· 126
第九节　沟通与协调 ·········· 129

第十节 项目验收 ·· 138
  第十一节 BIM 技术在本项目的创新应用 ································ 146

第五章 工程设计 ··· 159
  第一节 设计准备 ·· 159
  第二节 规划与建筑方案设计 ·· 164
  第三节 施工图设计 ·· 172

第六章 工程监理 ··· 198
  第一节 质量控制 ·· 198
  第二节 履行安全生产管理的监理职责 ···································· 221

第七章 造价咨询 ··· 231
  第一节 施工图预算的编制 ··· 231
  第二节 施工阶段的造价控制 ·· 233
  第三节 竣工结算的审核 ·· 241

附录 全过程工程咨询的文件资料清单 ······························· 251

第一章 概述

第一节 全过程工程咨询的提出

改革开放以来，我国工程咨询发展迅速，市场化、专业化水平不断提高，形成了投资咨询、招标代理、项目管理、造价咨询、工程勘察、工程设计、工程监理等多种业务形态。传统的工程咨询服务通常以各个不同专业机构的资质内容为界限，相互独立地提供各自资质范围内的专项咨询服务，在工程建设中发挥了重要作用。

但随着建设项目规模的加大及复杂程度的不断加深，多家工程咨询企业分散进行咨询模式的局限性越来越明显。首先，各咨询单位的咨询内容是分时段、分内容的，进行工程咨询的角度是不同的，各自的工作目标呈现出短期性与内容单一性，理论上各咨询单位应围绕建设项目最终目标开展咨询工作，但在实践中出于人员素质、咨询视野，甚至成本原因，各咨询单位的工作目标与建设项目的最终目标并不完全相同，如前期招标代理单位招标采购时往往较少考虑后期的项目管理、前期的方案设计对造价考虑并不充分，等等。其次，实际的咨询实践中有多家责任主体，相关的咨询单位对咨询成果是否满足最终建设目标存在互相推诿的心理。再次，建设单位无法获得连续性、综合性的咨询服务。全过程工程咨询作为一种较为成熟的国际管理模式，由一家咨询公司承担除施工承包之外的所有咨询业务，为项目建设过程提供一体化、跨阶段、综合性的全生命周期咨询服务，能够更好地满足建设单位的咨询服务需求。

国务院在2017年2月出台了《关于促进建筑业持续健康发展的意见》（国办发〔2017〕19号），明确提出"培育全过程工程咨询。鼓励投资咨询、勘察、设计、监理、招标代理和造价等企业采取联合经营、并购重组等方式发展全过程工程咨询，培育一批具有国际水平的全过程工程咨询企业，制定全过程工程服务技术标准和合同范本"。该文件从国家层面在建筑业全产业链中首次明确提出了"全过程工程咨询"的服务模式，开启了我国全过程工程咨询发展的序幕。随后，国家发展改革委员会、住房城乡建设部等部门陆续发布多个关于全过程工程咨询的指导文件，以期加快推动全过程工程咨询市场的发展，逐步形成建设工程项目全生命周期的一体化工程咨询服务体系。住房城乡建设部在《关于开展全过程工程咨询试点工作的通知》（建市〔2017〕101号）中，确定北京、上海、江苏、浙江、福建、湖南、广东、四川8省（市）及40家企业率先开展为期2年的全过程工程咨询试点工作。国家发展改革委与住房城乡建设部在《关于推进全过程工程咨询服务发展的指导意见》（发改投资规〔2019〕515号）中，提出"全过程工程咨询＝投资决策综合性工程咨询＋工程建设全过程工程咨询"的服务模式，解决了业界争议的问题。

全国很多省市响应国家关于全过程工程咨询的政策，结合本地区实际，出台了相应的文件，推动全过程工程咨询试点工作的开展。如江苏省先后颁发了《江苏省开展全过程工程咨询试点工作方案》（苏建科〔2017〕526号）、《关于公布全过程工程咨询试点企业和试点项目的通知》（苏建科〔2018〕79号）、《关于印发〈江苏省全过程工程咨询服务合同示范文本（试行）〉和〈江苏省全过程工程咨询服务导则（试行）〉的通知》（苏建科〔2018〕940号）。

有关协会还出台了多个技术标准和导则，用于规范和指导全过程工程咨询业务的开展。如中国工程咨询协会《水利水电工程全过程工程咨询服务导则》T/CNAEC 8001—2021、中国建筑业协会《全过程工程咨询服务管理标准》T/CCIAT 0024—2020等。

在政府各项政策性文件的推动下，全过程工程咨询服务在各地如火如荼地展开。包括勘察设计单位、工程监理单位、工程咨询单位在内的相关工程咨询企业纷纷拓展全过程工程咨询业务，积极开展全过程工程咨询的实践探索，争当全过程工程咨询牵头单位。根据中国招标投标公共服务平台和中国政府采购网数据统计，截至2021年12月底，全过程工程咨询实施范围由原17个试点省（市）扩展到30个省（市），项目数量累计至2327个，成交额总计264亿元。其中2017年中标项目为6个（占总数的0.26%），中标额为0.91亿元（占总额的0.35%）；2021年中标项目达到1235个（占总数的53%），中标额达到119亿元（占总额的45%）。全过程工程咨询中标项目数量及中标额逐年持续递增，五年内项目数量增加了200多倍。

第二节 全过程工程咨询的内涵和服务模式

现阶段，关于全过程工程咨询的实践探索方兴未艾，有关全过程工程咨询内涵、特征、服务模式、工作方法等方面的探讨和认识正在日渐丰富与明确。

一、全过程工程咨询的内涵

关于全过程工程咨询的定义，在国家及地方政府相关部门颁布的一系列政策文件都做出了一定的描述。国家发展改革委2017年第9号令定义全过程工程咨询为"采用多种服务方式组合，为项目决策、实施和运营持续提供局部或整体解决方案以及管理服务"。住房和城乡建设部建市监函〔2018〕9号文则描述全过程工程咨询的概念为：全过程工程咨询是对工程建设项目前期研究和决策以及工程项目实施和运行（或称运营）的全生命周期提供包含设计和规划在内的涉及组织、管理、经济和技术等各有关方面的工程咨询服务。2020年4月，国家发展改革委与住房和城乡建设部联合发布《房屋建筑和市政基础设施建设项目全过程工程咨询服务技术标准（征求意见稿）》，其中"全过程工程咨询"表述为：全过程工程咨询是"工程咨询方综合运用多学科知识、工程实践经验、现代科学技术和经济管理方法，采用多种服务方式组合，为委托方在项目投资决策、建设实施乃至运营维护阶段持续提供局部或整体解决方案的智力性服务活动"。

从上述文件的表述可以理解，全过程工程咨询的内涵包括：全过程工程咨询属于"咨询"范畴，是智力型服务；是为了实现项目整体效益最大化而开展的综合性、跨阶段、一体化、包含技术与管理的综合性服务。服务内容包含投资决策、项目管理、工程设计、造价咨询、招标代理、工程监理等方面，强调多种咨询服务组合；"全过程"的理想情景是建设项目全生命周期，即包含投资决策阶段、工程建设阶段、运营维护甚至拆除阶段全部过程，考虑到建设项目实际情况以及建设单位多样化的需求，"全过程"可以放宽理解为建设项目全生命周期中相对完整的某一阶段或跨多个阶段。

二、全过程工程咨询的服务模式

国家政策文件鼓励工程咨询企业采用多种服务方式组合，为项目决策、实施和运营持续提供局部或整体解决方案。从建设项目咨询服务的效果出发，我们认为"1+N"全过程工程咨询模式较为适宜，其中"1"是指全过程项目管理，主导着整个项目的建设管理的管理服务，是建设单位委托的必选项，可以有效统筹其他咨询工作。"N"表示建设单位可以根据项目需要从决策咨询、前期策划、勘察、设计、造价咨询、招标代理、工程监理、运营维护咨询、绿色建筑咨询、BIM咨询、节能评估、工程检测、地质灾害评估等各项专业咨询服务中选择几个，委托给全过程工程咨询企业。

全过程工程咨询的业务内容非常广泛，全过程工程咨询企业在建设工程项目中承担的角色和发挥的作用并不是一成不变的，可根据业主的不同需求而弹性调整。也就是说，一个全过程工程咨询项目并不一定全部包含上述咨询业务，也不一定非得从投资决策阶段开始，到竣工验收为止。在《全过程工程咨询服务技术标准》中，全过程工程咨询服务范围和内容的"弹性"被认可，具体的工程咨询业务组合由业主需求确定。

2017年10月27日，江苏省住房和城乡建设厅印发《江苏省开展全过程工程咨询试点工作方案》。其中规定，全过程工程咨询的服务内容包括项目策划、工程设计、工程监理、招标代理、造价咨询和项目管理等工程技术及管理活动。

2018年12月出台的《江苏省全过程工程咨询服务导则（试行）》规定，全过程工程咨询服务内容包括以下咨询内容的组合：项目策划、工程设计、招标代理、造价咨询、工程监理、项目管理、其他工程咨询服务（如：规划咨询、投资咨询、BIM咨询、绿建咨询、工程勘察、工程检测、海绵城市设计、地质灾害危险性评估、当地政府报批报建所需要的咨询服务等涉及组织、管理、经济和技术等有关方面的工程咨询服务）。建设单位可根据自己的需求进行菜单式选择，但不能少于其中的三项。

在推行全过程工程咨询之初，工程咨询企业普遍存在咨询能力不够全面的情况下，仅包含其中部分咨询服务内容的服务模式作为权宜之策是正确之选。应该认识到，从全过程工程咨询的试点开始至今，已经发展了七年之久，全过程工程咨询的服务内容应当可以确定为，以全过程项目管理为核心，以前期项目论证、勘察设计、招标代理、造价咨询、工程监理为主要内容，以其他专项咨询为补充的真正的全过程工程咨询服务模式。

第三节　公司对全过程工程咨询项目的组织领导

一、江苏建诚工程咨询有限公司简介

江苏建诚工程咨询有限公司是一家从事工程建设领域综合咨询服务的专业咨询机构，2004年经南京市工商局注册成立，注册资本1000万元人民币，企业资信等级AAA级，并通过质量管理、环境管理、职业健康安全管理体系认证。

公司现已形成集合前期策划、工程设计、招标代理、造价咨询、工程监理、项目管理、工程代建等业务的全过程工程咨询服务链。具有工程造价咨询企业资格、工程招标代理资格、政府采购代理机构资格、中央投资项目招标代理机构资格、建筑工程专业设计甲级资质、风景园林工程专项设计资质、房屋建筑工程监理甲级资质、市政公用工程监理甲级资质、文物保护工程监理资质；工程咨询资信；建筑工程、市政公用工程施工总承包建筑业企业资质等多项专业资质，现为江苏省项目管理试点企业、江苏省全过程工程咨询试点企业，是江苏省高级人民法院认定的司法鉴定机构。

公司机构健全，管理规范。内设总工办、质量技术中心、招标代理部、造价咨询部、BIM中心、项目管理部、监理部、前期咨询部、项目拓展部、财务部、综合部等职能部门。同时拥有江苏省建设工程设计院有限公司、南京风景园林工程监理有限公司两家控股子公司。为各项工程咨询服务工作的正常开展提供了有力的组织保障。

公司技术力量雄厚，拥有结构合理、专业齐全、业务精湛、经验丰富的人才团队。在职专业技术人员 300 余人，其中：一、二级造价师 51 人；工程设计类注册人员 14 人；监理工程师 71 人；咨询工程师（投资）12 人；招标师 10 人；一、二级建造师 53 人，专业技术人员持证上岗率达 100%，骨干员工均具多年从业经验。公司还拥有由 1000 多名涵盖了国民经济和社会发展诸多领域的专家群体组成的专家咨询库，为咨询服务的高效实施提供强大的技术支持。

为了提高工程咨询服务水平，公司自主开发了江苏建诚全过程咨询数智化平台，该系统包含招标代理、项目管理、工程监理、第三方巡查、案例总结与分享、项目档案、公司检查等几大板块，可以实现项目的进度管控、材料报验、质量验收、巡视检查、工作日志与报告等工作的流程化与信息化，提高了工程咨询业务流程的规范化水平，提高了项目信息的时效性、全面性与准确性。系统能够量化咨询管理工作，生成各类管理和汇总报表、形成必要的统计信息，也便于公司相关部门实时查看项目运行情况，为项目负责人和公司的决策管理提供决策参考。本系统采用 B/S 的应用模式，电脑端采用浏览器访问，企业小程序端采用微信小程序的方式访问。图 1-1 为江苏建诚全过程咨询数智化平台的页面截图，图 1-2 为现场人员手机操作管理系统的页面截图。

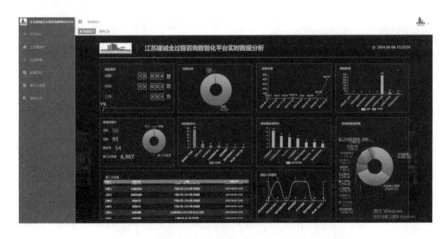

图 1-1　江苏建诚全过程咨询数智化平台的页面截图

公司立足江苏，面向全国，致力于为客户提供专业化、个性化的咨询服务，树立值得长久信赖的专业顾问形象，打造卓越的咨询服务品牌。可提供全过程工程咨询、工程前期咨询、工程设计、工程招标代理、政府采购项目代理、造价咨询、工程监理、项目管理、军工业务咨询服务、司法鉴定咨询等服务。业务涵盖房屋建筑、市政基础设施、公路水运交通、水利港口码头、电力、通信等诸多行业。公司自成立以来，秉承"质量第一、服务第一"的服务宗旨，恪守"独立、

图 1-2 现场人员手机操作管理系统的页面截图

客观、公正"的执业原则,圆满完成各类咨询项目 3000 余个,公正、严谨、高效的服务赢得了社会各界的充分认可,在行业内享有良好声誉。

经过 20 年的发展历练,公司已经在人才、技术、管理、经验等方面得到长足发展,具备了完成各类咨询服务的综合实力和技术能力,能够有效整合技术、人才和资源优势,形成完整的咨询服务链,以"创新引领、科技驱动、数字赋能、绿色咨询"为公司的服务理念,凭借科学的管理、丰富的行业经验、广泛的社会资源,坚持以客户为中心,坚持不断创新,把质量与服务作为企业发展的根本,以客户需求为服务的焦点,努力为客户提供优质的工程管理和技术咨询服务。

公司多年坚持投身公益慈善事业,履行企业社会责任,多次获得南京市慈善总会、南京市社会儿童福利院、其他若干受捐赠单位授予的爱心捐赠证书。

二、民营企业投资项目的特点

除了少数优秀的民营企业之外,大部分民营企业具有如下几个方面的特点。

首先,民营企业大多数由小微型家族企业发展而来。企业中的重要职务如财务、出纳等,一般由企业经营者或所有人的亲属担任。

其次,民营企业在成立之初就缺乏体系化的管理意识,加之早年民营企业经营者的管理重心多放在外部扩张方面,因此企业领导人对于内部管理的关注普遍不足。

最后,民营企业脱胎于家族企业,在企业运作和决策制定等方面,企业所有人和决策者本身的主观意见对企业的发展与决策影响较大。在某些企业内部,虽然表面上也拥有一套管理决策制度,但其作用仅仅是为决策者的决策提供支持,并未就决策本身是否科学合理进行相对公正独立的流程或制度约束。

民营企业经过前些年的快速发展,项目投资逐渐成为现代民营企业谋求新发展和企业转型升级的重要手段。相比大型企业以及国有企业,民营企业具有更快的市场嗅觉与反应速度,在寻找项目投资的过程中具有诸多优势。但由于本身的一些典型特点以及特有的成长发展经历,造成民营企业在进行项目投资时存在诸多不利因素，如管理意识跟不上，管理体制缺乏科学性与规范性，企业在项目投资风险预警与风险防控等方面的能力仍然有待加强。

（一）项目投资决策的科学性需要进一步加强

项目投资决策应建立在遵循市场规律及企业自身情况和发展需求的基础之上，但由于民营企业的发展方向及决策主要取决于经营决策者本身的个人态度，所以不论是从个人见解与意识的局限性，还是从态度、观念可能造成的消极影响来看，民营企业项目投资的制度化与科学性均需要提高。

（二）项目投资计划缺乏可靠的可行性分析

可行性分析是企业进行项目投资活动前一个必不可少的重要环节，许多致力于规范企业管理和推动企业科学化决策的民营企业领导人逐渐开始重视这方面的工作。但是鉴于民营企业的管理模式及特征，大多数民营企业的项目投资可行性分析仍然存在"走过场"的现象，并不能真正起到分析判断的作用。造成这一问题的原因不仅在于企业决策者未能有效重视可行性分析的重要性，同时也在于企业管理机制已经适应了围绕企业领导人开展工作的模式，形成了思维惯性。

（三）项目投资建设过程中缺乏有效的管理

项目投资涉及资金量大，管理不善所造成的影响尤其突出。家族式的经营管理导致企业领导层在选人用人时往往将亲属关系或人员是否可靠摆在首位。这一特点造成了一系列的连锁反应。首先，对相关岗位所任用人员专业能力的关注相对不足，直接影响其工作质量和企业全面管理能力的提升。其次，由于投资项目的建设是一次性任务，相比周而复始的日常企业管理有很大不同，对项目进展、成本和风险的预见性不足会导致成本增大、进度拖延，甚至会造成质量安全问题。再次，人员任用多有裙带关系，许多企业领导人也较少有魄力真正就工作质量问题大力进行监管，久而久之，造成了监管缺失的现实局面。

（四）项目投资短期逐利特征明显

民营资本投资的根本目的是实现资本利益最大化，企业对成本控制有着本能的欲望。由于民营资本短期逐利，投资建设具有投机性，为了尽早和最大限度地实现预期收益，可能导致在项目建设中尽可能压低成本，在缺少对项目建设功能或质量预见性情况下盲目追求项目建设进度。当施工进度与质量发生冲突的时候，常常降低工程质量的要求，甚至提出加快施工进度的设计变更，可能导致项目建设质量不佳，后期经营与维护成本大大提高等问题。

三、本项目全过程工程咨询的服务内容

某教育集团拟建设一所航空类职业技术学院，第一步先建设相对独立、功能齐备的培训中心，第二步再建设全日制的职业技术学院。

第一阶段的建设内容为培训中心，包括教学楼、宿舍楼、教师公寓、学术交流中心、食堂和操场等。第二阶段的建设视后续发展情况而定，但没有明确的计划和时间表。

本项目属于民营企业投资。投资大，工程量大，建设周期长，涉及的人、财、物众多，事务繁杂，需要协调处理的事项多。业主方没有相应的技术力量和项目管理经验来完成项目建设任务，需要委托外部专业的、具有相关资质的工程咨询单位进行项目规划、方案设计、造价咨询、项目管理、工程监理等。项目业主方经过多方考察，最后决定委托江苏建诚工程咨询有限公司采用全过程工程咨询服务模式完成项目的实施。

根据全过程工程咨询服务合同，本项目全过程工程咨询服务的内容如下。

（1）项目策划：编制整个项目的项目建议书、可行性研究报告，实施环境影响评价、社会稳定风险评估、职业健康风险评估、交通评估、节能评估等。

（2）工程勘察：勘察单位作为合作单位，纳入全过程工程咨询合同之中，本次的勘察范围为培训中心的地质勘察工作。全过程工程咨询团队要对勘察方案、勘察过程及成果进行管理。

（3）工程设计：本次的设计范围是培训中心一期工程的所有建筑、道路景观、围墙等。设计内容为建筑方案设计、初步设计、施工图设计，包括土建设计（建筑、结构）、机电设计（给水排水、电气、暖通）、智能化设计、景观设计、内装设计、幕墙设计、变配电设计、人防设计、泛光照明等以及根据项目需要的其他专项设计。

事实上，在签订全过程工程咨询合同之前，设计团队已经参与了培训中心的规划与方案设计的竞赛工作。方案设计得到业主认可，规划与建筑方案已基本确定后，才签订了全过程工程咨询合同。

（4）工程监理：监理的范围是培训中心一期工程，包含两幢教学楼，三幢宿舍楼和一号食堂＋风雨操场。监理的工作内容包含三控、两管、一协调和履行监理安全职责。即对工程进度、质量、投资进行控制，对合同和信息进行管理，协调施工现场各方面关系，履行施工现场的监理安全职责。

（5）招标代理：招标代理的范围为培训中心一期工程，包含两幢教学楼、三幢宿舍楼和一号食堂＋风雨操场。招标代理的范围为培训中心一期工程，是除全过程工程咨询招标以外的，包括施工招标、材料与设备招标、服务招标在内的所有招标代理工作。

（6）造价咨询：造价咨询的范围为培训中心一期工程，包含两幢教学楼、三幢宿舍楼和一号食堂＋风雨操场。造价咨询内容为编制招标控制价、审核工程款支付、审核工程竣工结算。

（7）项目管理：项目管理的范围与监理、招标代理、造价咨询是一致的，包括项目报建、勘察设计管理、合同管理、投资管理、进度管理、招标采购管理、现场管理、参建单位管理、验收管理、运营保修管理以及质量、计划、安全、信息、沟通、风险、人力资源等的管理与协调。

四、公司对本项目的组织领导

本项目是一个咨询服务内容全面的全过程工程咨询项目，咨询业务范围覆盖前期决策、项目报建、勘察设计、项目管理、招标采购、工程监理、造价咨询等。因此项目伊始，公司领导高度重视，亲自指挥，层层动员。针对全过程工程咨询的特点和业主需求，强力整合公司内部资源，创新项目管理组织体系，组建精干高效的咨询团队，探索适应全过程工程咨询业务特点的成本控制、考核激励、风险防控等机制，建立健全各项工作制度和管理标准。

（一）项目组织架构设计

我公司下辖的部门有项目管理部、监理部、招标代理部、造价咨询部、前期咨询部和设计院，对应全过程工程咨询的工作内容，公司采用的矩阵制形式组建各项目的全过程工程咨询项目机构，如图1-3所示。

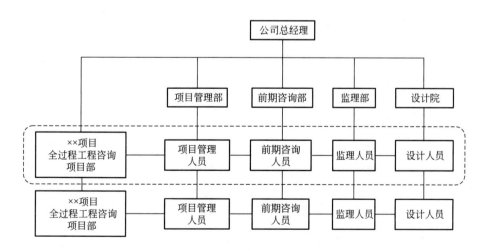

图1-3 矩阵式的全过程工程咨询项目部

在公司设置的强矩阵制结构中，项目负责人的职权要略高于部门经理。项目所有人员均来自公司内部各个部门，由全过程工程咨询项目负责人安排工作并进行绩效考核，原部门经理不得给项目人员安排工作；项目负责人对项目成员的工作不满意时可以退回原部门，退回人员的年终绩效在部门考核的基础上降两个档次，部门经理无条件地负责人员补充，当该部门有超过两人被退回时，部门经理的绩效考核降低一档。这样可以保证项目人员全身心投入工作。

项目人员的业务工作与成果受原部门的指导与审查，可以利用原部门的整体力量完成项目的相应咨询工作。

总经理作为公司最高领导人，全程指导项目的开展，与业主方高层组成项目决策层，共同就项目建设过程中的重大事项作出最终决策，解决项目建设过程中的重大问题。

根据项目特点和需求，依托公司自身在前期咨询、设计、招标代理、造价咨询、项目管理、工程监理等方面的技术力量，从相关专业咨询部门调配整合业务能力强、工作经验丰富的专业人才，组建专业咨询团队，作为执行层，结合项目整体推进情况，适时介入，开展工作。全过程工程咨询团队配备两名总负责人（一人主导），负责领导本项目全过程工程咨询团队，承担整个建设项目的筹划、推进、总控和管理，对全过程工程咨询目标负全部责任。

全过程工程咨询不同于传统的专项工程咨询服务模式，全过程工程咨询人员需要从过去的设计、招标代理、项目管理、工程监理等专项咨询的思维模式转变为全过程、全方位的综合咨询思维模式，所有工程咨询人员均要对最终的功能、质量、进度、造价等建设目标负责。为此公司领导要求公司质量技术中心嵌入本项目，负责开展技术指导、工作检查和人员培训，为项目的实施和推进提供技术保障。

当前 BIM 技术在建筑行业逐步推广应用，其效果与价值日益提升。公司在本项目的全过程工程咨询服务中组建 BIM 团队，引入 BIM 技术，较好地提高了全过程工程咨询服务的信息化水平和咨询服务效果。

（二）组织运行措施

全过程工程咨询项目具有全过程、跨阶段、一体化的特征，对项目运行的整体性和连贯性要求高。公司一方面委派具备相应任职条件和能力素质的高级专家担任项目总负责人，另一方面给予总负责人充分的授权，给予其统筹管理的权力，确保实现项目目标。在项目总负责人的领导下，全过程工程咨询项目部有如下的组织运行措施。

1. 专业覆盖、一专多能

根据项目需求，首先保证咨询团队人员全专业覆盖，同时结合咨询团队基本构架，优化人力资源配置和投入，关注现场咨询团队的人员稳定性，尽量选择一专多能的人员，以保持人员稳定，并降低成本。

2. 项目团队相对独立运行

项目团队的执行力和整体性是全过程工程咨询项目推进的有力保障，需要摒弃因各咨询人员因来自不同部门而带来的各自为政、貌合神离的做法。通过赋予总负责人充分的管理权限，实现全咨项目团队的相对独立运行。

3. 持续赋能

通过建立学习型团队，定期不定期举办讲座、研讨会、参观交流等活动，对不同岗位进行赋能，帮助他们提高认知，提升解决各类问题的能力，促进全过程咨询项目团队形成人人能战、协同作战的氛围和实力。

4. 有效沟通

项目的有序推进，依赖决策—协调—执行（检查）—反馈的顺畅运行，有效的信息沟通是保证，包括外部沟通协调和内部沟通协调。为此，一方面，公司层面和项目团队重视建立健全必要的沟通机制，包括会议制度、报告制度、信息发布制度、信息交流工具的使用等。确保信息收集及时，上传下达，为决策层决策提供分析基础和数据，具体问题能得到有效解决；另一方面，建立项目联系人制度，沟通内外关系，使所有问题能够有效汇总与处理，避免出现问题时不知道找谁解决，或者对接了不匹配人员造成沟通困难等问题。

（三）服务策略

本项目的全过程工程咨询包含前期策划、项目管理、工程设计、造价咨询、招标代理、工程监理等多项内容，是由多个专项咨询叠加的综合性咨询业务，但不是单项专业咨询的简单叠加，亦不等于碎片化的管理拼接，而是为了实现项目整体效益最大化而开展的综合性、跨阶段、一体化的服务。要有实现项目在生命周期内效益最大化的理念，将投资决策、勘察设计、造价咨询、项目管理、工程监理、招标代理、专项咨询等环节实现闭环。

通过前文的分析，民营企业的技术与管理力量相对较弱，工程建设技术与管理人员的唯上服从意识一般会强于独立的科学分析与判断，全局性、前瞻性的分析判断与组织管理相对较弱，另外在处理质量、进度和造价三大目标关系时，对造价成本考虑可能会比较多。我们采取的服务策略主要有以下几个方面。

1. 把与建设单位的沟通摆在突出位置

当民营企业建设单位的技术和经验欠缺，而且居于主导地位时，提前沟通极其重要。我们提前将整个工程的全局筹划、咨询方案、技术要点、管理要求等一切工作及其理由告知建设单位负责人和现场管理人员。除此之外，在后续的建设过程中，全过程工程咨询团队定期与建设单位沟通，尽可能早地将有关工程建设的各阶段的重点工作、相关问题的预测、拟采取的措施与建议告知相关人员，想办法与建设单位充分融洽，形成一个整体。

2. 高度重视造价

造价是民营企业较为关心的利益所在。我们在保证质量与安全符合国家规定的前提下，在工程设计、编制工程进度计划、确定装修标准与设备选型、招标采购、现场管理等各项工作中兼顾寿命，节省造价。具体有三个方面的措施：第一，在保证使用功能的前提下，尽量选用高性价比的建筑方案、结构形式，以及风水电设备方案；第二，在装修材料与设备选型上选择性价比高的品牌；第三，造价人员对各种设计或采购方案均进行造价评估，以便方案比选时考虑造价因素。

3. 以价值管理思想为指导

全过程工程咨询服务的价值不在于建设项目实体建筑的施工与生产，而是通过科学决策、设计优化、精心组织与管理等智慧活动，最大限度地提升项目功能价值和节约项目投资。集中体现在以价值工程思想为准则，在满足项目目标功能、保证工程质量和施工安全的情况下，创造时间价值和成本价值。

4. 以"整合咨询资源"为手段，更好地为业主提供增值服务

在价值创造过程中，全过程工程咨询需要综合考虑项目投资、进度、质量、安全、环保等目标以及合同管理、资源管理、信息管理、技术管理、风险管理、沟通管理等要素之间的相互制约和影响关系，实施多阶段集成化管理，避免项目管理要素分阶段独立运作而出现漏洞和制约，更好地为业主提供增值服务。

因此，在咨询过程中，我们探索强化系统思维，强调资源整合。除了优化组织结构与人员配置外，注重对不同的专业咨询内容进行整合，消除决策咨询、招标代理、设计、项目管理、工程监理、造价咨询等专项咨询工作的壁垒。在设计阶段，将项目整体功能、投资效益、工程效果、全生命周期价值作为目标，以经济、技术和管理的手段进行设计优化；在实施阶段，以组织、信息、管理等技术，通过全过程造价管控实现项目质量、进度、投资的最佳平衡与价值提升。

5. 以设计为主导

项目建设目标的成形主要体现在设计图纸。节约建设项目工程造价的最佳抓手也是从方案设计开始的工程设计。前期策划和规划方案引导着后续工作的开展。方案设计、可行性研究及投资估算可以初步确定业主的建设意图与资金投入。设计阶段的项目负责人要架起设计人员与业主之间的桥梁，让设计人员充分了解业主方的真实需求和意图，再通过专业人员的努力，拿出使用功能、造价与工程效果相协调的设计成果。只有在设计阶段打下坚实基础，后续的工作才能有条不紊地进行。

6. 以项目管理为核心

项目管理是建设项目的总策划与总指挥角色。在本项目团队中，全过程工程

咨询的负责人同时兼任项目管理负责人，为业主提供全过程、全方位、全要素、集成化管理的咨询服务，而这正是项目管理服务的优势。项目管理团队承担起整个项目的建设使命，重点是做好整个项目全周期的统筹安排，为项目的建设规划、施工组织与管理工作提出相应的建议以及工作方案。同时发挥项目管理服务在组织协调中的优势，不仅是对项目内部参建单位的组织与协调，更重要的是对外部关系进行沟通和联系。对于全过程工程咨询而言，项目管理还要突出强化各单项咨询服务的整合，着眼打破咨询服务的条块化，使各阶段各环节不再单打独斗，有利于不同咨询业务间的衔接沟通，实现群体效应以及技术和经济的有机融合，有效地推进项目。

7. 以BIM技术为支撑

鉴于BIM技术的可视化、集成化、协同性、模拟性等优势特点，在全过程工程咨询服务中大力推广使用BIM技术，有助于将建设项目所有信息资源进行高度整合与集中，打破信息与资源壁垒，提高项目参与方的沟通效率，保障项目安全、透明、可视化地顺利运营，极大地提高全过程工程咨询服务的信息化水平和咨询服务效果，是实现建设项目绿色发展的重要手段。

第二章 全过程工程咨询的策划

全过程工程咨询单位在开展工作之前需要充分了解民营企业的内部要求，系统分析本项目建设的内在逻辑与特征，对项目层面的项目管理、勘察、设计、采购招标、造价咨询、工程监理等各项工作进行整体策划，对项目的建设目标进行初步的规划与分解，明确项目全过程工程咨询团队各部门的具体工作内容，拟定项目各参建单位的工作范围及职责界面，从而制订切实可行的全过程工程咨询方案。

第一节 项目全过程工程咨询策划的准备

一、项目前期工作调研内容

根据建设单位的愿景，制订调查提纲，深入调查项目的需求，为确定建设目标打下基础，也为后续项目整体策划和管理工作策划奠定基础，项目前期调研的内容与工作重点如表2-1所示。

项目前期调研内容与工作重点清单　　　　表2-1

序号	调研类别	调研内容	调研对象或方式	关注重点
1	项目决策	人才与培训需求 当地优惠政策	相关企业 同类职校 当地招商政策	国内各类航空产业园内企业的数量、规模、就业人数、各技术工种的职业人才需求、同类型职业学院的培养规模、当地政府对职业学院的发展规划与优惠政策
2	项目特征	项目定义与特征	已建高校	职业学院的整体风格与校园规划、项目群包含各功能的建筑单体，可持续发展与鲜明的办学特色所对应的勘察设计、采购、施工及运营等一系列相关要求
3	功能需求和建设标准	功能需求	类似院校发展需求	教学行政区、实训（实验）区、体育运动区、学生生活区等各区的功能需求、技术性特殊功能和工艺需求
3	功能需求和建设标准	建设标准	相关规范指导文件	实训功能建筑和工艺的建造、设计、执行、交付标准及其对投资的影响

续表

序号	调研类别	调研内容	调研对象或方式	关注重点
4	建设条件	外部建设条件	现场走访	当地的产业发展与总体规划、自然环境、区域内企业分布、经济及政策环境、市场环境
		内部建设条件	业主访谈	建设单位资金、人力物力资源、相关管理流程制度和前期工作完成情况等
5	项目管理	策略与沟通	业主访谈	本项目的项目管理流程、建设单位的管理理念、职责分工、技术与管理水平、企业文化
6	项目融资	融资政策与需要	相关金融政策	相关金融机构的融资能力、企业的抵押权物与资金状况

在初步筹划后,全过程工程咨询团队踏勘现场,了解场地红线边缘尺寸与位置、拟建建筑物位置及边线、地表植被与标高、地表建筑物及地上地下管线、周边道路交通、周边水电供应等场地条件、临时水电的申报接通周期、污水与雨水的排放条件,估算或规划本工程建设所需的临时建筑、加工场地、临时道路、施工用水用电及其他资源初步要求,并编制现场勘察情况书面报告。

二、项目特征分析

（一）业主的项目设想

项目所在地为华东某市,当地县域产业特色鲜明,初步形成了高端装备制造及汽车零部件、电子电器、新能源新材料等支柱产业,同时积极培育通用航空、机器人及智能装备、光电信息等战略性新兴产业,提升绿色包装材料产业,推进文化创意产业、住宅设备工业化。当地的航空产业园获批为全省战略性新兴产业集聚发展试验基地,入列全国通用航空产业集聚发展示范区。产业园内钻石飞机、海鹰无人机、石英纤维等成为业内"单打冠军",华夏云天航空发动机维修填补民航发动机维修空白。鉴于周边航空产业等高端制造业对专业型人才的巨大缺口,本区域需要一所航空产业相关的职业技术学校为当地航空产业的相关企业输送对口人才。

项目投资方为某民营教育集团,是国内领先的非学历职业教育品牌,每年学员超过140万人。在全国31个省份、319个地级市建立了1200余家直营分部和学习中心,在职员工近3万人。

该集团拟建设一所民办全日制普通高等院校。整个学校规划用地约721.5亩,规划容纳学生15000人。并致力于打造集高等教育、职业教育、产业孵化、生活配套等功能为一体的教育综合体。

校园建设规划分两阶段实施，第一阶段建设容纳 6000 名学生的非学历培训中心，规划用地面积约 178 亩，满足教学、生活等基本需求。第二阶段建设本科学历的职业技术院校。校园建成后可满足在校生 15000 人（含非学历培训 6000 人）的教学、科研、生活、运动的功能。

（二）地理位置

经投资方与当地政府商议确定，项目选址于县城东南方向约 6km 处，如图 2-1 所示。位于当地的航空产业园内的东部科技创新片区，周边以航空产业为主。项目位置交通便捷，距周边的国际机场约 40min 车程，距离客运中心约 6.6km，距在建的机场约 15min 车程。

项目用地范围内的绝大部分有航空限高要求，所限高程为绝对标高 64.675m，只有西北侧小部分范围可以局部加高。项目用地尺寸如图 2-2 所示。

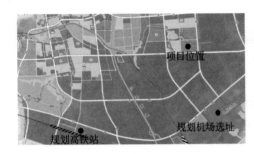 

图 2-1　项目区位图　　　　　　图 2-2　项目占地示意图

项目所在地年平均气温 15~16℃，日照时数 2000h 左右。最热为 7~8 月，平均气温超过 28℃，极端最高气温接近 40℃；最冷为 1 月，月平均气温仅 3℃。降雨充沛，年降雨量 1200mm，但年内降水分布不均，主要集中在春季、梅雨季节和初冬。

建筑热工气候分区为：夏热冬冷地区，需要同时考虑夏季制冷和冬季供暖的需求。此外，因雨水较多，建设中应考虑夏季雨季短时间内暴雨的排水问题。

（三）项目所在地的相关资源

当地在 2020 年完成建筑业总产值 80 亿元，共有建筑业企业 153 家，其中施工总承包企业 115 家（二级及以上资质企业 34 家），专业承包企业 24 家，3 家企业获市"2019 年十强建筑业企业"称号。商品混凝土厂家多达十几家，建筑材料与建筑设备租赁有较为成熟的市场供应。材料检验检测企业众多，选择面广。建筑业从业人数较多。

项目现场交通方便，有两条城市主干道经过。雨水污水排水管沿主干道布置。场地内有小山坡和小池塘，高差在 10m 以内，当地政府承诺完成场地平整工作。项目周边基本是空地，无居民区。施工干扰较小。

临时施工供水与供电事宜，可以在申请后一个月左右得以解决。用于搭建施工临时设施的施工用地可以在征地红线内解决，不需要另行到周边空地与相关单位协商租用。

（四）项目目标分析

1. 总体目标

以航空产业为主要办学特色和方向，兼顾地方其他主导产业方向，培养符合航空制造、应用和服务管理的高级应用型技术人才。同时以航空职业技术学院主体工程为依托，利用当地优越的区位优势，汇聚周边省市非学历职业培训需求，建设教育集团的华东区域非学历职业培训基地，先期开展非学历教育。在此基础上，围绕民航、通航的高技能航空人才的培训需求，建设民航职业教育本科院校。后期将积极推进与其他航空院校、航空企业深度合作，建立相关的飞行训练中心和维修培训中心等。

2. 建设进度目标

第一阶段培训中心一期工程建设工期从 2019 年 12 月下旬取得土地使用权开始，至 2022 年上半年建成交付。二期工程视一期建设进展展开，另外确定建设工期。

根据我们的经验，各个环节能够正常推进的情况下，能够在两年三个月左右的时间内完成培训中心一期工程各种报批手续、勘察设计、招标采购和施工建设和验收交付等各项工作。

3. 质量安全目标

本工程为民营投资项目，工程质量标准必须符合国家和地方的施工验收标准，但也不追求优质工程奖项。安全方面不得出现人员伤亡事故，环境保护及文明施工应符合地方政府的要求。

项目的质量安全目标是不容突破的。在当前建筑市场普遍存在挂靠的情况下，质量与安全管理是全过程工程咨询团队的工作重点之一。

4. 项目投资目标

初期计划投资在 12 亿元以内。与国有投资不同，民营企业的投资项目由企业承担投资风险，一方面民营企业会尽可能减少投资，提高投资效益；另一方面如果投资额需要增加，审批流程相对简单，董事长批准即可。

（五）建设单位特征

建设单位是全过程工程咨询的咨询服务对象。为了使我们的咨询工程能够符合建设单位的需求，更好地与建设单位进行沟通与配合，我们也需要了解建设单位以下方面情况。

1. 技术管理素养

全过程工程咨询团队可通过交谈的方式，从专业背景、业绩、采取的管理措施等多种维度来了解建设单位项目管理团队的技术素养。具体可包括规划设计、建筑设备选型、采购、施工组织、项目管理等方面的能力或经验。

2. 授权范围

全过程工程咨询团队应根据自身团队的素质、项目的需要以及建设单位项目管理团队素养情况，尽早与建设单位沟通授权事项及其优势与弊端，并形成书面授权文件。

3. 内部分工

全过程工程咨询团队应观察了解建设单位关于项目建设的内部职责分工，以及决策权力的分布，以便确定今后相应工作沟通汇报的主要对象。

4. 管理风格

全过程工程咨询团队在咨询工作初期应与建设单位项目团队讨论项目管理相关举措、可能出现的问题及其应对措施等方面，从中了解建设单位工程建设管理能力，评估其能否看清工程建设管理的本质或底层逻辑，从而与建设单位项目团队进行恰当的分工协作，以期形成良好的互补关系。

5. 工作作风

全过程工程咨询团队还应当观察建设单位管理团队的工作作风，包括听取他人意见程度、决策果断程度、工作细致程度、责任担当程度、廉洁自律程度等，以确定与建设单位项目团队打交道的方式方法。

建设单位并未在现场设立项目管理机构，而是委托一家项目管理公司作为代建方，全权处理项目建设工作。全过程工程咨询单位与建设单位的一切联系均通过代建单位进行，不得越级沟通汇报。在一些重大问题上代建单位仍要与建设单位沟通汇报，并由建设单位决策。因此本项目的一些重大问题决策时间会偏长一些。对代建单位的特点描述在此不再阐述。

第二节　全过程工程咨询的团队建设

全过程工程咨询的工作内容包括前期项目策划、项目报建、勘察、设计、项目管理、工程监理、造价咨询。管理的对象包括勘察单位、施工单位、安装与装修单位、第三方检测单位等。需要汇报或协调的单位包括本公司领导和相关职能部门、建设单位、代建单位、政府部门等。内部的组成部门包括前期咨询组、设计团队、项目管理、工程监理、造价咨询等。

全过程工程咨询团队以职责分明、指挥顺畅为原则建立组织管理机构，上承公司相关部门、代建单位、建设单位、政府部门，下达勘察单位、施工单位、第三方检测单位。

一、建立双负责人制

我公司的咨询能力和资质已经覆盖了前期项目咨询、工程设计、招标代理、造价咨询、工程监理等工程建设的全过程。但是全过程工程咨询负责人的个人综合咨询能力仍然局限于项目前期咨询或设计阶段或施工阶段，尚不能全部覆盖项目建设的全过程。为了培养项目负责人设计和施工阶段的工程咨询能力，本项目的项目咨询机构分为两个阶段设置，在前期立项报建和设计阶段，由设计院派出的具有丰富设计经验和管理能力的资深专家担任第一负责人，全面负责全过程工程咨询工作，安排具有施工阶段丰富项目管理经验的资深专家作为第二负责人，协助第一负责人开展施工筹划等项目管理工作。在施工阶段，两位项目负责人的主次顺序换位，擅长于施工阶段项目管理的资深专家担任第一负责人，而擅长于规划设计的资深专家担任第二负责人，协助设计变更、清单审核、项目验收等方面工作。两位负责人各有所长，互相学习，弥补弱项，为今后独立担任项目负责人积累经验，打下基础。

前期立项报建与设计阶段的主要工作有编制可行性研究报告、提出项目的规划方案、扩初设计和施工图设计、招标工作、编制预算清单和招标控制价，以及向当地政府申报项目的批准手续。前期咨询与设计阶段的内部机构有前期咨询组、项目设计组、勘察单位、造价咨询组和项目管理组。项目报建和招标的工作量不多，因此将此两者的工作职责纳入项目管理组。组织机构如图2-3所示。

编制可行性研究报告、预算清单和招标控制价等工作均以提供咨询报告为特征，公司相应部门审核咨询成果并对质量进行把关，项目负责人的职责主要是跟踪进度和协调沟通。

项目报建工作是向政府相关部门提供所需要的有关文件资料，以取得政府批准手

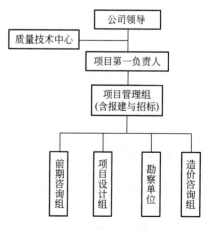

图2-3 前期咨询与设计阶段的全过程工程咨询组织机构图

续。这里主要涉及项目方案、设计文件、可行性研究报告、环境评价，以及建设单位相关资料等。工作核心是按政府办理各种手续所规定的程序或要求，并根据项目的进度要求提供相应的文件资料。

勘察单位是全过程工程咨询的联合体单位，全过程工程咨询团队要对勘察的布点、进度和成果进行把关。

前期立项报建与设计阶段的核心咨询工作是项目的设计，它涉及项目建成后的使用功能、项目投资、项目的招标与进度。全过程工程咨询负责人具有丰富的设计工作经验，可以组织本单位的专家对项目设计等进行审核把关。

在施工阶段，全过程工程咨询机构内部分为项目管理组、设计代表组、工程监理组、造价咨询组和 BIM 中心。核心部门是项目管理组，由该部门主导整个项目的组织实施与进展。施工阶段全过程工程咨询组织机构如图 2-4 所示。

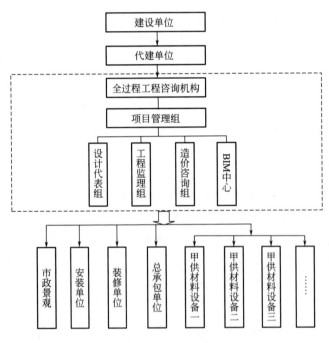

图 2-4　施工阶段全过程工程咨询组织机构图

二、各部门责任划分

除了部门职责分工以外，我们还明确了本项目全过程工程咨询的各项工作所对应的各个部门职责，各项工作的职责分配矩阵如表 2-2 所示，并将各项工作的职责划分为：D——决策（decision）、R——审核（review）、E——执行（execute）、A——协助（assist）、P——建议（propose）。

工作职责分配矩阵　　　　　　表2-2

工作内容	工作职责 D——决策（decision）、R——审核（review）、E——实施（execute）、A——协助（assist）、P——建议（propose）							
	代建单位/业主	项目管理	造价咨询	设计院	前期咨询组	工程监理	施工单位	甲购供货商
1 前期工作								
1.1 建设成本分析	D	R	A		E			
1.2 资金需求量计划	D	R	A		E			
1.3 编制可行性研究报告	D	R			E			
1.4 取得规划条件	D	E						
1.5 建设项目备案	A	E		A				
1.6 办理土地使用权证	A	E						
1.7 办理规划许可证、施工许可证，办理质监与安监	A	E		A				
2 工程发包管理								
2.1 承发包策划与计划	D/R	R/E	A					
2.2 专项发包策划	D/R	E						
2.3 编制材料、设备采购清单	D	R/E	A	A				
2.4 考察成果汇总撰写考察报告	D/R							
2.5 工程量清单与控制价编制	D	R	E	A				
2.6 工程发包文件的审查	D	R/E	A					
2.7 现场交接管理		A				E	A	A
3 合同管理								
3.1 划分合同界面	D	R/E	A					
3.2 合同文本及履约评估		E	A					
3.3 解决合同变更、签证、索赔与纠纷	D	E	E			A		
3.4 合同款项支付	D	R	E			A		
4 造价管理								
4.1 方案估算	D	R	E	A				
4.2 设计概算	D	R	E					
4.3 施工图预算管理及审核	D	R	E					
4.4 限额设计管理	D	E	E	E				
4.5 设备选型	D	R	A	E				

续表

工作内容	工作职责 D——决策（decision）、R——审核（review）、E——实施（execute）、A——协助（assist）、P——建议（propose）						
	代建单位/业主	项目管理	造价咨询	设计院	前期咨询组	工程监理	施工单位	甲购供货商
4.6 编制工程量清单	D	R	E	A				
5 设计管理								
5.1 组织方案设计		R		E				
5.2 组织方案设计评审	D	E		A				
5.3 组织开展扩初设计		E		E				
5.4 组织扩初设计文件评审	D	E	P	A				
5.5 施工图设计		E		E				
5.6 组织图纸会审及设计交底		E		A				
5.7 跟踪落实图纸的完善与设计变更		E		E				
5.8 协调专项设计与主体设计工作范围、界面与接口条件	D	E	A			P		
5.9 审查勘察方案		E						
5.10 组织审查勘察成果	D	E						
5.11 对设计图纸完整性、设计深度、准确性进行审查	D	E		E				
6 进度管理								
6.1 制订并调整项目总进度计划	D/R	E	A	A	A	A	A	A
6.2 根据总进度制订各个分进度计划		R/E	E	E	E	E	E	E
6.3 执行、检查与调整各个分进度计划	D	EE	E	E	E	E	E	E
6.4 跟踪检查总进度计划		E	A	A	A	A	A	A
6.5 定期组织进度推进协调会	R	E	E	E	E	E	E	E
7 现场管理								
7.1 现场平面规划及临时水电保障	D/R	E				A	A	
7.2 场地接收及临时设施规划	D/R	E				E	A	
7.3 审核施工组织设计、施工方案	R	E				E		
7.4 测量控制		R				E	E	
7.5 施工现场总平面管理		R				E	E	

续表

工作内容	工作职责 D——决策（decision）、R——审核（review）、E——实施（execute）、A——协助（assist）、P——建议（propose）						
	代建单位/业主	项目管理	造价咨询	设计院	前期咨询组	工程监理	施工单位	甲购供货商
7.6 现场检查		E				E		
7.7 组织工程现场协调会、工程例会、工程专题会		E		E		E	E	E
7.8 与各相关单位的沟通		E				E	A	
7.9 图纸管理		E		E		A		
7.10 工程日志的记录		E				E	A	
7.11 编制工程月报	R	E				E		
7.12 工程竣工总结	R	E		E		E	E	
7.13 对甲供货的协调	D	E				A		A
7.14 检查安全文明施工体系运行情况、定期检查与考核评价	R/E					E	E	
7.15 安全文明施工资料管理		E				E	E	
7.16 材料质量管理		R				E	E	E
7.17 施工质量管理		R				E	E	
7.18 检查工程质量体系运行情况，定期检查与考核评价		R				E	E	
7.19 组织项目竣工预验收、竣工验收和交付使用等各项准备工作	D	E				E	A	
8 竣工验收与移交								
8.1 组织人防、消防、交通、环保、规划等专项验收	D/R	E				A	A	
8.2 组织竣工验收	D/R	E				A	A	
8.3 工程移交	E	E				A	A	
8.4. 组织施工单位撤场	R	E				A	A	
8.5 工程保修	D/R	E				A		
8.6 办理竣工结算	D/R	R	E			A		
8.7 竣工图的编制	R	R				R	E	
8.8 对各参与单位竣工档案进行验收，完成竣工备案、归档工作		R	A	A	A	E	A	

第三节 项目建设方案

一、规划设计方案

经过多次比选,整个项目的规划设计方案如图 2-5 所示,右下角区域为培训中心,培训中心一期工程建设范围如图 2-6 所示,一期工程建筑面积如表 2-3 所示。

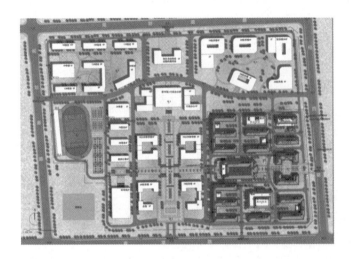

图 2-5 校区规划设计方案

图 2-6 培训中心一期工程

一期工程建筑面积明细表　　　　　表 2-3

栋号	建筑层数	基底面积/m²	一层面积/m²	二层面积/m²	三层面积/m²	四层面积/m²	五层面积/m²	六层面积/m²	七层面积/m²	八层面积/m²	总建筑面积/m²
1号教学楼	5	1932	1932	1823	1932	1932	1932				9651
2号教学楼	5	1932	1932	1823	1932	1932	1932				9651
1号宿舍楼	6	5449	5421	5180	5180	5180	5180	5114			32180
2号宿舍楼	8	1351	1341	1351	1351	1351	1351	1351	1351	1333	11124
3号宿舍楼	6	3623	3604	3353	3353	3353	3353	3310			20941
食堂+风雨操场	3	4209	4022	3826	3826						11978

二、融资策划

（一）融资需求

全过程工程咨询团队将协助业主策划融资方案，包括制订融资计划、寻找融资机构、签订融资合同、办理相关手续、获得融资款、计划还款等。

根据项目规划和预估，培训中心一期工程的总投资额约为 12 亿元。其中，35% 即 4.2 亿元由业主作为投资方的自有资金解决，剩余 65% 即 7.8 亿元需要外部融资。

（二）制订融资方案

在与业主充分沟通的前提下，前期咨询组制订融资方案，内容包括制订融资计划，明确融资额度、融资方式、还款期限、利率、抵押品等细节，并报业主审批。

本项目融资可以按既有法人（某教育集团）融资，也可以按新设法人（某航空职业技术学院）进行融资。

前期咨询组根据项目的建设进度和资金计划确定建设期不同年度的融资额度，因此融资可以结合建设进展进行。培训中心二期工程融资时可以用一期工程作为抵押物进行银行贷款。

考虑到分期建设、资金成本和项目风险等因素，不建议采用民间融资。融资渠道优先考虑银行贷款、其次考虑股权融资等。

前期咨询组还可以根据不同的融资方式整理相应的材料，并提交业主，由业主与融资机构进行洽谈、协商。

前期咨询组可以根据融资合同要求，完成相关手续，如质押物登记、保证担保等。

计划还款额主要由业主方根据自身的经营情况确定，包括按时支付利息和本金，确保还款的正常进行。

采取的融资方式不同，对应的利率也不同，在选择融资渠道时会综合考虑利率、还款期限等因素，以达到最优方案。

三、进度策划

项目进度管理是项目管理的核心内容之一，项目进度策划要建立起整个项目进展的主线条，所有参建单位和人员均要围绕项目进展主线条上的各项工作展开自身的相应工作，包括各类材料设备供应的进场时间与完成时间、各类施工安装单位的进场时间与完成时间、采购和施工与其他相关单位相关配合的时间要求等。

全过程工程咨询团队详细分析了本项目建设目标与特点，结合以往高校类项目的建设管理经验，提出针对项目整体进度的里程碑节点，分析了各项工作的工作量、各项施工的工程量、拟投入的人力及其他资源，进而分析各项工作任务的建设时序与相互影响，提出整个项目的进度计划，并在后续实施中不断加以调整。

（一）立项审批阶段的主要节点

规划方案及修建性详细规划	2019年12月启动	2020年2月15日完成
规划总平面图方案通过专家评审	2020年2月15日启动	2020年2月25日完成
完成修建性详规报批	2020年2月下旬启动	2020年2月底完成
工程地质勘察	2020年2月下旬启动	2020年3月底完成
立项登记、环境影响评价报告编报	2020年2月下旬启动	2020年3月下旬完成
不动产权证及用地规划许可证	2020年3月下旬启动	2020年4月20日取得证书

（二）施工图设计与施工准备阶段的主要节点

施工图设计及施工图审查	2020年2月下旬	2020年4月下旬完成
一期工程场地平整与临时水电	2020年3月中旬	2020年4月底完成
规划许可证、施工许可证申领	2020年4月底申请	2020年5月初取证
建筑工程施工单位考察与清单编制	2020年2月底启动	2020年3月下旬完成
建筑工程施工招标	2020年3月中旬启动	2020年4月中旬完成

（三）施工阶段的主要节点

培训中心一期工程共有六个单位工程，包括两幢教学楼、三幢宿舍楼和一个食堂（含风雨操场），拟分为两个标段进行，各单位工程的开工时间随着基础工程开挖的次序有所延迟，各标段内的主体结构划分流水段，并组织流水施工。各单位工程的主体结构验收后，安装工程与装修工程同时施工。装修工程以楼幢为单位组织装修施工队，各幢同时施工。以装修工程为主线，各专业设备安装工程视装修工程的进度插入施工。主要节点如下：

施工单位进场施工准备	2020年4月底进场	2020年5月上旬完成
各幢基础施工	2020年5月上旬开始	2020年8月底完成
各幢主体结构施工	2020年6月下旬开始	2020年12月底完成
各幢装修工程	2021年1月中旬开始	2020年8月底完成
室外道路与管道	2021年8月下旬开始	2020年11月底完成
景观工程	2021年11月下旬开始	2020年12月底完成
电梯、空调、消防、智能化调试	2021年11月下旬开始	2020年12月底完成
相关第三方检测	2021年11月下旬开始	2020年12月上旬完成
验收与移交	2021年12月上旬开始	2022年1月底完成

（四）进度控制的措施

1. 编制较为完善的项目进度计划

在进一步调研与分析后，全过程工程咨询团队要编制一份包括项目前期工作、项目报建、勘察设计、招标采购、施工和移交等全部工作内容的项目总进度控制性计划，对各项工作的进度计划进行协调。编制进度计划的步骤是：

（1）将上述里程碑节点上的主要工作进一步分解。

（2）估算分解后各子项工作的工作量大小。

（3）进一步估算各项工作投入的资源与工作效率。

（4）预计各项工作可能遇到的限制条件。

（5）分析各项工作的前后逻辑关系或平行关系。

（6）根据里程碑节点及各子项工作的预估时间，并预留一定的机动时间，可以排出初步的总体进度计划。

（7）根据相关要求，调整完成时间和进度计划，明确的人力数量或其他资源。

（8）根据总进度控制计划，再编制设计、招标、施工等分项进度详细计划。

2. 进度计划的实施与检查

在工程项目建设过程中，全过程工程咨询团队要对建设的各个过程进行跟踪，全过程工程咨询团队将对进度计划的落实进行定期的检查与督促。检查与督促的常用方法是组织召开工作例会，协调解决进度问题。另外，还要对影响进度目标实现的干扰和风险因素进行分析，定期向建设单位提供进度报告，为建设单位提供确保实现工期目标的建议。

第四节　全过程工程咨询的主要工作方案

项目管理组是全过程工程咨询团队的核心管理部门，项目管理组的负责人由全过程工程咨询项目负责人兼任。项目管理组的工作范围与全过程工程咨询团队的工作范围相一致，更侧重于管理。因此项目管理工作方案几乎等同于全过程工程咨询工作方案，项目管理组的具体工作内容可参见第四章。其他工作方案如下所述。

一、立项论证工作方案

（一）可行性报告的编制步骤

（1）按照全过程工程咨询合同成立前期咨询组，项目负责人及公司有关部门对前期咨询组进行交底，统一工程咨询思路和标准要求。

（2）与建设单位进行沟通，收集、整理、核对该项目涉及的背景、场地、服务范围、设计方案等具体资料，初步分析本项目可行性研究报告编制要点，及时向建设单位了解造价咨询的具体要求。

（3）前期咨询组开展工作，按照可行性研究编制进度计划，对编制工作进行阶段划分。根据建设单位提供的相关资料及计划安排，制订本项目的咨询进度计划。

（4）前期咨询组按照可行性研究咨询成果深度要求完成可行性研究报告初稿，经公司内部复核程序审查批准后，向委托人提交初步成果报告。

（5）政府审批的主管部门对可行性研究报告进行评审，召开专家评审会，根据专家意见对报告进行修改调整，出具可行性研究报告正式版本。

（二）工作流程

本项目可行性研究的工作流程按照公司前期咨询质量控制流程开展，流程框图如图2-7所示。

（三）进度安排

按照招标文件要求的进度开展项目可行性研究报告的编制，具体内容如表2-4所示。

第二章 全过程工程咨询的策划

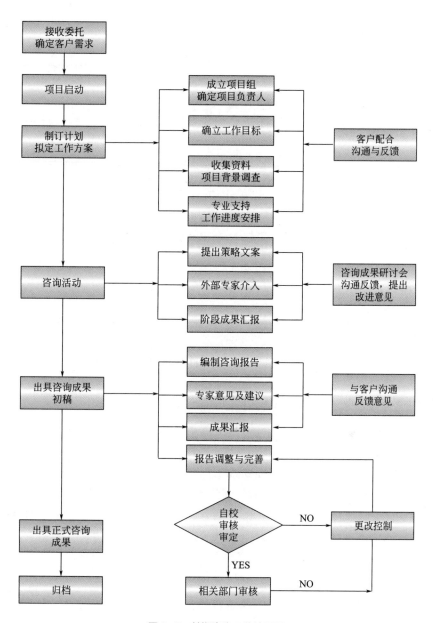

图 2-7 前期咨询工作流程图

二、勘察工作的实施方案

（一）勘察管理流程

地质勘探是通过搜集资料、钻探、野外鉴别、原位测试、室内试验及成果整理分析，查明拟建场地工程地质及水文地质特征，获得岩土设计参数，对拟建

进度安排表   表2-4

工作项目	时间	工作内容
前期调研	25d	如表2-1所示
资料整理	约7d	1. 列出需要委托方提供的资料清单，请委托方进行资料的提供。 2. 对委托人提供的项目相关资料及设计方案进行核实、整理，并与委托方及设计院进行沟通与确定。 3. 对相关资料进行汇总
报告编写	约20d	1. 整理相关资料，组织人员进行报告的编写。 2. 形成可行性研究报告初稿，必要时提请专家进行内部评审
复核及修改	约10d	1. 项目负责人对可行性研究报告初稿进行审核。 2. 将可行性研究报告初稿回传委托方审核。并根据委托方、审批部门的意见调整报告中的相关内容 3. 结合委托方意见出具可行性研究报告报审版本
报告评审	3d	审批部门对报告进行评审，召开专家评审会，根据专家意见对报告进行修改调整，出具可行性研究报告正式版本

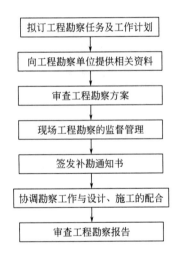

图2-8 勘察工作的管理流程

场地不良地质作用的影响及防治措施提出建议和评价，为基础设计和基坑支护方案提出建议，为工程提供设计与施工所需的岩土参数。

勘察单位是全过程工程咨询分包合作单位，该单位的技术实力和勘察经验较为丰富，可以胜任本工程勘察工作。对勘察工作的管理是全过程工程咨询团队一个重点内容之一，具体包括提供有关资料、审查勘察工作大纲、跟踪勘察过程、审查工程勘察报告。工作流程如图2-8所示。

（二）勘察任务要求

本项目的拟建工程地基基础设计等级为乙级，建筑抗震设防类别为标准设防类。按照《岩土工程勘察规范（2009年版）》GB 50021—2001中岩土工程勘察分级规定，该工程重要性等级为二级，场地复杂程度为二级，地基复杂程度为二级，综合确定岩土工程勘察等级为乙级。

从进场勘探到提交地质勘察报告的时间为一个月。具体的技术要求有：

（1）查明拟建场地不良地质作用的影响，提出防治措施与建议。

（2）查明拟建场地的地形、地貌，建筑范围内岩土层的分布、成因类型及特征，分析评价场地的稳定性、地基的均匀性，并提供各岩土层的物理力学性质指标。

（3）对本工程的地基基础方案提出建议，提供可选的桩基类型和桩端持力层，提供桩基设计参数并预估单桩承载力。

（4）进行场地的地震效应评价，划分场地类别，并对饱和砂土和粉土作出液化判别。

（5）查明拟建场区的地下水类型，含水层和隔水层的岩性特征，含水层数量、埋深，场区地下水与周围水体的水力联系；测量地下水位，收集水位变化情况及历史最高水位，提供地下室抗浮设计水位。

（6）对场地内地下水及地下水位以上的土进行腐蚀性分析，判定其对建筑材料的腐蚀性。

（7）提供基坑支护设计所需的岩土技术参数，分析评价其对周边已有建筑和地下设施的影响，提供基坑降水的有关参数及方法建议。

（8）对设计施工提出其他建议。

（三）勘察人员要求

1. 项目负责人应具备的条件

地质专业本科以上学历，熟悉勘察专业的有关标准、规范。具有 10 年或以上地质专业工作经验，并取得地质（或测量）专业高级工程师及以上资格。从事过专业负责人岗位的工作 5 年以上，具备独立组织勘察工作及勘察报告编制工作的能力。

2. 专业负责人应具备的条件

地质专业本科以上学历，熟悉勘察专业的有关技术标准、规范。具有 5 年或以上现场编录经验，并取得地质专业工程师及以上资格。能正确运用勘察软件，从事过勘察报告的编制工作 3 年以上。

3. 报告编制人应具备的条件

地质专业本科以上学历，熟悉勘察专业的有关技术标准、规范。具有 3 年或以上现场编录经验。能正确运用勘察软件，具备编制勘察报告的工作能力。

4. 钻探编录人员应具备的条件

地质专业中专以上学历，能正确使用项目部指定的有关技术标准、规范开展工作。具有 2 年或以上现场编录经验。

三、设计工作方案策划

在工商注册和资质管理方面，江苏省建设工程设计院是一个独立的设计单位，但在股权结构方面，该院是本集团公司控股的设计单位，在管理方面该设计院可视为本集团公司的内部部门。在全过程工程咨询团队进行前期调研时，设计院派出设计负责人与主要设计人员参与收集资料。设计院在公司的组织管理下，从安全、技术、经济、业主需求等多角度对设计方案、施工图设计进行讨论、分析，提交符合规范要求的建筑、结构、给水排水、电气、暖通、空调、智能化、消防等施工图、大样图、技术说明及材料选用说明等。

（一）设计人员

在签订全过程工程咨询合同之前，安排具有丰富院校设计经验的资深专家进行规划设计工作，规划方案得到业主认可。

项目前期的全过程工程咨询团队负责人由设计院副院长担任，直接领导设计团队。将安排有丰富学校设计经验的专业设计人员组成施工图设计团队，由公司副总建筑师担任设计负责人。本工程专业设计人员配置有：知名建筑专家2人，建筑设计骨干3人，其他建筑专业3人，结构设计6人，水、暖、电专业设计师各1人。按设计院的内部管理流程，确保各专业能及时发现设计过程中出现的新问题并及时沟通，做好各专业的衔接工作，避免各专业"碰撞、打架"问题的发生。所有设计工作以设计负责人为核心，各专业紧密配合，协同工作，严格按照ISO 9001质量控制标准进行，按照工期完成设计任务。

（二）设计工作流程

本工程的方案设计已经得到业主认可，施工图设计流程如图2-9所示。

（三）设计中的投资控制措施

对工程造价的控制是设计工作的重点内容，为此专门制订了严格管理程序来控制工程造价，用技术经济指标进行限额设计。

1. 建筑方案论证阶段

按照安全、经济、适用、美观的原则，在体现原建筑方案设计创意的同时，充分论证方案的可行性和经济性。在方案深化设计时，结构专业设计人员参与建筑方案的结构选型。造价咨询组及时对方案设计进行初步造价计算，并用计算结果同以往同类工程进行比对，以确定方案是否在合理范围之内。

2. 施工图方案论证阶段

施工图设计阶段最重要的一个环节就是确定合理高效的结构设计方案，我们组织本公司的结构设计专家对结构方案进行讨论，根据讨论结果调整计算模型，使之达到均衡合理和进一步优化，并由造价咨询组对方案进行经济分析及指标评价，反复优化，力争使其达到最优。

3. 施工图设计阶段

采用经过论证优化的结构设计技术经济指标，如钢筋用量和混凝土用量指标，来控制单体建筑的结构设计；同时不放松对建筑、水、电、暖等专业的要求，从各方面优化设计，确保建设资金得到合理高效地使用。

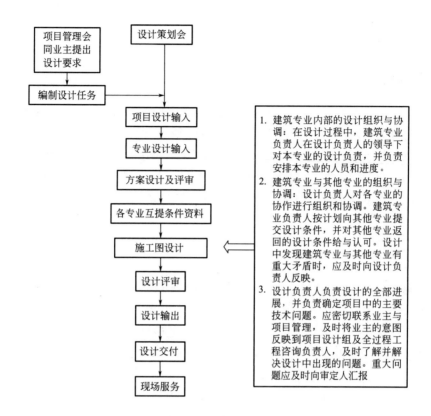

图 2-9 设计工作流程

4. 工程实施阶段

工程实施阶段主要是掌握设计变更的影响。对于设计阶段设计条件不充分的环节（比如说现场地质条件），要实时与建设单位进行沟通，力争做到早发现，实时变更，以免延误工期；对于建设方提出的主动变更，要进行技术经济分析，提出合理化建议，避免浪费投资；对于施工方提出的变更，要进行综合评价，分析变更原因及经济影响。

（四）施工阶段全过程的现场设计配合

整个施工期均安排设计代表常驻现场。设计代表须具有解决现场实际问题的工作知识面和丰富的现场设计协调经验。现场设计代表的基本职责有：

（1）现场设计代表应在施工现场及时解决有关设计问题。

（2）定期或不定期参加与设计有关施工现场例会。

（3）负责设计文件的施工现场交底及设计答疑。

（4）认可选用的建筑材料与设备。

（5）完成施工现场的零星设计修改。

（6）审核施工单位设计变更。

（7）施工质量的巡视检查。

四、招标策划

选择有履约能力和信用好的参建单位是工程建设的关键所在，也是项目如期开工和交付的关键环节。全过程工程咨询团队与建设单位、代建单位共同梳理本项目所有可能涉及的采购对象，归分类别，合理划分本项目的标段及合同界面，并提出具体合同标段划分的招标方案，确定各标段的采购方式和进度计划，使各项采购进度与设计进度、报批报建进度、施工进度等相匹配，确保各项采购工作都合法合规、推进顺利。

（一）参建单位与标段划分

确定本项目的全过程工程咨询单位，同时确定勘察单位。除此之外，可以推断的剩余参建单位有专项深化设计、施工、安装及第三方检测。

专项深化设计单位有供配电设计、玻璃幕墙设计、装修或重点空间精装修、室内操场体育设施设计、智能化设计、人防设计、热水供应设计、厨房设计、景观设计、院区道路设计、综合管网设计等。

施工单位按时间顺序，有临时用电与正式用电的接入、临时用水与正式供水的接入、燃气的接入、土建工程（含普通水电）的施工、内装修施工（施工内容有地面与墙面、吊顶、消防门、普通木门、断桥铝合金窗、卫生间隔断、卫浴等）、外装修施工（施工内容有玻璃幕墙、保温、合成树脂乳液砂壁状建筑涂料等）、建筑设备供应与安装（安装内容有空调、消防、热水供应、电梯、厨房设备等）、室外工程施工等（施工内容有道路、景观、大门与围墙、水电燃气管道、室外监控等）。

第三方检测单位有防雷检测、室内空气质量检测、消防检测、建筑工程质量检测等。

划分合同包需要遵循以下原则：

（1）各标段的工程内容应符合市场供应的实际情况或惯例，也就是说，建筑市场中施工单位或设备供应单位基本能够独立完成标段内的内容。

（2）尊重业主方的惯例或选择。

（3）尽量减少协调工作量。

（4）在管理失控风险、质量安全风险、索赔风险较低情况下综合价格相对较低。

可能的方案如下。

方案一：选择一家有实力的总承包单位承担全部的施工任务，其优点是协调工作量最小，前提是这个总承包单位应当有足够的商业信用、承包能力、资金保障能力。根据我们的经验，全部符合商业信用好、承包能力强、资金保障好的总承包企业较难寻找。大型的央企或信誉很好、管理规范的特级或一级总承包企业对本项目总承包业务可能兴趣不大，原因是合同金额和利润达不到他们的期望值。也会有一些挂靠人打着大型央企或大型施工企业的招牌表现出对本项目有足够的兴趣，但值得注意的是，挂靠人带来的管理风险很大。挂靠人或总承包单位出于自身的某些原因（如资金紧张、供应链、劳务合作、自身管理、其他项目的合同纠纷等），往往容易导致工程建设过程有失控的风险。

方案二：按照建筑市场实际的供应链情况，平行发包给处于供应链末端的实际承包商。承包商包括：土建工程、水电安装、普通内装修、铝合金门窗、消防门、普通门、室外大门、卫生间隔断、合成树脂乳液砂壁状建筑涂料、玻璃幕墙、消防、卫浴设备供应与安装、电梯、空调、热水供应、智能化、室外道路与管道、景观、厨房设备供应与安装等。这样的平行发包方式的优点是直接找到实际承包人或供货方，价格相对较为优惠，质量有保证。但是这一模式的承包商数量可能高达 30 多家，现场的协调管理难度和各道工序的交接验收工作量都非常大，作业空间的分配与协调要耗费大量精力。若干家单位在有限的作业空间交叉作业，成品保护的难度极高。

方案三：在价格比较透明的合同包中选择信誉好的承包商，在专业性非常强、市场竞争小，或价格差距较大的合同包中选择供应链末端供应商平行承包，比如建筑工程分为两个合同包以便竞争，承包内容包括基础与主体工程，水、电、消防、内外装修、室外道路及管道。品牌价格差距较大的如空调安装、电梯安装、热水供应、智能化、景观工程等单独发包。承包商数量在 10 家以内。

为了防止建筑市场中的挂靠施工，在考察过程中要重点考察实际承包人与施工企业之间的资金支付管理关系、材料出库关系，还要考察实际承包人的主要管理人员与施工企业的人员社保与薪酬发放体系。建筑施工企业考察对象宜为江苏、安徽两省年产值在 100 亿 ~1000 亿元的建筑施工企业，设备供应商的考察对象宜为二线品牌的设备供应商。该方案的优点是标段之间的分界面清晰、合同纠纷少、管理不易失控、质量有保证、安全系数高。

（二）招标采购方式

本项目属于民营投资项目，招标方式与政府投资项目相比有较大的自由度，可以不进行公开招标。我们建议采取邀请招标的方式，在考察中选定一些信誉良好、有完善的劳务队伍和供应商，有足够的周转资金的施工企业作为入围邀请单位，然后通过招标进行价格竞争。

五、造价咨询策划

造价咨询的主要目标是为业主提供全面的工程造价管理服务，确保项目的预算控制、资金管理和成本效益的实现。

（一）人员配置

造价咨询组的人员配置为：负责人一名，土建造价组两人，安装造价组两人。

根据需要，合理有序地安排造价工程师进驻现场咨询服务，参加工程例会，收集相关资料，协调工程造价事宜，签发造价文件等。

造价咨询负责人具体负责全过程的工程造价咨询，全权负责该建设工程造价咨询的现场管理、现场联络，定期到现场指导项目组成员的造价咨询及跟踪审计工作，并负责对项目小组人员工程造价及跟踪审计工作底稿进行一级复核、一般问题的决策、对重大问题的分析汇报。

安排一名土建专业和一名安装专业的造价工程师常驻现场，负责各自专业施工阶段全过程的工程造价咨询，参加工程例会，收集相关资料，协调工程造价事宜，编制相关造价文件，例如，设计概算、工程量清单和预算控制价编制；工程月进度款跟踪审核、控制工程造价、结算款初审；审核工程设计变更、洽商费用；参加处理工程索赔工作；参与完成招标人采购材料、设备及中标人自采材料、设备的询价、认价工作，接受委托人监督；参加涉及工程造价的施工方案和技术方案的审查工作；参与施工、甲供材料设备采购及分包工程的招标文件审核工作，并负责招标过程中有关造价的工作内容；负责甲供材料、设备计划审核、过程控制、初审结算工作；完成其他相关咨询工作，依据咨询人的专业知识向招标人提供全程的专业技术咨询服务。

（二）准备工作

为使造价咨询工作的实施达到造价咨询目标，在制订各阶段造价咨询计划前，造价咨询人员应当同建设单位相关人员进行详细沟通，以了解所造价咨询的工程建设项目详细情况。

为了详细制订各阶段造价咨询计划及实施好造价咨询工作，应获取必要的造价资料。造价咨询应当从建设单位或项目管理组获取以下资料：

（1）建设项目的立项可行性研究、初步设计及概算、规划、土地征用等批复文件；

（2）建设工程招标、合同资料；

（3）工程现场施工情况资料；

（4）工程设备、材料采购方案及待摊费用资料（包括招投标资料、合同等）。

（三）工作方法

全过程工程造价咨询采用多种方法实现工作目标。主要方法如下。

（1）数据收集和分析：通过收集项目的设计文件、市场行情和历史数据等进行分析，为预算编制和风险评估提供依据。

（2）专业软件应用：利用专业的工程造价软件和项目管理软件进行预算编制、招投标造价审查、合同管理和项目监控等工作。

（3）联合团队配合：与项目的设计团队、施工团队和监理团队等建立密切的合作关系，通过团队协作实现项目目标。

（4）咨询和培训：提供专业的工程造价咨询服务，并为建设单位和项目团队进行工程造价管理培训，提高造价管理水平。

（四）设计概算与优化设计

控制造价的关键在设计阶段。咨询单位设计阶段的造价咨询工作主要是协助委托方及设计人实施设计方案和施工图设计的优化并利用价值工程评估设计方案，进行限额设计、标准化设计，最终达到优化投资的目的。

现实中大多数设计人员对设计文件所对应的造价仅仅是一种粗浅的认知。造价咨询人员可以利用专业的造价数据为设计人员提供建议，有助于实现限额设计。

设计中存在的错漏碰缺很难被原设计人员认识到。专业造价人员审视这些设计成果时，往往能发现需要改进的地方，通过改进达到功能不变、成本降低的效果。

造价人员需要精确计算工程量，在计算过程中往往能够发现设计文件中存在的错漏碰缺，并及时向设计人员提出。

（五）工程量清单与控制价

工程量清单与控制价编制工作是一项技术性和政策性很强的工作。一份全面的、准确的工程量清单是所有投标单位投标报价的基础，使最后的投标结果具有可比性，保证工程量清单的准确性对确定工程造价、控制投资起着重要的作用。造价咨询组应符合如下要求。

（1）必须熟悉和详细理解全部施工图纸、图集，发现图纸有漏项或矛盾之处，一定要通过项目管理组联系设计人员解决。

（2）造价咨询人员要掌握各种施工规范、施工工艺要求、施工工艺细节，各标段之间的界面工序划分一定要考虑到施工方便与通行做法，不可以重叠或漏项。

对图纸交代不全的施工方法或存在明显有误的地方应及时做好记录,并向设计人员咨询,力求完善图纸和工程量清单,对于仍然无法确定的问题,可按施工规范及施工常用方法考虑。前期尽可能完善工程量清单工作,可以很大程度地降低后期进度款审核及结算工作量,并避免后期出现扯皮现象,为项目管理打好基础。

（3）工程量清单的编制必须严格按照现行的清单计价规范编制。

（4）应参照清单编制当月的造价信息计取材料价格,且不偏离市场范围。

（5）工程量清单要考虑子目中的施工措施是否超出正常做法,如果确定正常施工措施无法完成相应子目的施工,应另外增加措施费用。

（六）进度款跟踪与结算审核

造价咨询人员要掌握付款的形象进度,并且要与现场监理人员、项目管理人员沟通,根据月形象进度实地核查、计算承包商实际完成的每月工程量,严格控制在合同工程量的范围内；对施工中增加工程量的支付做相应的约定；应根据工程预算总造价控制每期支付的比例,避免工程款超付情况的发生；造价工程师应按合同要求的约定,及时抵扣工程预付款。

（七）审核工程设计变更

审核变更、洽商内容的真实性、必要性、合理性及签认的及时性；审核工程变更是否按照招标文件规定的变更程序进行审批,工程变更处理办法是否符合施工合同规定,所有变更是否在实施前经有关各方审定；审核工程变更、洽商单价组价是否正确,工程变更洽商价款的确定是否合规,并出具书面组价文件；审核工程变更有无擅自扩大规模和提高标准等问题,设计变更应符合施工图总体要求,不得超量、超标、超概。

（八）参与材料设备的询价、认价工作

建筑、装修工程中材料的成本控制是整个工程成本控制的重中之重,有的项目材料成本甚至达到工程总造价的70%。造价咨询人员要详细翻阅图纸,落实清楚材料、设备性能、材质、规格和品牌；要求施工单位按照施工招标时指定的材质和品牌购置材料；深入市场并结合网上电子"工程材料询价"工具掌握第一手材料信息,在材料的认购中做到货比三家,价比三家,引入竞争控制,使材料、设备的认价工作及时、准确、合理、经济；进场后与监理人员一起检查验收材料、设备,检验其是否有真实的合格证及检测报告。

（九）参加涉及工程造价的施工方案和技术方案的审查工作

审查施工方案和技术方案是否符合项目所在地的地域性及项目的功能性；审

查施工方案和技术方案是否为最优化设计；审查施工单位投入该项目的人力资源、施工设备的配备、施工任务的饱满情况；审查方案中新技术、新工艺的采用情况。

六、工程监理策划

监理的工作内容包括三控、两管、一协调、一履行。然而这些工作内容与项目管理、造价咨询的工作内容有一定的重合，因此本章第二节对监理工作内容的界定为现场的质量控制、履行安全管理职责和文件资料管理。进度的策划与控制、施工场地的协调由项目管理组负责，造价控制与合同管理由造价咨询组负责。

质量是工程监理工作的底线，项目建设过程中的各项质量管理工作应符合国家与地方的强制性标准。加强质量管理也是保证校园建设品质的重中之重。全过程工程咨询团队要求在确保基础质量目标的前提下，根据各建筑物的使用功能要求制订质量分目标和全过程质量管理制度及流程，指导并督促各参建单位建立完整的质量管理体系，建立多道设防的质量管理组织机构，达到人人管质量的目标。

（一）监理的审查工作

工程监理组在熟悉设计文件及标准规范要求的基础上，在项目管理组的组织下，认真审查施工组织设计及专项施工方案，此项环节是监理事前控制的重要工作。监理工程师要审查其内容是否完整，人、机、料、法、环五大因素是否满足现场要求，工艺流程、施工方法是否可行，更要看有无预控措施以及针对质量通病的技术措施；季节性施工措施是否合理；主要分部分项采用新工艺、新材料、新技术的须经专家论证；从进度、造价、质量等方面对施工方案进行综合评价。

审查施工企业项目管理机构是否是以项目经理为主的质量和安全生产管理网络，施工组织管理结构层次是否清晰，管理人员的配置是否合理，责任分工是否体现了项目经理负责制的原则。审查施工企业应有的质量管理体系、技术管理制度、安全生产责任制，质量、安全技术交底制度、施工现场安全文明管理制度等是否满足现场施工要求。

审查管理人员及特种作业人员是否持证上岗，资格证书是否与招标文件一致并合法有效，对不符合要求的，应及时下发监理工程师通知单，限期整改并跟踪落实，同时留存书面审查记录。

工程监理组还要审查总承包施工单位选定的或建设单位直接选定的分包单位资质。

（二）监理的事中控制工作

1. 现场巡视检查和旁站

工程监理组要建立巡视检查和旁站制度，以使每个施工过程的施工工艺、施工原材料、施工质量能得到有效控制。应对工程项目的重要施工过程与关键工序、特殊工序、重点部位和关键控制点进行旁站。

监理工程师在巡视过程中，要善于及时发现并纠正施工中不符合要求的有关问题。所发现的问题，监理工程师应先口头通知施工单位改正，填写监理日志，必要时签发监理通知。

2. 验收隐蔽工程

隐蔽工程是指将被其他工序（或分项工程）施工所隐蔽的分部分项工程。是在隐蔽前所进行的对已完分项、分部工程质量的最后一道检查，由于检查对象就要被其他工序覆盖，给以后的检查和整改造成障碍，故显得尤为重要，是工序质量控制的一个关键点。

3. 分项分部工程验收

全过程工程咨询团队在施工单位进场后，应依据质量验收统一标准和施工单位的施工部署、施工班组情况，与施工单位质量部门共同制订本项目的单位工程、分部分项工程及检验批清单。

施工单位在一个检验批或一个分项工程完成并自检合格后，填写《分项／分部工程施工报验表》报工程监理。监理工程师对报验的资料进行审查，并到施工现场进行抽检、核查。

对符合要求的分项工程由监理工程师签认《分项／分部工程施工报验表》；对不符合要求的分项工程，由监理工程师签署不合格意见，要求施工单位整改。经返工或返修的分项工程应重新进行申报和验收。

施工单位在分部工程完成并经自检合格后填报《分项／分部工程施工报验表》，将经监理工程师检验合格的各分项工程资料与表中所要求的其他附件资料汇总整理后报工程监理组签认。监理工程师对本专业的分部工程进行验收，提出验收意见。总监理工程师根据签认的工程质量验收结果签署验收意见。

（三）实施样板引路计划

工程监理组会同各施工单位确定《样板清单目录》，组织编制《样板引路实施计划》并上报项目管理组，实施样板前充分讨论确定该工序的质量控制点和控制措施，并形成评审记录表及施工小样图。

工程监理组根据《样板清单目录》《样板引路实施计划》《评审记录》及《施工小样图》对现场进行检查。

（1）样板实施形式：实物样板或图片样板。对于样板，尽量实施实物样板。

（2）样板必须配置文字说明图板，体现出样板名称、技术交底、质量标准。

（3）样板选择应在一个房间或同一地方，在不同的部位分别展示此工艺各个不同工序的样板。如抹灰工程应能同时看到7个小样板——灰饼（墙面、外门窗口）、甩浆拉毛、挂网布设、外门窗洞口抹灰、墙面抹灰打底、阳角护角甩槎、抹灰成活的样板；各样板边上用文字说明，明确操作要求及质量标准。

（4）样板制作应具有代表性，能反映此工序要求的关键性特点。如外保温不能直接做在一个不能体现关键性部位操作要求的大面墙上，应尽量选择在连接窗户和拐角的墙面上，让其能体现窗户和拐角节点的要求和操作工序。

（5）样板的实施面积不能太小，应能体现此工序的操作难度。如刮腻子，应尽量选择一面墙或一个房间，体现出墙阴角、棚线、门窗口及阳角施工标准。

（6）样板的操作工人不应选用操作水平较高的人来做，应遵循平均先进的原则，尽量选择中等水平的工人来操作。

（7）样板施工结束后，应编写相应的施工工艺作业指导书，并对所有相关的施工人员进行施工工艺交底。

（四）履行安全管理职责

全过程工程咨询团队制订统一的安全文明施工管理标准化体系，确定安全文明施工管理的具体措施，以风险理念贯穿整个项目的安全文明施工管理，制订高风险事件的应急预案，由工程监理组负责具体实施。

1. 首次安全监理工作会议（与第一次工地会议合并召开）

在工程开工前，由总监工程师召集总包单位的项目经理、技术员、安全员等管理人员，并邀请建设单位有关人员参加，召开首次安全生产工作交底会议，分析列出施工过程中各个阶段及分部、分项存在的重大危险源情况，并研究对危险源的控制要求和对策。

要求施工单位针对本工程建设特点，对工程施工过程中产生的重大危险源进行罗列，并在施工班前会上讲解当日施工可能遇到的危险源及防范措施。施工单位应对此编制专项安全技术措施，并制订相应的应急预案。

2. 安全生产管理例会

在项目建设过程中，由总监理工程师定期主持召开安全生产管理例会（可与每周工程例会合并召开），检查施工中的安全隐患及落实重大危险源监控措施情况。

应检查上次会议执行情况。施工单位应汇报施工人员、施工机械及现场施工安全状况，安全生产问题的整改落实情况。工程监理组应指出所发现的安全施工隐患，并在会上共同研究和明确安全生产整改措施及其责任人。

3. 针对安全管理的审查与监控工作

针对所确定的本工程重大危险源，要求施工承包单位制订专项施工方案并进行报审，重点审查其措施的有效性与可操作性，施工单位内部有关职能部门是否会签，技术负责人是否审批。

对重大危险源专项安全施工方案的审批，总监理工程师应组织负责安全生产的监理人员和专项工程专业监理工程师进行会审，重点审查专项方案是否符合工程建设强制性标准。总监的审批意见应有针对性，审批中的过程资料应收集归档。

重大危险源工程专项安全施工方案审批后，应监督施工承包单位检查实施前的落实情况并对检查验收情况和结论留有书面的记录。其中涉及塔式起重机、人货电梯、附着式升降脚手架、吊篮等，必须经检测单位检测，发放合格证或准用证和挂牌后才准许使用。

重大危险源工程实施过程中负责安全生产的监理人员应按制度规定巡视、旁站和检查，对关键部位、关键工序按照施工方案进行施工，一旦在施工过程中发现有违规情况，应立即阻止，开具安全类监理通知单，纠正后方可进入下道工序。检查情况应反映在安全监理日记中。

4. 重大危险源交底与验收制度

总监理工程师、负责安全生产的监理人员必须熟悉本工程的重大危险源、所编制的专项安全施工方案的实施要求以及安全监理细则的内容和要求，并向全体监理人员和施工管理人员做安全监理工作交底，以使全体监理人员明确安全监理工作要求，严格监督施工单位按照施工组织设计要求和专项安全施工方案中的技术措施规定开展施工作业活动。

重大危险源工程施工前，督促施工单位编制方案的技术人员参与首次交底工作，交底的内容要有记录，交底与被交底双方履行签字手续，安全生产交底资料收集归档。

重大危险源工程施工安全措施实施后，应督促施工单位及时验收。符合验收要求后，由施工单位技术员、项目负责人、安全员履行签字手续，负责安全的监理人员应对有关资料收集备案。

5. 安全工作检查制度

工程监理组应制订书面安全生产定期检查制度，并获得建设单位和施工单位的共同确认。

负责安全生产的监理人员应按制度规定做好日常检查工作，重点督促对重大危险源工程施工安全措施的落实情况，了解施工现场安全状况，及时发现安全隐患，在监理日记中对重大危险源工程有不少于每天两次的检查记录，确保施工全过程处于受控状态。

负责安全生产的监理人员可视情况参加施工单位组织的定期安全生产检查活动,了解和督促施工单位及时消除安全隐患。

对在日常巡视检查过程中发现的安全事故隐患及违反《工程建设施工安全标准强制性条文》规定的情况,负责安全生产的监理人员应及时向施工承包单位开具安全类监理通知单,要求限期整改。在施工承包单位按通知单要求定时、定人、定措施整改完毕后,负责安全生产的监理人员应及时组织检查,并签署整改检查意见。

6. 重大危险源安全生产旁站工作制度

工程监理组针对重大危险源工程编制的履行安全职责监理细则,应明确建立有针对性的安全生产旁站工作计划和要求。

在重大危险源工程实施过程中,工程监理应安排监理人员开展旁站监理工作,对具体的分部分项工程作业面的监理检查每天不少于两次,并按规定填写旁站检查记录,旁站检查记录应经负责安全生产的监理人员签字确认。

对重大危险源工程实施旁站监理工作的重点内容是:重大危险源的安全状况、施工单位安全生产管理措施的落实情况、特殊工种施工操作人员持证上岗情况、施工操作人员劳动防护用品准确使用情况、施工区域范围内安全防护和警戒标识设置情况等。

七、项目沟通的策划

项目沟通与协调是全过程工程咨询团队为确保建设工程项目的顺利实施,实现与全过程工程咨询合同约定,而同各相关方就工程项目实施过程中的有关问题进行交流、协商、相互配合的行为,应贯穿于建设工程项目实施的全过程。

(一)项目相关单位的识别与分类

根据本工程的实际情况,本项目的相关单位有航空产业园、建设单位、代建单位、全过程工程咨询单位、总承包单位、施工分包单位、设备供货商及其上级领导机关、政府行业主管单位(住房城乡建设局、教育局、生态环境局、水利局、消防局、技术监督局、质监站、市场监管局、税务局等)和工程所在地政府交通、执法、通信、供电、供水等部门。

将上述各单位按照内部关系、近外层关系、远外层关系三类进行分类。

(二)沟通管理计划

全过程工程咨询团队应根据工程具体情况,建立沟通与协调管理系统,并及时预见项目实施过程中各阶段可能出现的矛盾和问题,制订沟通计划,明确沟通的内容、方式、渠道。利用各种先进的手段,在项目实施全过程与相关方充分、准确、及时地沟通与协调，并针对项目实施的不同阶段出现的矛盾和问题，调整和修正沟通计划。

沟通与协调的内容涉及与项目实施有关的所有信息，尤其需要与各相关方共享的核心信息，全过程工程咨询团队运用现代信息和通信技术，以计算机、网络通信、数据库为技术支撑，对项目全过程所产生的各种沟通与协调信息进行汇总、整理，形成完整的档案资料，使其具有可追溯性。

1. 项目沟通管理计划内容

项目沟通管理计划的内容主要有：施工进度、质量、安全、成本、资金、环保、设计变更、索赔、材料供应、设备使用、人力资源、文明工地建设等；在项目前期、勘察设计阶段、施工招标与准备阶段、施工阶段、移交阶段分别制订沟通管理计划，项目沟通管理计划应明确沟通的具体内容、对象、方式、目标、责任人、完成时间等，并定期或不定期地检查、考核和评价，确保沟通计划落到实处。

2. 沟通的方式

沟通方式有下列门类。

（1）会议：召开定期和不定期的会议，协调各方的意见和工作计划，及时解决问题。

（2）共享平台：利用微信建立信息共享平台，建立相关的微信工作群，相关人员进行线上沟通和协作，随时查看项目进展和问题解决情况，共享文件和数据。

（3）线下交流：安排实地交流会，让各方代表亲自前往现场查看和交流，进一步加深理解和合作。

（4）邮件和电话：使用邮件和电话等媒介进行日常沟通，传递信息和解决问题。

（5）社交媒体：利用社交媒体如公众号进行信息推送和交流，分享工程建设项目的进展和成果。

（6）网络直播：利用腾讯会议、小鱼易连等网络会议或直播工具，将工程建设项目的进展和重要会议实时直播和录制，让各方代表都能及时了解最新情况。

（三）沟通的实施与反馈

内部关系的沟通与协调，主要包括全过程工程咨询团队与本公司领导层、与内部分设部门或作业层、人员之间的各种关系等；沟通与协调应严格遵循全过程工程咨询团队建立起的各项规章制度。

1. 内部沟通与协调

（1）与公司管理层之间的沟通与协调主要依据《全过程工程咨询目标责任

书》，由公司下达责任目标、指标，并实施考核、奖惩；主要的形式有周报、月报、视频会议、公司的部门来现场检查指导工作等。

（2）内部部门或作业层之间的沟通与协调，主要依据内部工作职责（见本章第二节）和全过程工程咨询实施方案。重点解决业务接口矛盾，应按照各自的职责和分工，顾全大局、统筹考虑、相互支持、协调动作。特别是对人力资源、技术、材料、设备、资金等重大问题，可通过工程例会的方式研究解决。主要的沟通方式有微信群、内部例会、工作汇报、现场解决等。

（3）全过程工程咨询内部的沟通与协调，还可以通过项目团建活动、指导与培训等方式进行，提高工作的协同性。

2. 近外层关系的沟通与协调

近外层关系的沟通与协调，是指由合同建立起来的与外单位的关系，主要涉及代建单位、建设单位、总承包企业、劳务分包商、材料供应商等。全过程工程咨询团队在与这些单位进行沟通和协调时，分层级进行协调，涉及重大资源与时间安排方面由项目负责人实施，涉及工作流程等一般工作，或具体工作要求或配合等事宜，由内部职能机构（如项目管理组、前期工作组、工程监理组、造价咨询组）负责。

（1）前期报建阶段。各项日常工作由项目管理组负责，由项目管理人员协调政府各审批部门、设计院、建设单位、代建单位等，每周向项目负责人和公司提供周报。重大问题或遇到困难时由项目负责人进行沟通协调。

（2）勘察设计阶段。该阶段的勘察设计工作主要由设计院负责，因此协调工作由全过程工程咨询负责人、设计负责人与项目设计组所有成员、代建单位、建设单位负责。需要与政府部门协调设计方案时，通过项目管理组进行。与地质勘察单位之间的协调则通过项目管理组进行。

（3）招标与施工准备阶段。该阶段的工作主要由项目管理组牵头，招标代理专员、造价咨询组配合工作。招标代理的流程性工作由招标代理专员直接负责。造价咨询组与设计院之间的沟通协调要通过项目管理组进行。涉及临时水电施工的工作由项目管理组负责。

（4）施工阶段。该阶段的沟通协调工作主要由项目管理组负责，涉及工作计划、进度计划、交图计划、工作制度、工作程序、资源调动等由项目管理组负责，涉及现场质量、安全、文明施工、场地安排、时间安排的具体工作要求由现场监理组负责，涉及图纸变更工作或造价变更工作则由相关部门通过项目管理组进行沟通协调。

（5）竣工验收与移交阶段。按照建设工程竣工验收的有关规范和要求，由项目管理组牵头负责、现场监理组、设计院、造价咨询组积极配合建设单位、质量监督站、消防、气象、环保等搞好工程验收工作，及时提交有关资料，确保工程顺利移交。

3. 远外层关系的沟通与协调

远外层关系的沟通与协调，是指由法律、法规和社会公德等决定的关系，主要涉及政府有关职能部门（如产业园区、建设、城管、环保、公安、司法等）、新闻机构、社区街道及其居民等。远外层关系的沟通与协调由项目管理组负责，应自觉以法律法规和社会公德约束自身行为，在出现矛盾和问题时，首先应取得政府部门的支持、社会各界的理解，按程序沟通解决；必要时借助社会中介组织的力量调解矛盾，解决问题。

第三章　项目立项论证

全过程工程咨询团队从国内通用航空业的发展需求、民航教育培训"十三五"规划、民航专业人才缺口等角度分析论证了设立航空职业技术院校的必要性。从当地职业教育发展规划、航空产业园对航空职业技术院校的规划和投资单位的发展前景论证了其可行性。在介绍项目选址和建设条件之后，按照分步建设的思路，提出本项目培训中心的建设方案和投资估算。

第一节　通用航空产业的发展

一、国内通用航空产业未来的发展

通用航空是指除定期货运、客运航空活动之外的民用航空。通用航空应用范围非常广阔，包括航空摄影、医疗救护、公务出行、石油服务、遥感测绘、电力巡查、农林喷洒、训练飞行、空中游览、体育竞技等航空活动，用于此类活动的飞机统称为通用飞机。

近年来，中国的传统制造业增速逐步下行，而通用航空高端制造业及其附加的服务业全产业链有望成为中国经济的新增长点。2016年5月，国务院出台《关于促进通用航空业发展的指导意见》（以下简称《意见》）对进一步促进通用航空业发展作出部署。

（一）2020年打造1万亿元通航产业

《意见》明确了"十三五"期间通用航空发展的目标，到2020年建成500个以上通用机场，基本实现地级以上城市拥有通用机场或兼顾通用航空服务的运输机场，覆盖农产品主产区、主要林区、50%以上的5A级旅游景区。通用航空器达到5000架以上，年飞行量200万h以上，培育一批具有市场竞争力的通用航空企业。通用航空器研发制造水平和自主化率有较大提升，国产通用航空器在通用航空机队中的比例明显提高。通用航空业经济规模超过1万亿元，初步形成安全、有序、协调的发展格局。

（二）低空空域开放进一步扩大，产业政策将提速

《意见》中提出实现真高 3000m 以下监视空域和报告空域无缝衔接，简化飞行审批（备案）程序，明确报批时限要求，方便通用航空器快捷机动飞行，解决"上天难"问题。低空空域开放进一步扩大，为产业发展提供了有利条件。

《意见》中提出，推动修订《中华人民共和国民用航空法》《通用航空飞行管制条例》，研究制定航空法、空域灵活使用管理办法、无人驾驶航空器飞行管理规定，相关政策出台有望提速。

（三）预计 2020 年前通用航空产业年均增长 30%

截至 2015 年底，通用机场超过 300 个，通用航空企业 281 家，在册通用航空器 1874 架，2015 年飞行量达 73.2 万 h。

按照《意见》目标计算，"十三五"期间通用航空飞行量年复合增速将达到 22.3%，通用航空器数量年复合增速达到 21.6%。2025 年中国公务喷气机市场需求超过 2500 亿元，活塞与涡桨通用飞机约 500 亿元，民用直升机近 200 亿元。2025 年中国通用航空配套产业总市场规模超过 3200 亿元。

（四）空管导航与机场配套、运营与维修培训市场潜力巨大

通航维修、培训、空港配套、金融租赁等高端配套服务含金量高。根据通用航空产业价值链"微笑曲线"，产业链两端的通用航空飞行器创新研发设计、发动机制造、航电系统和通航维修、培训、金融租赁等高端配套服务含金量高。

通用航空飞行器研发设计、发动机制造、航电系统等领域进入门槛较高，目前主要由央企国家队承担；民营企业可进入通航维修、培训、金融租赁等高端配套服务领域。我们认为，通航空管、通信导航与机场配套设备，通航运营与维修培训两大板块，其中空管、雷达与 ADS-B 等领域率先受益。

（五）安防领域、农林植保、电力巡线等需求大，民用专业级无人机将快速发展

在下游的安防、农林植保、电力巡线等领域，民用专业级无人机需求较为迫切，广义而言属于通用航空的一部分。随着无人机渗透率不断提高，产品渠道和产品种类将随之打开，我们判断民用专业级无人机将进入快速发展期。

安防领域无人机市场需求 100 亿～200 亿元；2020 年农业植保无人机市场需求超过 200 亿元；电力巡线无人机潜在需求接近 50 亿元。考虑其他领域的民用专业级无人机需求，预计 2030 年民用专业级无人机市场需求超 1000 亿元。

二、航空产业园的政策扶持

航空产业园是结合飞机制造业及相关产业链对生产、研发、运输等环节的特殊要求，通过全面提升航空系统集成能力，形成完整的航空产业体系及相对集聚的航空制造业集群，建设以飞机生产、加工、研发以及相关配套产业为主导的高新技术产业园区。航空产业园以飞机生产制造为主轴，带动零部件加工、改装维修、机载设备、航空新材料、航空旅游和航空教育培训等产业，重点构建由主干产业、分支产业和配套产业构成的产业发展结构。

我国航空产业园从起步发展到今天，不仅行业规模越来越大，产业集聚效应也愈发彰显。一方面，国家不断选择产业基础好、创新能力强、营商环境优、开放度高的区域，扶持建立航空产业园区；另一方面，国内各地政府逐渐加强顶层设计，规划先行，通过制定产业规划、产业政策，引导产业集聚，促进各地形成具有特色的航空产业园区。

"十三五"以来国家层面对航空产业的政策可以分为两条主线，规范与发展并行，一方面，针对通航机场建设，通航项目分类等方面作出了规范性指导；另一方面，确定机场建设、航空产业、民航教育等方面的发展目标，通过加强建设、完善产业结构、设立专项基金等方式推动我国航空产业的发展，进而扩大我国航空产业园建设规模。

在中央和各地政府大力支持下，我国航空产业园建设规模不断扩张，作为航空产业中装备制造与产业服务集聚的高科技产业园区，航空产业园为我国航空产业的发展贡献了极大的力量。"十三五"以来，国家层面及各省市地区为促进航空产业发展出台多项政策，如表 3-1、表 3-2 所示，将引导航空产业园规模不断扩张。

国家层面支持航空产业园建设政策汇总　　　　　表 3-1

时间	政策名称	主要内容
2018 年 12 月	《2019 年通用航空发展专项资金预算方案》	2019 年 162 家通用航空企业将获得 4.41 亿元的补贴，其中，飞行作业补贴共计 4.12 亿元，飞行员执照补贴共计 2904 万元
2018 年 8 月	《国家发展改革委 民航局关于促进通用机场有序发展的意见》	要求各方正确认识加快通用机场建设的重要性、科学编制通用机场布局规划、稳妥有序推进通用机场建设，并且明确规定了通用机场升级运输机场的转换机制
2018 年 5 月	《民航局关于促进航空物流业发展的指导意见》	从九个方面具体阐述了促进航空物流业发展的政策措施。物流企业利用通用航空器、无人机等提供航空物流解决方案发展迅速，需要加快制定和完善有关运行规章制度和安全运行标准体系

续表

时间	政策名称	主要内容
2018年1月	《民航局适航司关于改进通用航空适航审定政策的通知》	为大力促进通用航空发展、创造良好的通用航空发展环境，本着"放管结合，以放为主"的原则，对部分通用航空适航审定政策予以简化和调整
2017年12月	《国内投资民用航空业规定》	规定了准入的投资主体以及投资内容，投资主体包括国有和非国有投资主体，投资的领域包括：公共航空运输、通用航空、民用机场、空中交通管理系统以及民用活动相关项目

部分地方层面支持航空产业园建设政策汇总　　　表3-2

地区	政策名称	主要内容
浙江	《关于加快通用航空业发展的实施意见》	到2020年，建成A类通用机场20个，实现每个设区市至少拥有1个A类通用机场，覆盖通用航空研发制造集聚区、农产品主产区、主要林区、50%以上的5A级旅游景区、国家级旅游度假区
江苏	《江苏省"十三五"及中长期通用机场布局规划》	至2020年，江苏省通用机场密度达到每万平方公里1.25个以上，力争形成"6+10"国家（区域）、地区（省市）两级通用机场体系，基本实现30min航程覆盖全省域
安徽	《安徽省民航建设专项规划（2017—2021年）》	全省开通民航运输机场达到10个，建设通用机场16个以上，实现全省92%的县级行政单元能够在地面交通100km范围内享受航空基本服务
江西	《江西省通用机场布局规划（2016—2030年）》与《加快推进通航产业发展的若干措施》	到2020年，确保全省建成通用机场20个以上、起降点50个以上。对新建通用机场给予不超过1000万元的资金补助（其中完成选址批复等前期工作的给予200万元以内补助，开工建设后再给予800万元以内补助）
上海	《上海市综合交通"十三五"规划》	推进以公务航空和城市公共管理为主的通用航空发展。利用两场资源，改扩建公务航空基础设施，增加上海的公务飞行业务，初步形成东北亚公务航空中心

　　从产业链角度看，我国航空产业园产业链已经基本形成，围绕园区内的航空设备制造及航空产业服务形成了上游装备、部件等基础供给，下游航空改装维修，航空新材料制造，机载设备制造等应用领域的完整产业链条。上游产业为航空产业园的基础产业，包括电子工业、机床工业、复合材料与通用部件等；中游为航空产业园的主要产业，可以分为航空设备制造和航空产业服务两大领域；下游为航空产业园产业的纵向延伸，主要有工业服务、农林作业、医疗卫生、教育训练、文化体育等领域。

三、某市航空产业园的发展

近年来,某市抢抓国家开放低空空域、航空产业跨越发展的重要战略机遇,将通用航空产业列为战略性新兴产业进行重点培育和发展,规划建设某市航空产业园,以航空制造为核心,坚持自主创新和国际合作,有效整合通航产业上下游,短短三年即实现了通用航空产业的"从无到有"、集聚发展。

某市航空产业园自2013年10月启动以来,着力发展通航制造全产业链和临空经济。园区获批某省战略性新兴产业集聚发展试验基地、国家首批通航产业综合示范区。区内有国家、省、市等众多产业支持政策叠加,已引进项目28个,计划总投资约200亿元,包括通用飞机、无人机、发动机、螺旋桨、模拟器、航电系统、航空部件等通航产业链项目,其中中电科钻石飞机、钻石航空发动机、卓尔螺旋桨、万户科技无人植保机、英釜科技航空模拟器、远航地勤设备等项目建成投产。组建了某省通航产业协会,发起设立航空产业基金,与北航合作建立北航某市通航创新园,现已构建较为完整的通用航空产业链,全力建设国家通航产业综合示范区。

2014年9月,某市出台《关于加快航空产业发展的若干政策规定》,设立专项资金,采取优先供地、政策补助、人才奖励、贷款贴息、发债补贴、股权激励等方式,支持该市航空产业发展。

2015年2月,中电科某市钻石飞机获得某省发展改革委核准批复,项目正式破土动工,该项目是国家核准权下放后,某省核准批复的第一个通用航空产业项目。

2016年8月,该市航空产业园列入某省战略性新兴产业集聚发展试验基地。2017年1月,该市获批国家首批通用航空产业综合示范区,成为某省唯一入选城市。

当前,该市航空产业园正处在加快建设、全力推进阶段。按照航空产业基地建设规划,"十三五"期间,航空产业园内将重点发展通用航空产业和临空经济,规划机场专用、空港物流、整机制造、航空装备制造、航空维修、通航运营、航空主题公园(航空小镇)等功能板块,未来将逐步建成华东通航网络运营区域骨干枢纽、国家通用航空研发制造基地和国家级临空经济示范区。根据该市"十三五"发展规划,到2020年,力争实现通航产业产值300亿元,培育龙头企业10家,在中小型航空发动机、机身材料等领域占据国内航空市场主导地位。

第二节 项目建设的必要性与可行性

一、项目建设必要性分析

（一）航空职业技术院校的现状

随着航空运输总周转量、旅客运输量和货邮运输量的增长，对空乘、地勤、安检以及运输管理人员的岗位需求也与日俱增。我国民航业发展迅猛，形成巨大人才缺口，民航专业人才缺口接近50万。在这难得的历史发展机遇下，许多高校、社会培训机构纷纷开办航空服务专业。

鉴于中国民航对高素质航空人才的不断需求，民办院校在招生和就业工作方面创新改革，不断提高教学质量，培养出适合新时期的民航服务人才。民办航空院校的办学时间虽然比较一些公办院校短，但是，发展速度较快，规模甚至超过某些公办院校。为了增加院校的丰富性，民办院校增加了部分新兴学科——航空服务专业等，针对全国不同省份进行航空服务专业招生，不同地方学生具有不同地方特色，就业面试时可以发挥学生的地方语言和地域优势，具有一定的竞争实力。总体而言民办航空院校在品牌、实力方面已取得长足进步，但与公办民航院校间还存在一定的差距。

（二）未来航空职业人才的需求

对标世界航空大国美国，总人口约3.5亿，只有2万架商用航空飞机，但通用航空飞机有几十万架，有23000个机场，包括起降点和通用机场、商用机场。美国有278万人为这个产业服务，有500万人间接为它服务。

按照民航局编制的《全国通用机场布局规划》，到2030年，全国通用机场将达到2058个，基于目前通用航空器与通用机场数量之比为8∶1，预计到2027年我国通用航空器数量为9240架，市场规模达1046亿元。

据中国通用航空产业发展协会的估算，2020年以后，我国将缺乏60万到100万的大专毕业生从事服务、地勤、维修等职业。在更长的时间跨度范围内，航空职业技术人才的需求可达到数百万以上。

（三）民航职业教育发展是国家航空产业发展的必然要求

"十三五"时期，民航行业发展和国家教育培训一系列政策部署都对创新民航教育培训工作提出了新的要求。民航业要提升持续安全保障能力，实现提质增效、转型升级，增强国际竞争力等，必将需要作为民航发展第一资源的人才资源提供有力支撑。为加快建设创新型民航行业，进一步发挥教育培训的支撑作用，民航局印发了《民航教育培训"十三五"规划》（以下简称《规划》），为未来五年的民航教育培训工作明确了指导思想、发展目标、重点任务和主要措施。

《规划》提出到"十三五"末要打造规模适度、结构合理、布局科学、质量较高、开放共享的民航教育培训体系，并且从培养能力、师资队伍、学科专业、基础条件以及行业培训等五个方面提出了具体目标：人才培养能力进一步提高，"十三五"期间直属院校预计培养特色专业人才5万余人，行业外教育培训机构满足行业发展50%以上新增的人才需求；师资队伍水平进一步提升，优化院校师资队伍结构，注重培养良好师德师风，直属院校专任教师总数达到5000人以上；学科专业建设进一步强化，直属院校按需打造一批民航特色一流学科，新增一批发展急需专业，完成特色学科专业的提升改造，加强标准建设；教学培训基础条件进一步完善，加强直属院校基础建设，提升教学培训保障能力，完善培训实训等平台建设，推动开发建设百门网络精品课程；行业培训进一步升级拓展，重点开展党校教育，加强监察员、法规规章和行业管理等培训，促进行业培训协调发展，升级内容，优化模式，推动与国际标准、行业标准和岗位需求相对接。

行业外教育培训机构要依据相关法律法规和行业标准，规范开展民航相关学历教育和专业培训，大力提高教育培训质量。加强与民航局直属院校和民航企事业单位在标准研究、条件建设、课程资源开发共享、学分等效互认以及师资培养等方面合作，不断创新合作机制，强化互补作用。

（四）当地"十三五"教育发展规划要求

《某省"十三五"教育发展规划》提出，要加快发展现代职业教育。统筹包括技工学校在内的各类中等职业学校建设发展，到2020年，建成100所现代化示范性中等职业学校、50所优质特色中等职业学校、300个中职现代化实训基地。创新发展高等职业教育，密切政产学研合作，增强现代职业教育体系与产业结构的契合性，推动高职院校向工业园区、开发区布局，健全专业与产业发展的联动机制。全面提升某省高职教育整体水平。航空产业新城的建设，将进一步促进产业发展和人才集聚。

二、项目建设可行性分析

（一）某市航空产业发展的需要

设立航空职业技术学院是顺应长江经济带地区及某省航空产业发展的需要。长江经济带是具有全球影响力的内河经济带，其覆盖11个省市，面积约205万

km², 人口和生产总值均超过全国的 40%。现有通用机场及可以为通用航空提供保障的支线机场 40 个，目前，该省在建和规划建设的通用机场有 6 个，而项目所在地正处于这个运营网络体系的中心位置，这就为当地发展通航产业提供了得天独厚的条件。航空职业技术学院的设立，能为建立健全长江经济带地区的人才培养体系、加大人才培养力度、促进航空产业的发展作出贡献，同时还可以将航空产业与落实就业创业扶持政策紧密结合起来，充分发挥航空产业吸纳就业的作用，为航空产业提供全面人力资源保障。

当地航空产业园以航空港区为核心，重点发展通用航空产业和临空经济，有机场专用区、空港物流园、飞机整机制造区、航空装备制造区、航空维修专区、通航运营服务区和航空主题公园（航空小镇）等功能板块。设立民办航空院校也是基于当地未来发展的需求，符合全省及市县教育发展规划，项目的建设对当地的航空产业和职业教育具有积极的推动作用。

（二）设立航空职业技术学院是省级高职院校的布局

项目所在省份虽然拥有高职专科院校共计有 75 所，主要涉及综合类、理工类、医药类、师范类等，但没有一所航空类的院校。2018 年 11 月，省教育厅答复，在教育部从严从紧控制新设高等学校的背景下，经积极争取，已将"新设航空职业技术学院"列入《省"十三五"时期高等学校设置规划》，并于 2017 年 11 月正式以省政府名义报送教育部备案。

设立航空职业技术学院是优化全省高职院校结构布局，填补全省航空教育发展空白的需要。教育厅要求加快发展高等航空职业教育，加快引进、培养一批优秀的专业教师，为航空相关专业教学进行人才储备，全方位、多层次推进中外职业教育交流合作，实行双师制，高校教师和企业师傅共同培养高级应用型技术人才。

省教育厅还大力支持学校的筹建工作，并组织省高校设置评议委员会专家对学校设置工作进行对口指导，帮助学校完善办学条件，提升办学水平，争取早日达标。省教育厅也建议相关部门加大对学校建设投入，予以适当的政策倾斜和资金支持，力争顺利实现设置目标，更好地满足民航、通航对高技能人才的迫切需求。

当地航空产业园从产业园的航空人才需求出发，响应教育厅的布局，在园区内规划了航空职业技术院校的用地，并积极招商引资，为项目的顺利建成创造了非常有利的条件。

（三）建设单位的办学经验

某集团创建于 20 世纪末，经过 20 余年潜心发展，已成为教育服务业的综合性企业集团，成为集合面授教学培训、网校远程教育、图书教材及音像制品出版发行于一体的大型知识产业实体。该集团目前拥有超过 3000 人的规模化专职研发团队，近 14000 人的大规模教师团队，依托卓越的团队执行力和全国范围的垂直一体化快速响应能力，已发展成为一家创新驱动的高增长企业平台。

集团收购的南方某职业学院经过一年的集团管控，在招生规模、经营表现、业绩水平达到历史新高。该学院是南方某省第一批通过人才培养水平评估的高职院校之一。学院设有民航学院、现代信息与物流系、经济管理系、建筑工程系、机械与汽车工程系、基础教学部等。开设了空中乘务、民航运输、民航安全技术管理、高速铁路客运乘务、酒店管理、旅游管理、软件技术、移动应用开发、电子商务、航空物流、计算机网络技术、建筑工程技术、工程造价、建筑室内设计、消防工程技术、直升机驾驶技术、工业机器人技术、汽车营销与服务、汽车检测与维修技术、机械制造与自动化、会计、市场营销、金融管理、财务管理 24 个专业，覆盖了现代制造、现代信息、现代管理、现代服务四大产业，形成了以工为主，文、工、管协调发展，并以航空服务为特色的专业格局。

本项目的建设将汲取南方某职业学院的成功经验，结合当地航空特色产业发展，以"本科职业大学"为目标，以航空为办学特色和方向，围绕民航、通航高技能航空人才资质和能力养成需求，积极推进与航空院校、航空企业深度合作，按照民航局设置标准建立 CCAR142 飞行训练中心、CCAR147 维修培训中心等，力求打造国内一流的高等院校，培养符合航空制造、应用和服务管理的高级应用型技术人才。

第三节　项目的选址与建设条件

一、项目选址

本航空职业技术学院的选址是由当地航空产业园规划确定的，位于某市东南区，东临××路，南临××路，如图 3-1 所示。接近城市主干道路，交通便利，临近项目南侧还有即将建成的高铁站以及民航机场，交通十分便利。

项目所属地块占地约 722 亩，限高 52m。目前第一阶段培训中心的项目占地 178 亩。项目基地周边有信息工程学院，基地北侧为航空产业园区，基地西侧为北航研究院，整体上具有良好的科研、教学、产业氛围。

二、建设条件

（一）工程地质条件

根据国家标准《建筑抗震设计标准》GB/T 50011—2010 和《中国地震动参数区划图》GB 18306—2015，项目场地抗震设防烈度为 7 度，设计基本地震加速

图 3-1 项目选址区位图

度值为 0.1g，设计地震分组为第一组，该场地拟建建筑物抗震设防烈度为 7 度。

根据区域水文地质条件和以往勘测结果，区内地下水水位主要受到大气降水、地表水体及农田灌溉的影响，呈季节性变化。地下水水质对混凝土结构和钢筋混凝土结构中的钢筋无腐蚀性，对钢结构具有弱腐蚀性。

（二）交通条件

项目基地位于某市县经四路以西，南湖路以北，接近城市主干道路，交通便利，接近客运中心，临近于项目南侧还有即将建成的高铁站以及民航机场，交通十分便利。

（三）市政依托条件

（1）供电：该项目电源由当地供电公司提供，由现有供电线路提供，完全能够满足项目用电所需。

（2）供水：由水务集团自来水总公司供给，可以满足项目建设期和建成后的要求。

（3）排水：该建设项目的排水方式实行分流式，雨水通过集水沟直接排入城市排水干管；生活污水经过埋地式净化装置处理后再排入城市污水排水管道。

（4）供气：以天然气为主要气源，液化石油气为辅助气源。天然气以"西气东输""川气东送"、LNG 等为气源。液化石油气以炼油厂等为气源。

（5）交通：项目位于交通枢纽附近，交通十分便利。

（6）通信：区域内通信与市政通信网相连，线路畅通。省、市联网的电视网、宽带网已建设完成，通信网络已全覆盖，通信条件良好。

（四）辖区政治经济条件

项目所在市是华东地区重要的科研教育基地、工业基地和全国综合交通枢纽；是华东地区现代工业、科技、人才集中区，华东地区重要的先进制造业基地、航空产业基地。

（1）区位优势明显，地处大城市圈发展地带。
（2）周边交通便利，设施齐全，办学氛围好。
（3）紧邻公园，景观资源丰富。
（4）地块完整，整体开发条件优越。

（五）材料供应条件

项目拟建场地交通便利，建设所需的建筑材料，某市内市场均有充足的货源，质量优良，价格合理。

三、建设场址结论

本项目建设区域内各类公用基础设施完善，区域内经济社会平稳、快速发展。政策环境势头良好，场址周边城市建设呈快速发展状态。区位优势明显，地处城市发展地带。周边交通便利，设施齐全，办学氛围好。紧邻公园，景观资源丰富。地块完整，整体开发条件优越。

第四节 培训中心项目建设方案

一、项目建设规模

本测算依据《普通高等学校建筑面积指标》建标191—2018进行初步测算，本期项目建设目标为高等职业技术学院，远期学校整体目标学生人数为15000人。

（一）校舍用房规模

根据《高等职业学校建设标准》建标197—2019，学校必须配置的校舍用房项目有：教学实训用房（教室、专业教学实训实验实习用房及场所、系及教师教研办公用房）、图书馆、室内体育用房、校级办公用房、大学生活动用房、学生宿舍（公寓）、单身教师宿舍（公寓）、食堂、后勤及附属用房共九项。学校根据需要可以配置的校舍用房项目有：产学研及创业用房，学术交流中心用房，农林院校实习农场、牧场、林场、林场教学及生活附属用房，医学院校临床教学实习用房，教职工机动车、自行车（含学生）停车库或棚，采暖地区锅炉房。配套建设的项目有：国家规定建设的民防工程。

按《高等职业学校建设标准》建标 197—2019 规定，本校属于工业类院校，校舍建筑人均建筑面积为 25.92～27.92m²。

本项目第一阶段培训中心的规划用地面积约 178 亩，目标学生人数为非学历培训 6000 人，拟建设教学楼 3 栋（5 层）、宿舍 6 栋（5 层和 7 层）、食堂 2 栋（2 层）、学术交流中心 1 栋（7 层）、风雨操场 1 座。第一阶段培训中心的建设满足短期培训学生的教学办公、住宿、生活以及部分运动需求。院校所需要的其他功能及指标在后期解决。

远期学校整体目标学生人数为 15000 人（含非学历培训 6000 人），根据目标学生人数及相关规范《普通高等学校建筑面积指标》建标 191—2018，确定本科校区校舍建设面积。远期项目主要以学历教育为主，具体建筑面积从略。

考虑学校教学资源总体使用效率，对外租赁容量为不超过 10000 人／年。

项目远期功能区设置示意图如图 3-2 所示。

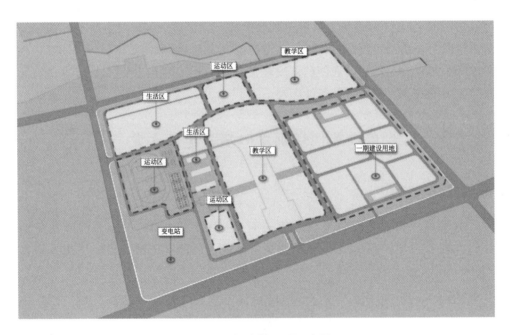

图 3-2　远期功能区设置示意图

（二）配套建设内容

1. 停车场面积

航空职业技术学院培训中心项目拟采用地面停车与地下停车相结合的方式，

其中地下停车库兼作人防。地下停车库包括机动车停车位与非机动车停车位，主要用于教职工通勤车辆。地上停车场主要用于停放外来人员临时停车。

地下停车库标准车位配建指标按《某市建筑物配建停车设施设置标准与准则（2015版）》为准。因地上建设用地较为紧张，故停车库主要建于地下，地上仅停放临时车辆。非机动车停车库也设于地下一层，单独设置车辆出入口。城市建筑物配建停车场应充分预留汽车充电设施，配建纯电动汽车充电桩和专用车位比例不低于车位总数的10%。

地下停车库机动车停车建筑面积指标为40m²/辆，非机动车（以电动车、摩托车停放为主）停车建筑面积指标为2.5m²/辆，地面停车场机动车停车面积指标为25m²/辆。

（1）培训中心，学校教职工人数按350人进行测算，因学校位置远离市区，教职工绝大部分均需要开车，按300个车位测算，地下停车库机动车停车面积为12000m²。

（2）学校学生人数按6000人进行测算，非机动车位数按学生总数的40%测算，面积为6000m²。

（3）学院对外租赁人数总量不超过10000人，按每日租赁人次最高200人计，车位数按40%测算，需要80个停车位，面积为3200m²。

2. 人防工程面积

根据当地防空地下室建设及易地建设费征收细则（2016年版）中人防工程面积的核定方法，本项目须修建6级以上防空地下室面积约13000m²，人防地下室为平战结合，平时为地下车库，可以满足人防配建需求。

（三）建设总量指标

第一阶段培训中心的建设指标如表3-3所示。

某省航空职业技术学院（筹）建设项目经济技术指标　　表3-3

类别	新建建筑面积	备注
用地面积（m²）	118700	178亩
总建筑面积（m²）	214556.54	
地上建筑面积（m²）	200686.52	
其中：公共教室（m²）	28998.20	教学行政区
实习实验用房（m²）	12200	
院系办公用房（m²）	3932	
后勤及附属用房（m²）	7000	
室内体育场（m²）	3826.87	运动区

续表

类别	新建建筑面积	备注
食堂（m²）	12848.57	生活区
单身教师公寓（m²）	5390	
学生宿舍（m²）	116101.88	
学术交流中心（m²）	10389	
地下建筑面积（m²）	13870.02	
容积率	1.69	
建筑密度	33.23%	
可容纳学生（人）	6000	
可容纳教师（人）	334	
机动车位（辆）	417	
非机动车位（辆）	3167	
绿地率	25.10%	

二、培训中心项目实施进度

（一）项目建设期

按照国家关于加强基础设施工程质量管理的有关规定，该项目要严格执行建设程序，确保建设前期工作质量，同时对设计、施工以及设备材料采购实施公开招标，做到精心勘测、设计，强化施工管理，并对工程实现全面的社会监理，以确保工程质量和安全。

根据以上要求，按照国家和省、市的有关政策和规划要求，结合项目培训中心的建设条件和资金筹措情况，暂拟定项目建设期为27个月。

（二）项目进度计划

项目建设进度计划内容包括项目前期准备（立项、项目可行性研究报告编制及报批）、工程勘察与设计、土建工程施工、室外工程、竣工验收并交付使用等。在统一规划、统一要求的基础上，经周密安排，各项准备、施工工作可交替进行。

前期工作：2019年12月—2020年4月。

前期工作内容包括立项审批工作；用地手续办理；可行性研究报告编制及审

批；落实各项设计基础条件，委托项目设计；建设场地的工程地质初勘，筹措并安排项目资金等。

工程勘察设计及实施准备：2020年5月—2020年6月。

内容包括初步设计及审批，工程地质详勘、施工图设计、施工准备等。

工程施工：2020年4月开工建设，2022年2月全面建成。

（三）远期项目进度计划

远期项目具体进度将参考一期建设实际进度适当调整。

第五节　培训中心的投资估算

一、培训中心的项目投资估算

（一）投资估算依据

（1）《中共中央办公厅 国务院办公厅转发〈国家发展和改革委员会关于进一步加强地方政府基础设施建设规范投资保障机制的意见〉的通知》（厅字〔2011〕4号）。

（2）《建设项目经济评价方法与参数》（第三版）。

（3）《某省建设工程费用定额》。

（4）某市及某市县现行的有关取费标准。

（5）类似工程造价指标参数。

（二）估算编制说明

该项目培训中心拟建总建筑面积约214556.54m^2，其中地上建筑面积200686.52m^2，地下建筑面积13870.02m^2。

1. 培训中心投资估算范围

本次估算包含工程建设费用、建设工程其他费用、预备费。

土建工程：包括基坑支护、基础工程、地下和地上主体工程等。

装修工程：包含楼地面、顶棚、墙面装饰等。

安装工程：给水排水包含给水排水管材、阀门等；强电包含配电房、配电箱、照明灯具、开关插座、电缆、桥架、管线等；暖通工程包含空调、通风等；弱电包含通信、智能化系统等；消防包含消防设施等。

室外工程：包含景观、道路、管网、围墙等。

2. 培训中心投资估算说明

（1）工程费用：该费用参照相关估算指标、项目所在地建安市场价格，并结合项目实际情况确定。

（2）工程建设其他费用：工程建设其他费用主要包括前期费用以及建设单位管理费、勘察设计费、工程监理费及造价咨询费。

1）建设单位管理费：包括建设单位管理等，参照建设单位管理费依据财建〔2016〕504号文件，结合项目实际情况计算。

2）设计费：按《工程勘察设计收费标准（2002修订本）》（计价格〔2002〕10号）的70%确定。

3）工程监理费：工程建设监理费执行工程建设监理费依据发改价格〔2007〕670号文的70%确定。

4）招标代理费：依据计价格〔2002〕1980号文的70%确定。

5）造价咨询费：含跟踪审计费、结算审计费等，依据苏价服〔2014〕383号文的70%确定。

6）预备费：按工程费用及工程建设其他费用之和的5%计算。

7）建设期利息：根据建设方意见，投资费用拟30%左右自筹，其余通过贷款筹集建设资金，故贷款额度按70000万元考虑，贷款利率按2019年11月一年期LPR4.15%考虑，建设期为三年。

（三）培训中心建设投资估算

本次项目合计总投资支出107162.40万元，其中工程费用91655.76万元，工程建设其他费用7325.39万元，预备费4949.58万元，建设期利息3231.67万元。投资估算如表3-4所示。

项目资金来源为建设单位自筹解决，其中自有资金约37062.4万元，银行贷款约70000万元。

培训中心投资估算总表　　　表3-4

序号	工程或费用名称	估算价值/万元	技术经济指标			备注
			规模	单位	指标值	
1	工程费用	91655.76	214556.54	m²	4271.87	
2	工程建设其他费	7325.39	214556.54	m²	341.42	
3	预备费	4949.58	98981.15	万元	5%	
4	建设期利息	3231.67		项		
5	项目总投资	107162.40	214556.54	m²	4994.60	

二、工程费用估算和其他费用（略）

三、培训中心项目融资方案及财务分析

（一）融资方案

根据建设方意见，投资费用拟 30% 左右自筹，其余通过贷款筹集建设资金，故贷款额度按 70000 万元考虑，贷款利率按 2019 年 11 月一年期 LPR4.15% 考虑，建设期按三年考虑。经测算建设期利息约 3231.67 万元，已计入项目总投资中。

其他内容此处省略

（二）运营后总收入及费用估算（略）

（三）财务分析（略）

第四章 项目管理

本项目全过程工程咨询的项目管理组有三大任务，即总策划、总组织和总控制。总策划是围绕建设单位的建设意图和建设目标策划整个建设方案，包括建设内容、建设过程、各参与方及其工作内容与工作界面、费用分配、各个建设阶段的子目标等；总组织是从拿地开始到交付使用全过程中把相关咨询、勘察、设计、施工、安装等所有参与单位按照策划方案有效地组织起来完成建设任务；总控制是代表建设单位以进度控制为核心工作，提出质量控制、造价控制、安全文明施工的工作方案与要求，交由其他部门负责实施并进行总控。

项目管理的特征是主动性，即主动策划、主动组织与主动控制。项目管理组是全过程工程咨询团队中的策划者、组织者与总控者。

本章首先对项目管理与招标代理、勘察设计、造价咨询、工程监理等单项咨询业务的工作内容及界面进行定位，然后复盘项目管理在项目报建、勘察设计、招标采购、施工准备、进度控制、造价控制、质量控制、安全文明施工管理、项目验收等方面的工作。

第一节 项目管理的工作定位

全过程工程咨询工作中，项目管理肩负主动策划、主动组织与主动控制的职责，因而始终处于"核心"位置。项目管理组要全面统筹、管理、协调招标代理、勘察设计、造价咨询、工程监理等其他各咨询方，实现全过程工程咨询目标。

本项目由全过程工程咨询负责人兼任项目管理负责人，带领项目管理组，根据全过程工程咨询合约目标，依据企业《项目管理工作指南》，组织开展项目管理的各项工作。

一、项目管理主要工作内容

（一）项目报建

项目报建可以大致分为三个阶段，第一阶段以取得可行性批复报告及工程用地规划许可证为完成标志，主要完成土地手续、规划总图、环境评价、交通评价、安全类评价、项目立项审批等工作；第二阶段主要完成勘察文件审查、人防行政许可、绿建审查、供电供水等条件审查以及完成建筑方案规划审批等工作，一般以取得工程规划许可证为标志；第三阶段主要完成参建各方合同归集、完成消防设计审查等工作，一般以取得施工许可证为标志。

（二）设计管理

设计管理是项目管理的核心工作内容之一，为充分发挥专业化管理作用，本项目采用了两阶段设计管理模式，第一阶段由具有设计背景的全过程工程咨询轮值负责人主持设计管理工作，主要按公司《项目管理工作指南》以及本项目的全过程工程咨询策划方案所确定的工作流程，完成从建设单位需求调研、设计任务书研讨、设计输入条件确认、建筑方案、机电方案等主要专题评审，进行初步设计和施工图设计的设计管理工作，并在施工图审查阶段完成工作交接；第二阶段设计管理工作由全过程工程咨询负责人带领项目管理组完成，主要完成深化设计管理、设计驻场服务、设计变更管理等工作，直至完成竣工验收。

（三）招标代理

本项目为民营资本投资，建设单位有招标自主权，项目的合同结构上相对简单，因此本项目未组建招标代理团队，而是设置一名招标代理专员编入项目管理组，完成本项目的招标采购工作。

招标工作开始前，招标专员首先要进行项目所在地区的市场调查，主要从后期履约、技术力量、资金实力、诚信程度、配合与管理等方面逐一分析潜在投标人的符合度，分析拟定较为理想化的中标单位雏形。同时调研、测算了本地市场的人力、主要材料、辅助材料市场价格、主要设备租赁价格等情况。

在市场调查完成后，项目管理组根据总进度目标、项目内容、管理设想制订了完整的招标采购计划报建设单位核准，然后由项目管理组会同公司质量技术中心，组织设计院、造价咨询组等进行招标文件编制，依次开展了标书发出、开标、评标、定标以及合同签约等工作。

项目管理组充分利用民营资本的招标自主权，在正式招标前组织了多次询标工作，将除了投标报价以外的可能引起后期争议、签证、索赔、合同价调整的问题尽可能在招标文件中详细规定，保证了后期建设工作顺利开展。

（四）进度管理

能否实现最终的进度目标是建设单位非常关心的问题，项目管理组的进度管理侧重于进度控制总目标的控制与协调，主要通过制订总进度节点计划、项目建设总进度计划，组织各方完成施工总进度计划制订与评审，按月进行进度偏差检查与考核，监督纠偏工作实施等实现对项目的进度管理。

（五）采购管理

民营投资的建设单位对成本控制的要求非常严格，代建单位甚至将本应由承包单位自行采购的材料改为由代建单位采购供应，要求全过程工程咨询团队协助制订材料采购计划，并协助询价和采购、收货及库存管理，统筹管理好承包单位，与参建单位进行"清包结算"等。项目管理组被动响应，协助代建单位编制采购计划，并特别设立了材料采购专员进行材料采购管理。

（六）质量管理与安全文明施工管理策划

在质量管理与安全文明施工管理等方面，项目管理组的职责是策划。策划质量管理和安全文明施工管理的目标、控制标准和重点措施等。具体的控制、检查或验收工作由工程监理组完成。

除了正常的管理工作之外，质量管理的重点措施是样板引路工作，安全管理的重点举措是做好重大风险源识别和危险性较大的分部分项工程（以下简称"危大工程"）管理，文明施工的重点举措是现场管理和疫情管控。

（七）沟通管理

沟通管理主要包括四个方面，第一是内部沟通，好的内部沟通可以使全过程工程咨询团队形成一个和谐而有战斗力的整体；第二是与建设单位、代建单位的沟通与汇报，建设单位的信任与配合是项目成功的关键；第三是与各个参建单位的协调，如勘察单位、施工单位、材料供应、检测试验单位等；第四是规划、土地、质量监督、环保、市政交管等远外层关系的协调。

最重要的是内部协调，需要考虑部门职责、内部人员工作态度与性格、工作能力等方面。最具挑战性的是与建设单位、代建单位的协调。我们认为通过沟通管理，要充分了解建设单位的意图与意见，让代建单位了解全过程工程咨询开展工作的清晰路径、各阶段存在的问题及全过程工程咨询团队解决问题的方案，同时了解项目管理组所制订各类解决方案的原因与逻辑。

与参建单位协调，了解参建单位的状况与想法，并让参建单位充分理解项目管理的思路、工作要点和标准，通过沟通管理产生良好的预控效果，将所有参建人员统一在建设目标下，最终实现"全赢"的最高目标。

（八）交付管理

本项目管理组通过提前制订验收方案，将材料设备质保资料以及竣工图收集整理完整，将各个设备系统的各项功能提前调试、验证到位，精心组织建筑物交付、设备系统交付、使用与维修保养交底，从而保证建设单位"无缝使用"。

（九）项目管理软件应用、信息与资料管理

结合全过程工程咨询服务需要，公司与某软件公司合作，为本项目开发建立 eCMS 项目管理平台，通过平台对各参建单位的组织管理、项目建设文档管理，以及平台软件系统中工作表单配置、工作审批流、任务发布、执行处理与统计等模块的建立和运行，提升项目管理能力，规范项目管理流程，提高项目管理工作效率。

同时项目管理组还根据现场管理需求设置了实时监测，应用无人机获取监测视频、图片信息存储到 eCMS 项目管理平台，项目参建单位的项目人员可通过移动终端申请访问数据库，调取历史施工现场信息，为现场管理人员提供管理决策建议。

二、项目管理工作制度

（一）项目管理策划方案评审制度

在本项目承接后，项目负责人根据公司《项目管理工作指南》，与建设单位、代建单位沟通座谈，了解建设意图以及目标期望。在充分调研项目情况后，组织项目团队编制了项目管理策划方案，并经过公司质量技术中心组织专家进行评审。专家评审认为，方案能够较为准确地把握项目需求与特点，管理目标细分设置科学合理，工作内容与措施考虑周详，有很强的可操作性，主要风险可控，可以指导项目管理人员按计划推进项目的实施。

（二）设计会审制度

由于建筑设计方案、施工方案的优劣直接影响到工程造价，影响到项目能否顺利实施，根据公司工作制度规定，从建筑方案、初步设计直至施工图设计每个阶段的主要成果均需要执行设计会审制度，通过主要参建团队负责人、外聘专家的会审、会签，保证设计方案合理，施工图设计详尽、准确。

本项目还优先启动了装饰装修深化设计、智能化深化设计、体育设施深化设计、厨房深化设计等，从而保证在建设阶段将建筑结构、预留预埋等工作精准实施到位。

（三）权限审批制度

项目团队组建后，需要根据合同服务内容，项目特点以及项目团队的情况确定工作界面，建立权限审批制度，保证能够快速决策，使相关问题及时得到解决。

(四）会议制度

建立工作例会、专题例会制度是项目沟通不可缺少的工作制度，本项目建立了项目管理负责人月工作例会制度，通过召开月工作例会全面检查项目各项目标的偏差情况、年度计划执行偏差情况、需要协调的重大问题及解决方案等。通过专题例会，项目管理负责人可以专题讨论解决好影响工程建设的专项问题。

(五）样板制度

建立样板制度对于项目质量、品质控制、完善设计图纸、避免返工等方面有重要的意义。本项目由项目管理组牵头组织样板间（段）施工，形成操作工艺指导书后交由工程监理组实施。本项目在施工阶段建设了外墙真石漆（"真石漆"为"合成树脂乳液砂壁状建筑涂料"的俗名，本书为保留具体方案中的真实感，采用俗名，下文统一用"真石漆"表示）施工，标准教室、卫生间、过道等样板段，并建立了专门的样品间。

(六）阶段安全评估制度

安全生产是全社会都关注的问题，一旦发生安全事故，将对工程建设造成重大影响，甚至会中断项目建设。由于施工工人大多不是产业工人，安全作业及防护意识差，除了由工程监理组按监理规范要求落实好安全生产管理的监理职责外，项目管理组还在本项目建立了安全文明健康施工标准，建立了阶段安全评估制度，由公司质量技术中心及外聘专家每月对项目安全状况依据安全评估系统综合评估，对危大工程的管理重点检查，对下一阶段的重大风险源的管控进行指导，从而实现安全施工，本项目自始至终未发生一起安全事故。

(七）交底培训制度

建立交底培训制度对于项目品质、安全管理至关重要，只有贯彻好这一制度，才能够真正实现以预控为主的管理，项目管理组就本项目需要注意的问题（如钢筋绑扎要求、混凝土灌注要求、防水施工要求、外墙真石漆施工、内装修时各类安装和施工作业等）组织了事前的交底培训，使得参建工人能够了解关键工序、作业标准、产品验收标准等，从而实现了既有条件下的最优品控。

(八）项目奖惩制度

项目建立了针对施工单位行为的奖惩制度，通过奖惩引导施工单位尽可能按规则办事，积极兑现承诺，通过激发管理人员、施工人员的荣辱心调动参建各方的积极性，从而使得项目建设持续改进，实现高品质建设。

（九）月报制度

本项目建立了月报制度，在全过程工程咨询团队内部，由设计院、造价咨询组、工程监理组各咨询板块负责人按月上报各咨询板块的工作情况及需要协调解决的问题、下一步的工作计划。项目管理组内部统计招标代理情况、项目报批报建情况、工程咨询条件变化、合同管理情况等，由项目管理负责人编制管理月报向代建单位、公司质量技术中心报告，以达到按月复盘的目的，让代建单位、公司掌握项目即时的实施情况，及时解决项目存在的问题。

（十）联合验收制度

本项目建立了联合验收制度，涉及关键使用功能的分部分项或子分部工程，由项目管理组组织联合验收，例如对精装修工程、消防工程、热水供应、通风空调、竣工初验等进行联合验收、功能测试、资料检查（特别是质保资料），从而确保实现既定的功能及效果，使得建设单位在交付后体验良好。

三、与招标代理的工作界面

（一）单独招标代理的弊端

招标代理制度的设计是《招标投标法》《政府采购法》《招标投标法实施条例》等法律法规所规定的。招标代理单位受建设单位委托按照法规所规定的程序进行招标，确定中标单位，最后签订采购合同或其他合同。招标代理单位仅负责合同签订，不负责合同管理或合同双方的履行，往往导致一些招标代理工作在合同管理上存在弊端。

1. 招标代理人员不熟悉全过程项目管理的要求，较少从全过程项目管理的高度或要求选择中标单位或设置合同条款，较少考虑所确定中标单位在后期能否较好地履约。

2. 大多数的招标代理单位一般以合法确定中标单位且没有投诉为主要目标，忽略招标工作是否有利于整个项目的顺利建成。

3. 较少考虑所划分的标段是否合理、是否有利于减少协调难度或工作量。

4. 较少针对项目的特点和管理要求拟定合同条款。

5. 部分招标代理人员不善于拟定招标文件中的关键技术经济指标或相关条款。

6. 对于招标失误导致后期项目推进困难等问题，招标代理制度设计中没有责任追究机制。

（二）全过程工程咨询中招标代理的改进

本项目的工程招标代理以全过程工程咨询的内容之一委托给我公司，我们采取了以下的改进做法。

1. 招标前，全过程工程咨询负责人带领项目管理组合理划分合同标段，进行市场调查，结合项目规模与特点分析市场潜在投标人的意愿、信用与履约能力。

2. 全过程工程咨询负责人站在保证项目顺利建成的高度，结合建设单位和代建单位的需要，组织项目团队编制招标计划、招标公告、投标单位的条件、工程量清单、技术指标、评标办法等。

3. 由全过程工程咨询负责人联系公司质量技术中心、造价咨询部，邀请相关专家起草便于后期项目管理和约束中标单位较好履约的合同条款。

4. 由全过程工程咨询负责人联系公司质量技术中心、设计院、造价咨询组、外部专家确定本项目主要机电设备定位、品牌、技术指标或条款。

5. 招标专员主要负责招标报审、发标、开标、组织评标等招标的程序性事务工作。

（三）招标代理工作在全过程工程咨询团队内部的职责分工

针对本项目而言，招标代理工作在全过程工程咨询团队内部的工作职责划分如表 4-1 所示。

招标代理工作在全过程工程咨询团队内部的职责分工表　　表 4-1

序号	招标代理工作	项目管理组分工	设计院分工	造价咨询组分工
1	市场调查	牵头进行市场分析调查与考察，从后期履约、技术力量、资金实力、报价高低、诚信程度、配合与管理等方面逐一分析潜在投标人能否满足项目要求，分析拟定较为理想化的中标单位的雏形		
2	编制招标工作计划	根据代建单位要求制订项目管理策划方案，完成标段划分，报经代建单位审批同意		
3	招标公告、资格审查或邀请名单	招标专员完成		

续表

序号	招标代理工作	项目管理组分工	设计院分工	造价咨询组分工
4	招标文件编制	全过程工程咨询负责人负责组织完成招标文件编制，合同文件编制，报代建单位同意	设计负责人完成招标文件中的主要技术方案可行性论证，主要机电方案论定，主要技术条款编制	完成工程量清单编制，并组织论证、审批通过
5	招标过程组织	全过程工程咨询负责人负责	设计负责人根据投标单位的答疑意见，提供技术支持	根据投标单位的答疑意见，提供价格测算、造价咨询意见
6	开标	招标专员负责		
7	组织评标	招标专员协助		
8	合同签订及管理	招标专员负责		
9	招标档案	招标专员负责归档		

四、设计团队的职责划分

（一）传统模式设计工作存在的问题

通常的建设程序是先设计、再招标、后施工。设计单位依据建设单位意图和设计规范完成设计工作。实践中，设计文件质量控制往往只强调安全可靠而忽略经济合理，只强调符合设计规范而忽略是否方便施工。随着近年来大量基建投资、房地产的高速发展，设计单位"赶图"的情况比较普遍。

1. 传统设计工作往往较少关注工程造价，对投入使用后的系统效果与能效也关注不够。

2. 设计深度不够，一些需要深化设计的部分没有同步进行，以致原先的设计可能制约后续的深化设计效果，也有一些预留孔、预埋件等因深化设计与原先的设计不符而被浪费。

3. 施工单位只按图施工，甚至错了也继续，导致后期出现返工浪费。

4. 设计图纸严谨性不够，各专业之间缺少审核，导致各专业图纸之间矛盾较多，后期造成浪费。

（二）本项目设计工作的改进

1. 设计阶段的全过程工程咨询负责人由设计院副总担任，并兼任项目管理组负责人，其拥有丰富的设计经验、熟悉各类方案的技术经济指标，可最大限度地满足"技术可行、安全可靠、经济合理"的设计要求。

2. 造价咨询组从始至终参与设计工作的成本控制,设计方案决策始终保持"设计效果"和"综合成本"的综合决策。

3. 相关的深化设计工作同步进行,本项目将机电、电梯、精装修、门窗、幕墙、景观、智能化、钢结构、深基坑、变配电等深化设计前置。除厨房的深化设计之外,基本做到深化设计与建筑设计同步完成,增加了设计的完备性,减少了后期的协调、等待及返工浪费。

4. 为了保证施工图的质量,项目管理人员组织专家审查施工图。由院总工、外聘设计专家、造价咨询组、深化设计工程师进行各专业多次会审,局部采用了BIM审查。

5. 项目管理组自开工伊始,始终坚持样板先行,主要设备材料先定,争取尽早发现问题,及时进行设计变更,减少施工改动。同时设计院派人驻场,在实施中预先发现问题、严控设计变更,从而保证项目总成本可控。

(三)设计工作的内部职责分工

设计工作中全过程工程咨询团队中项目管理组、造价咨询组与设计团队的职责分工如表4-2所示。

设计工作在全过程工程咨询团队内部的职责分工表　　表4-2

序号	设计工作	项目管理组分工	设计团队分工	深化设计单位分工	造价咨询组分工
1	设计任务书	提出要求,组织编制	参与编制		参与造价测算
2	设计输入条件	负责人防、绿建、水电市政等外部条件确定			
3	方案设计	组织审查	负责完成外立面、平面布局、总图、地下室		负责估算造价
4	施工图设计	跟踪设计过程,控制进度	负责完成全专业施工图设计		负责编制施工图预算
5	深化设计	组织讨论确定各深化设计内容与界面	提出总体设计与深化设计的界面	负责完成深化设计	负责审核深化设计造价
6	施工图审查	组织施工图审查			

五、与工程监理的工作界面

(一)单独发包的工程监理存在的问题

监理委托合同通常会对"三控制、两管、一协调、一履行"等监理工作内容有明确的约定,建设工程监理规范也对监理工作提出了具体要求。但是由于存在招标代理、项目管理、造价咨询等其他咨询业务,监理工作内容与造价咨询、项目管理工作内容有重复交叉的问题,因此监理人员的进度控制、造价咨询与合同管理能力也随之慢慢萎缩。工程监理往往只能开展质量控制工作和履行安全生产管理的监理责任,作为辅助角色参与项目综合协调和进度控制。

除此之外,监理从业人员素质参差不齐,有些人员甚至不能认真熟悉图纸、规范,导致其技术能力和经验积累主要集中于现场质量验收、安全行为管理等工作。整体而言,较难完成高质量的监理工作。另外,监理单位现场管理的权威性不足,导致工程监理单位对现场的管理难以深入,现场管理起不到主导性作用,难以达到较好的管理效果。

(二)全过程工程咨询中工程监理组的职责

1. 工程监理纳入全过程工程咨询后,充分发挥其长处,主要职责仍然是负责现场质量验收与检查、安全生产方面的相关监理工作,现场信息收集、统计,协助做好进度管理和综合协调工作,与全过程工程咨询形成了管理合力,可以在项目管理的组织下发挥工程监理人员更多执行或措施落实的作用。

2. 根据人员特点,对工程监理组作了针对性职责分工,监理人员可以将全部精力用于现场质量与安全检查、验收,并和项目管理组、造价咨询组、设计代表分工协作,最终取得了较好的管理效果。

(三)工程监理组与其他部门工作界面

我们将《建设工程监理规范》GB/T 50319—2013 所规定的各项监理工作职责在全过程工程咨询团队内部重新进行职责分工,如表 4-3 所示。

监理工作在全过程工程咨询团队内部的职责分工表　　　表 4-3

	监理工作		项目管理组分工	工程监理组分工	造价咨询组分工	设计团队分工
1	一般工作	审批施工组织设计	共同审查			
		审查分包单位资质		负责		
		审批开工报告	终审	初审		

民营资本投资项目全过程工程咨询范例

续表

		监理工作	项目管理组分工	工程监理组分工	造价咨询组分工	设计团队分工
2	质量控制	审查质量管理制度、机构、人员、特殊工种资格		负责		
		审批施工方案		负责		
		审核测量成果		负责		
		审查施工试验室		负责		
		审验材料、构配件、设备	主要材料设备	一般材料设备		
		验收隐蔽工程、检验批、分项工程和分部工程		负责		
		竣工验收	组织	协助		
3	进度控制	审核总进度计划	负责			
		审核阶段性进度计划	负责			
		检查进度实施偏差	负责			
4	造价控制	审核进度款			负责	
5	安全生产管理的监理	审查安全制度建立和实施情况		负责		
		审查安全生产许可证及人员、特殊工种资质		负责		
		核查施工机械和设备安全许可手续		负责		
		危大工程管理		负责		
6	工程暂停及复工			负责		
7	工程变更		负责		协助	
8	费用索赔				负责	
9	工程延误及工期延误		负责		协助	
10	施工争议协调		负责		协助	
11	设备采购		负责			
12	勘察设计阶段服务					负责

注：主要与一般材料、构配件、设备事先由项目管理组明确。

六、与造价咨询组的工作界面

（一）单独发包的造价咨询存在的问题

大多数单独发包的造价咨询主要从事项目跟踪审计和结算审计，前期决策的咨询单位负责编制项目的投资估算，设计单位负责编制设计概算，招标代理单位则负责编制施工图预算、工程量清单及最高限价。

1. 造价咨询工作长期适应目前的造价咨询体系，通常依托定额开展工作，与工程实际、市场结合不够密切，按市场价格估算施工成本的能力不足，没有建立企业的成本数据库等。

2. 造价咨询工作与其他咨询工作的结合不够紧密，较少参与设计方案的价格测算和方案比选，招标工作结束后通常不进行投标报价的分析和成本控制，所出具的造价咨询成果前瞻性不够。

3. 造价咨询工作有时候会脱离现场实际，在工程签证、索赔、合同价调整等造价处理时事前预控效果不好，不能让建设单位和代建单位获得及时、简洁、高价值的造价咨询意见。

（二）全过程工程咨询中的造价咨询职责

1. 项目管理组统筹协调造价咨询组的工作，充分发挥造价咨询组的特点和作用。

2. 项目决策中始终将价格作为最重要的因素之一，同时要求造价咨询组利用已有的基础数据充分掌握市场实际情况，尽量精准测算出反映工程实际情况的市场价格水平，为项目建设提供高价值的咨询意见。

3. 由项目管理组组织造价咨询组等其他部门做好设计优化、最高限价认定、工程变更管理、合同价调整、签证、索赔等造价控制工作。

4. 造价咨询组主动进行投标报价分析及清标工作，掌握成本控制的主动权。

5. 由项目管理组牵头，造价咨询组配合，充分利用民营资本投资优势，可与潜在承包人就项目报价进行分析与谈判，并尽最大可能避免后期的造价增减、索赔的问题。

6. 项目管理组牵头，造价咨询组具体实施做好工程款支付和竣工结算审核工作。

（三）与造价咨询的工作界面

全过程工程咨询团队中的造价咨询组职责分工如表 4-4 所示。

造价咨询工作在全过程工程咨询团队内部的职责分工表　　表4-4

序号	造价咨询工作	项目管理组分工	设计团队分工	造价咨询组分工	工程监理组分工
1	确定计价工作依据和方法	负责		协助	
2	制订选用工、料、机等价格的原则与方法	负责		协助	
3	投资估算的编制与调整			负责	
4	方案比选、限额设计、优化设计	审核	负责完善设计方案	负责造价测算	
5	设计概算的编制与调整			负责	
6	施工图预算的编制与调整			负责	
7	工程量清单的编制与复核			负责	
8	最高投标限价的编制与核准	审核		编制	
9	投标报价分析及清标			负责	
10	工程造价信息咨询服务			负责	
11	审核工程款支付申请	审核		负责	配合计量工作
12	资金使用计划	提供进度计划；审核资金计划		编制	
13	工程变更、签证和工程索赔处理	负责		审核价格	
14	合同管理	负责		审核费用	协助
15	工程结算的编制与审核	审核最终成果		负责	
16	工程竣工决算的编制与审核	牵头		负责编制与审核	协助

第二节　项目报建工作

项目报批报建工作存在手续繁杂、不确定性因素多等特点。报批报建工作是工程建设的重要环节，承担着快速打开工作局面，为项目节约建设周期的"责任"，所以应尽可能缩短时间，快速推进。

一、项目报建的工作步骤

全过程工程咨询团队代替建设单位与当地政府相关部门打交道，开展项目报建工作，主要策略是利用一切可用"资源"，将繁杂的报批报建工作进行事先规划、梳理，制订项目报建工作计划，安排专人推进工作。本项目的前期及报批报建工作可以细分为立项规划许可阶段、工程建设许可阶段、工程施工准备三个阶段。

（一）立项规划许可阶段的主要工作

项目立项方式分三种，即审批、核准、备案制，判断标准是根据项目的性质和是否使用财政资金。不同立项方式对应的后期手续也有所区别，如审批类需要办理项目建议书、可行性研究批复等。本项目是民营资本投资，不是生产企业，按规定采取备案制立项。可以从当地政务服务网申请办理备案立项。

立项规划许可阶段的报建工作计划如表 4-5 所示。

立项规划许可阶段的报建工作计划 表 4-5

任务名称	办理周期（工作日）	主管部门
土地摘牌	建设单位完成	规划和自然资源局
规划总图报审	10	规划和自然资源局
项目立项	15	发展和改革局
环评、交评、安评	15	生态环境局、交通运输局、安全监管部门
不动产证办理	3	规划和自然资源局
工程用地规划许可证	3	规划和自然资源局

（二）工程建设许可阶段工作内容

工程建设许可阶段报建工作计划如表 4-6 所示。

工程建设许可阶段报建工作计划 表 4-6

任务名称	办理周期（工作日）	主管部门
建筑工程岩土勘察文件审查	15	图审中心
规划方案审批	3	规划和自然资源局
人防设计条件审批	3	人防办
办理人防建设行政许可	3	人防办
施工图设计及图审（包含人防、消防、绿建、防雷）	30	图审中心
征询供电、自来水、雨污水、电信、燃气、白蚁防治等意见（明确临时水电接入方案）	15	供电公司、水务局、燃气公司等
办理工程规划许可证	10	规划和自然资源局

注：
① 当地规定完成施工图图审后才可办工程规划许可证。
② 当地要求综合管线不需要办理单项规划许可证。
③ 施工图审查前，需组织专家对绿建设计方案进行评审。

（三）工程施工准备阶段内容

施工准备阶段办理相关手续的工作计划如表 4-7 所示。

施工准备阶段政府相关手续办理计划表　　　　　　表 4-7

任务名称	办理周期（工作日）	主管部门
施工单位招标	40	住房城乡建设局
地质勘察、监理、设计、施工全部完成合同归集	3	住房城乡建设局
办理建设工程质量安全、监督手续	3	住房城乡建设局
办理建筑工程施工许可	3	住房城乡建设局
住房城乡建设消防设计审查	3	住房城乡建设局消防科

注：
① 取得施工许可证前，施工现场要具备三通一平的条件。
② 施工图审查时包含消防设计，且消防设计须进行专项设计审查。在办理施工许可证后，要到住房和城乡建设局消防科审查、备案。

二、主要报建手续具体材料

各项报建手续所需要的具体材料清单如表 4-8 所示。

相关报建手续所需材料清单明细表　　　　　　表 4-8

序号	工作内容	所需材料	备注
1	不动产证办理	①申请人身份证明（原件）；营业执照副本；经办人授权委托书；经办人身份证原件 ②土地宗地图（原件） ③成交确认书；相关缴费通知单（政府土地部门提供）；土地出让合同（原件） ④土地出让金收据（原件） ⑤土地契税完税证明（原件）。契税税率为 3%；印花税税率为 0.5‰ ⑥不动产权籍调查成果（界址坐标表；权籍调查表）	土地宗地图、不动产权籍调查表由自然资源部门提供
2	建设用地规划许可证办理	①工程建设项目规划事项申请表 ②项目批文复印件 ③国有土地使用权出让合同及附图 ④申请人有效证明的身份证或资质证书复印件（组织机构代码证、企业营业执照） ⑤依测绘成果绘制的含用地红线的地形图 ⑥工程项目建设基本信息表	
3	规划设计方案审批	①方案图 3 套 ②当地规划部门建设工程设计方案自审表 ③规划设计要点	规划设计要点由规划部门提供

续表

序号	工作内容	所需材料	备注
4	人防设计条件审批	①申请报告 ②规划设计方案	规划设计方案需规划局审批
5	办理人防建设行政许可	①当地民用建筑防空地下室建设意见书申请表 ②项目立项批文 ③规划设计方案	需完成人防设计条件审批
6	建筑工程岩土勘察文件审查	①勘察单位资质证书副本 ②勘察单位组织机构代码证书副本 ③规划设计要点 ④工程立项审批文件 ⑤岩土勘察设计文件审查委托书 ⑥岩土工程勘察文件	
7	建筑工程施工图审查	①规划许可证复印件 ②立项审批文件 ③设计单位资质证书副本 ④设计单位组织机构代码证书副本 ⑤结构计算书、建筑节能等相关专业计算书 ⑥全套施工图设计文件 ⑦岩土工程勘察报告 ⑧施工图设计文件审查委托书	
8	办理工程建设规划许可证	①申请报告 ②建设工程规划许可证附件 ③发展改革委核准、批准、备案文件； ④土地不动产证或建设用地规划许可证 ⑤民政局地名确认批复 ⑥经过图审的建筑施工图2套 ⑦人防审核意见书 ⑧建筑施工图电子版（按标准进行规整）和面积校核报告 ⑨城建基础设施配套费缴费发票	
9	办理建设工程质量安全、监督手续	①施工图设计文件审查合格证（批准书） ②建设工程质量、安全监督申报表 ③监理、施工合同 ④监理、施工中标通知书 ⑤立项批文 ⑥项目经理安全生产知识考核合格证书 ⑦企业安全生产许可证 ⑧危险性较大的分部分项工程清单和安全管理措施 ⑨安全文明施工措施费支付计划或凭证 ⑩现场周边环境和地下设施情况交底表	
10	办理工程建设施工许可证	①农民工工资支付专户开设 ②农民工工资保障金缴纳证明 ③五方责任人质量终身责任承诺书	

续表

序号	工作内容	所需材料	备注
10	办理工程建设施工许可证	④完成质量、安全的报监工作 ⑤施工中标单位的安全生产许可证 ⑥房屋建筑工程施工图设计文件审查合格书 ⑦不动产证、工程规划许可证 ⑧建筑工程施工许可申请表 ⑨安全防护、文明施工措施费支付计划审查表	
11	住房和城乡建设局消防审查	①建设单位的工商营业执照等合法身份证明文件 ②设计单位的资质 ③施工许可证 ④申请报告（盖公章） ⑤必审必验项目提供《建设工程消防设计审核申报表》 ⑥消防设计质量承诺书 ⑦消防设计文件 ⑧全套施工图纸（建筑、水、电、暖通各专业的图纸）	

三、项目报建总结

报建所需的资料是建设单位在进行工程项目报建时需要准备和提交的文件和证明。需要提交的资料、手续及审批流程在不同地区或不同类型的工程项目会有所差异。一般而言，将不动产证、工程用地规划许可证、工程建设规划许可证、工程施工许可证四个证作为前期报批报建工作的重要工作成果标志。

项目开始前，报建人员应到当地行政服务中心仔细了解当地的相关规定，并按照要求准备和提供所需资料。

项目报建过程中会遇到法规政策调整，如本项目节能评估已改为绿色建筑设计审查，主管部门也已发生改变，需要报建人员熟悉相关政策及相关部门职责，遇到这种变化，应快速了解职责变动后的主管部门。

项目报批报建的前提条件是项目文件和资料，因此报建人员需要将各个办事节点所需提供的资料清单整理成册并仔细保管。由于报批报建工作的大量时间消耗在政府部门审批的过程中，对于一些相互独立的报建手续，报建人员宜将报批报建工作平行推进，此时更需要有序地整理归档相关文件。

尽量缩短办理周期是报批报建人员重要的使命。从拿地开始，报批工作就要介入，并将一直贯穿始终。作为报批报建人员，要掌握各项审批环节工作的先后次序及其审批时长。要事前制订项目报建工作计划，并按计划准备文件资料，有序推进。按照进度安排，控制好各环节的各项工作。

第三节　地质勘察工作的项目管理

本项目的地质勘察工作包括在全过程工程咨询合同范围内，全过程工程咨询团队在整个勘察阶段的工作包括：编制地质勘察任务书、审核勘察依据、审查勘测点布置与勘察方法、监督取样过程与深度、审定地质勘察成果并报审图机构审查等。

一、地质勘察任务书主要内容

（一）与地质勘察工作相关的概况

本工程位于当地主城区东南，东临××路，南临××路，项目占地约178亩，场区地上建设内容包括：教学楼、学生宿舍、食堂、文化交流中心等；地下建设内容包括：设备用房、人防设施、机动车库等。本次勘察任务是培训中心一期工程，均为框架结构，一期建筑物柱距等设计指标详见表4-9。

培训中心一期工程各建筑物建筑设计指标　　　表4-9

建筑物名称	层数	最大高度/m	±0.000标高/m	最大柱距/m	预估的最大柱荷载/kN	地下室情况
1号、3号学生宿舍	6	23.5	29.75 30.00	7.8×7.9	4700	无
2号学生宿舍	8	30.7	29.50 30.00	7.8×7.8	5800	无
1号、2号教学楼	5	22.3	29.50	7.8×8.4	5500	无
1号食堂+风雨操场	3	21.5	30.00	8.4×8.4	4700	地下1层，埋深6m

（二）地质勘察的任务要求

（1）查明拟建场地不良地质作用的影响，提出防治措施与建议。

（2）查明拟建场地的地形、地貌，建筑范围内岩土层的分布、成因类型及特征，分析评价场地的稳定性、地基的均匀性，并提供各岩土层的物理力学性质指标。

（3）对工程的地基基础方案提出建议，提供可选的桩基类型和桩端持力层，提供桩基设计参数并预估单桩承载力。

（4）进行场地的地震效应评价，划分场地类别，并对饱和砂土和粉土作出液化判别。

（5）查明拟建场区的地下水类型、含水层和隔水层的岩性特征，含水层数量、埋深，场区地下水与周围水体的水力联系；测量地下水位，收集水位变化情况及历史最高水位，提供地下室抗浮设计水位。

（6）对场地内地下水及地下水位以上的土进行腐蚀性分析，判定其对建筑材料的腐蚀性。

（7）提供基坑支护设计所需的岩土技术参数，分析评价其对周边已有建筑和地下设施的影响，提供基坑降水的有关参数及方法建议。

勘察报告应包括勘察的目的、范围、方法、结果等内容，资料包括测量数据、取样分析报告、现场照片等。勘察工作需要遵守安全和环境保护要求。在野外勘察中，要注意人员安全和环境保护，采取必要的措施防范事故风险，并避免对自然环境造成损害。

二、审查地质勘察方案与成果

（一）勘探点布置及岩土勘察方法

项目管理组与设计院、勘察单位共同确定了勘探点位置，建筑勘探点沿建筑物角点及周边线布置，间距不大于24m，基坑勘探点沿基坑边界线及角点布置，勘探点间距不大于25m。计划布置勘探点98个，其中控制性孔46个、一般性孔52个。勘探点类型为取土试样钻孔、标准贯入试验孔。控制性孔钻孔类型为取土试样钻孔，一般性孔钻孔类型为标准贯入试验孔。孔深控制原则为控制性钻孔进入中等风化基岩不小于15m，一般性钻孔进入中等风化基岩不小于12m。

主要采用钻探、原位测试、室内试验和岩土工程为主要方法进行分析与评价。

1. 钻探与取样

采用GXY-1型钻机进行作业，开孔孔径127mm，终孔孔径91mm，地下水位以上干钻，地下水位以下泥浆护壁钻进，勘探工作完成后，所有泥浆坑、钻孔均采用原土回填，并分层夯实。对于一般黏性土采用取样器重锤少击方法采取；对于砂类土采用活塞取砂器取样；对于软土采用薄壁取样器静压方式采取；水样在钻孔中采取。试样取好后在现场及时蜡封，避免暴晒，防止湿度变化，并及时送实验室。野外钻探及取样严格按《建筑工程地质勘探与取样技术规程》JGJ/T 87—2012要求进行。

2. 原位测试

本工程勘察原位测试手段主要为标准贯入试验和单孔剪切波速测试。标准贯入试验采用自动脱钩的自由落锤法进行锤击，并减小导向杆与锤间的摩阻力，避免锤击时的偏心和侧向晃动，保持贯入器、探杆、导向杆连接后的垂直度，锤击速率小于 30 击 /min。锤重、落距和贯入器规格均符合相关规范的规定。贯入器打入土中 15cm 后，开始记录每打入 10cm 的锤击数，累计打入 30cm 的锤击数为标准贯入试验击数 N。当锤击数达到 50 击，而贯入深度未达 30cm 时，可记录 50 击的实际贯入深度。

3. 单孔剪切波速测试

利用直达波的原理，由振源产生的压缩波（又称 P 波）和剪切波（又称 SH 波），经过岩（土）体，被放置在孔中的三分量检波器接收，根据波传播的距离和走时计算出场地土的波速，进而评价场地土的工程性质。

将探头放入孔底，自下而上试验，测点间距 1m。首先从波形识别上判断剪切波的初至时间，再根据由钻孔中测点的深度和地面钻孔距震源的水平距离确定波的行程，最后以行程除以走时即得波速。

4. 室内试验

本工程室内试验项目主要有土常规试验、压缩试验、直接快剪试验、固结快剪试验、饱和状态下不固结不排水三轴剪切试验、膨胀性试验、渗透试验、水质分析试验和土腐蚀性分析试验。试验中严格按照《土工试验方法标准》GB/T 50123—2019 有关试验方法标准操作，并及时反馈信息，按要求提交试验数据和统计图表。

本工程由工程监理组对整个勘察作业过程进行了监督把关，防止"偷工减料"和数据造假。

（二）地质勘察成果的审查

本工程勘察现场作业于 2020 年 2 月 24 日进场，2020 年 3 月 17 日完成，投入 GXY-1 型钻机 3 台，共计完成勘探点 110 个，最终地质勘察及试验工作量如表 4-10 所示。

地质勘察及试验工作量　　　　表 4-10

勘察方法	工作项目	完成的工作量	
		单位	工作量
外业勘探	测放勘探孔	个	110
	钻孔	m/个	2886.8/110
	单孔剪切波速测试	m/孔	160/8
	标准贯入试验	点次	242
	原状样	组	162
	岩样	组	43
	水样	组	3

续表

勘察方法	工作项目	完成的工作量	
		单位	工作量
外业勘探	土腐蚀样	组	3
室内试验	常规物理试验	组	149
	压缩试验	组	149
	直接快剪试验	组	98
	固结快剪试验	组	62
	饱和三轴（UU）	组	9
	自由膨胀率	组	7
	膨胀力	组	7
	渗透试验	组	15
	土腐蚀分析	组	3
	水质简分析	组	3
	岩石天然密度试验	组	43
	岩石天然单轴抗压强度试验	组	43

三、项目管理地质勘察工作总结

项目由项目管理组牵头组织地质勘察工作，区别于传统的勘察工作，本次勘察工作以项目管理组协调"设计需要"为导向，精准开展勘察工作，同时安排造价咨询组对勘察成果所建议的各种基础方案等进行了即时的技术经济比较，地基基础与基坑支护设计提前介入工作，选用了性价比较高的桩基方案、支护方案，真正从方案开始控制工程造价。

第四节 设计工作的项目管理

前期的全过程工程咨询项目负责人兼任项目管理组负责人可以全面高效地组织设计管理工作，努力克服"传统设计"组织模式对"建设需求"调研不充分、设计深度不足、关键技术方案论证深度不够、各专业图纸审核不足、深化设计配合困难等问题。

本项目设计工作项目管理的具体工作内容有：编制设计任务书、提出限额设计要求、设计的进度管理、设计的专题论证工作、组织施工图审查以及相关的深化设计管理事宜。

一、设计任务书的编制要点

（一）设计任务书概述

一般情况下，设计任务书由建设单位完成，用于向设计单位描绘项目的基本情况及设计要求。本项目采用了全过程工程咨询模式，设计任务书由全过程工程咨询的项目管理组和设计院共同完成，在获得建设单位批准后，开始施工图设计。

设计任务书一般包括项目概况、设计依据、总体设计理念和原则、设计内容和要求等内容，本项目设计任务书重点进行了建设单位需求和设计输入条件调研。

（二）建设单位需求调研

在方案设计阶段开展了大量的调研工作，设计人员多次前往建设单位总部，召开需求调研会，充分了解项目投入后的使用需要，参观考察了多所职业教育学院。

1. 总体设计理念

以人为本，生态优先。要求营造顺畅高效的功能空间，创造格调高雅、舒适宜人的空间环境。各个层面都强调以人为本、生态优先的设计理念，积极推进"环境友好型、资源节约型"的建设理念，设计成绿色校园和绿色建筑。

营造特色、追求个性。在统筹考虑空间的同时，强调各建筑的特色和个性，从空间规划到建筑单体，包括总体布局、交通组织、景观设计、建筑设计、立面材料等各个方面，同时让建筑群在统一中彰显各自特质。

2. 建筑立面设计理念

外立面要求简约大气，杜绝莫名其妙的装饰。一期建筑群的三个功能区统一采用坡屋顶，形成整体的均衡。在结构与功能合理的前提下，区分宿舍与教学、食堂部分的体量，形成高低的起落与前后的进退，丰富沿街的轮廓线。

外立面要以材料与色彩塑造统一的建筑形象，外墙采用涂料，色彩以偏暖的米白色为主，局部以深色提亮和凸显。可采用浅色金属遮阳构件，Low-E双层中空玻璃，深色窗框，局部采用玻璃幕墙，形成建筑物的视觉焦点。

3. 绿色建筑设计要求

要充分考虑环保、节能要素，提倡运用科技成果，成为低碳建筑，从"节材、节地、节能、节水"等方面降低建筑能耗，具体要求结合景观水系合理进行雨水管理和排水规划；运用绿色建材、新建材，降低建筑材料成本以及建造过程中的材料损耗，加强建筑外围护结构的设计，提升节能效果，结合坡屋面设计，充分利用太阳能光热系统,采用节水洁具和节水厨房用具,降低水资源消耗。

4. 建筑功能需求布局

项目地块位于机场控高范围,培训中心建设地块绝对标高的限高值为64.675m,场地现状的正负零绝对标高为28~30m,培训中心一期工程共6栋建筑,包括1号教学楼、2号教学楼、1号宿舍、2号宿舍、3号宿舍、1号食堂+风雨操场。培训中心一期工程要具备独立的全过程培训教学使用功能,如独立的校园、大门、围墙、食堂、教室、宿舍等,具备独立的供水、供电、供气条件。

(1)主要建筑技术指标

主要建筑技术指标如表4-11所示。

培训中心一期工程主要建筑技术指标　　表4-11

规划用地面积	容积率	建筑密度	绿地率	机动车停车位	总非机动车停车位(地上)
118700m²	1.73	34%	25.1%	413(含10个无障碍车位)	3169

(2)各幢建筑的基本参数

各幢建筑的层数、高度、类别和耐火等级如表4-12所示。

各建筑物的基本参数　　表4-12

栋号	建筑层数	建筑高度/m	建筑类别	耐火等级
1号教学楼	5	23.25	多层公共建筑	二级
2号教学楼	5	23.25	多层公共建筑	二级
1号宿舍楼	6	23.86	多层公共建筑	二级
2号宿舍楼	8	31.06	二类高层公共建筑	二级
3号宿舍楼	6	23.86	多层公共建筑	二级
1号食堂+风雨操场	3(地上)	21.50	多层公共建筑	二级
	1(地下)			一级

(3)主要功能要求

教学楼、食堂、宿舍、地下室的主要功能要求如表4-13所示。经人防主管部门同意,人防地下室设置在培训中心二期工程的3号教学楼,一期工程不设人防地下室。

(4)学生宿舍楼设计要求

应重点关注消防逃生、高空安全、电梯使用等涉及的安全问题。应充分保证阳光照射,宿舍、教室尽量布置在南侧,办公配套用房布置在北侧,同时充分考虑宿舍通风。要考虑建设晾晒场（干衣房），满足学生晾晒床单被褥需要。

各类型建筑的主要功能要求　　　　　　　　表 4-13

建筑	主要功能要求
教学楼	教室、教师办公室、卫生间、设备机房、教师休息室、休闲空间、阅览室
食堂	一、二层设置厨房及附属功能、卫生间、公共就餐区、包房，三层设置健身用房及篮球训练场地
宿舍	学生宿舍、教师宿舍、公共洗漱区、宿舍管理区、热水机房
地下室	配电房、消防泵房、消防水池、生活泵房、风机房等

每一层应设有公共使用空间（安装洗衣机、饮用热水器、微波炉等公用设施）。每幢楼需设置值班室 2~3 间、公共学习空间 1~2 间、小型会议室 1 间、会客室 1 间以及其他服务管理用房等。

宿舍室内家具要求上床下桌。卫生间设施要安全、经久、耐用。室内空间设计应充分利用空间，增加学生储物收纳空间、存放行李箱的空间。

宿舍楼屋顶要考虑可靠的通风设施，确保卫生间排风效果，避免出现异味。

室内布局应设有房间、独立卫生间、淋浴间（配有热水）、洗漱间、阳台等，配备空调、网络。阳台应设置门和窗，同时充分考虑隐私需要。

外围应设置小型垃圾处理站，并保证排水排污通畅。

宿舍楼建立先进的门禁系统（考虑后期能够使用人脸识别系统）。

学生房间内公共用电、生活用电、空调用电需要区分，以方便用电管理。

洗浴热水供应不建议使用电热水器，容易出现故障。

学生宿舍房间可使用智能门锁（密码锁或指纹锁）。在节省人力物力的同时，也可以配合学生安全管理工作。

（5）结构方案

教学楼、宿舍楼和食堂均采用混凝土框架结构。根据政府规定，本工程不采取装配式建筑。基坑支护方案应安全可靠、经济合理，不得选用新奇特的工艺，以节约资金；桩基方案应充分考虑地质情况，采取可靠、经济的基础形式。结构部分尽量采用成熟工艺，优化结构设计，尽量避免高难度、大跨度结构方案。

（6）节能设计

本次设计应充分体现绿色、节能、环保特色，但是必须选用成熟工艺。本次设计应尽可能地使用节水、雨水回收利用、风能、太阳能等措施。

按不同的使用功能或付费单元设置用水计量装置，水表和给水立管均设在公共部位。集中太阳能水加热器热媒入口管上等应分别设置计量装置。

光源尽量选用节能灯，并采取合理的控制点，路灯控制采用自动与手动相结合的方式。

走廊、楼梯间、门厅、大空间、地下停车场等场所的照明系统宜采取分区、定时、感应灯等节能控制措施。

可再生能源利用方面，要充分利用太阳能和雨水回收利用。

（7）装修方案

装修强调简洁明亮、大方朴素，选用经久耐用、安全适用的材料，材料环保应满足要求。设计方应选择专业的内装设计团队完成本次室内设计，应以效果图形式，鼓励采用 VR 效果，向建设单位汇报，并最终取得建设单位认可。

（8）给水系统设计

宿舍楼生活用水采用直供水，合理采用加压方式。根据需要设置饮水机或电开水器。宿舍楼热水供应主要为浴室淋浴热水，其热源建议主要由太阳能热水提供，不足部分由空气能热泵补充。

消防给水系统，按相关要求严格设计到位。

要特别重视热水动力系统、自控系统，须高效、可靠。

（9）排水设计

排水采用雨污分流，一期工程不设污水处理站，但要适当加大排污管径，确保排污效果。

卫生间器具及相关要求，公共卫生间的洗手盆、小便斗、大便器的用水点采用非手动开关（采用感应龙头，感应冲洗阀），并采取防止污染外溅等措施。

（10）电力工程设计

本次电力设计充分考虑后期建设及夏季高峰用电、加热设备用电量，尽可能留有余量。

教学楼应充分考虑照度。照明灯具优先选用 LED 灯。

（11）通风空调设计

1）通风空调设计要做好空调与通风、防火、防排烟及空调用冷热源的设计工作。

2）设计方应研究提出空调形式。

3）卫生间排风量要适当加大换气次数。

（12）建筑智能化

本次设计的重点部分，须委托专业的智能化设计合作团队在充分提取建设单位需求后完成专项设计，包括监控、校园一卡通、无线网络，特别是物联网技术应用等。

（13）人防设计

经主管部门同意，人防工程在培训中心二期工程中设置（一期不设人防工程），为平战结合地下人防工程，平时作为地下停车库及消防水池，战时使用功能为二等人员掩蔽部。

人防工程的抗力等级均为抗核武器6级，抗常规武器6级，人防防护单元的防化等级均为丙级。人防工程的防水设计等级为一级。

设计内容包括二等人员掩蔽部的战时主要出入口、次要出入口口部，战时进排风口部，战时进风机房、装配式战时水箱等。人防设计满足防护、防火、防水、防震、隔声等技术要求。

（14）绿色建筑、装配式建筑

按当地政府的最新规定执行。

（三）设计输入条件的调查确认

1. 工程概况

本项目西北部为公园，毗邻××学院，西侧紧邻××研究院，西南侧紧邻变电站用地和城市公交站场用地。

本地块属于夏热冬冷地区，按照《公共建筑节能设计标准》GB 50189—2015要求进行建筑专业和给水排水、供暖、空调、建筑电气的节能设计，在平面布置上注意各专业机房位置，尽量缩短管线，减少能耗。设备选型、系统设计、计量方式尽量考虑节约能源，并设建筑自动化管理系统以满足节能要求。

2. 设计所需资料收集

（1）用地红线图。

（2）原始地形图，项目管理组会同建设单位已将红线落于地形图上。

（3）相应区域城市规划图，包括明确周围建筑状况、性质、层数或高度、定位；周围市政道路定位、宽度、节点的坐标、标高及道路的坡度；市政绿化带宽度；有高压线等需要避让。

（4）规划要点，包括明确用地性质、容积率、覆盖率、绿地率、规划规模、高度限制机动车非机动车规模、建筑退红线要求等。

（5）当地政府的相关规定、城市规划管理条例等。应重点关注建筑间距、日照分析、高中低层及点式板式建筑退让道路红线、用地红线的具体要求，当地对消防的具体要求。

（6）用地批文。

3. 市政条件

（1）生活用水、消防用水均以城市自来水为供水水源，市政水压约为0.20MPa。

（2）施工道路畅通。

（3）需要自建高压配电房，后期需配建开关站。

（4）市政雨水、污水井位置如图4-1所示。

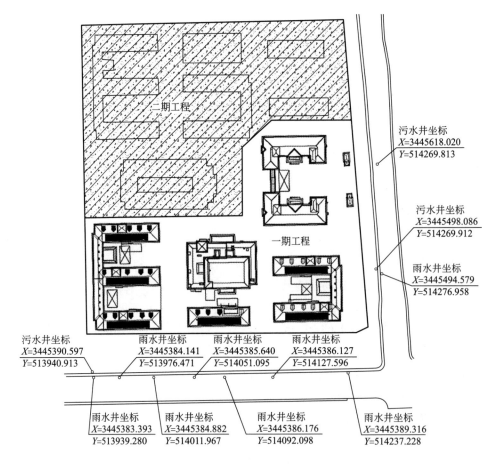

图 4-1 雨水、污水井位置图

二、本项目限额设计要求

（一）限额设计指标

本项目应采用限额设计，限额设计造价指标如表 4-14 所示。

限额设计造价指标　　　　　　　　表 4-14

建筑	总面积 /m²	造价限额 /（元 /m²）	内装修限额 /（元 /m²）
教学楼	19575	2650	500
宿舍楼	66225	2550	500
1 号食堂 + 风雨操场	13857	3150	550

（二）限额设计要求

本项目采用了严格的限额设计管理，具体要求如下。

1. 在设计工作开始前，全部专业设计人员前往现场熟悉周边情况、踏勘场地，确定合适的正负零标高、总平布置等。

2. 在设计任务分配前，对各专业费用依据投资估算比例进行了分配。

3. 造价咨询组全程参与主要机电设备选型、造价测算。

4. 施工图设计工作基本完成后，要进行预算的审查，想办法优化设计超指标的内容，确保最终的限额要求。

三、设计进度管理

（一）设计周期要求

施工图设计完成时间为 2 个月。

（二）施工图进度安排

1. 前期阶段设计进度安排

设计前期工作包括收集基础资料、现场踏勘、可行性研究报告、设计方案的理解。前期阶段设计进度共安排 5 个日历天，具体安排如下。

（1）现场踏勘，收集基础资料 2 个日历天。

（2）对基础资料、可行性研究报告、设计方案的理解安排 3 个日历天。

2. 施工图设计工作的进度安排

本阶段共安排 60 个日历天。

（1）5 个日历天完成第一时段的互提资料工作。

（2）10 个日历天完成第二时段的互提资料工作。

（3）10 个日历天完成第三时段的互提资料工作。

（4）25 个日历天内完成施工图设计工作。

（5）5 个日历天完成各专业施工图纸的校核、审核、审定工作。

（6）3 个日历天完成各专业施工图纸的修改工作。

（7）2 个日历天完成图纸，计算书的打印装订工作提交甲方。

施工图预算的计算贯穿于整个设计过程。

（三）设计进度的保证措施

1. 由于项目设计工作由设计院完成，设计院抽调了精干力量，充分利用丰富的设计经验、配合经验，保证了设计质量及设计进度按计划推进，同时，设计小组集中绘图、网络系统的完善、专业基础图库及计算机辅助设计软件的使用，都大幅度提高了工作效率，保证了设计进度按计划推进。

2. 项目管理组参与了设计进度管理，根据各专业承诺的图纸提供时间制订进度控制图，定期提醒，创造了良好的工作氛围。

3. 设计院对各专业设计进行了严格控制，并按时互相提供审核后的相关资料，使设计进度始终处于受控状态。

（1）施工图一提会：建筑专业给各专业提交平行作业图，各专业针对建筑专业第一次提交的平行作业图提出具体修改意见，便于建筑专业第二次提交平行作业图。

（2）施工图二提会：根据各专业互提的资料，针对设计中存在的具体问题对各专业进行协调。

（3）设备间互提：设备间互提条件，由给水排水专业将各层的水、暖、强电、弱电、动力等专业的管线综合到一张图纸上。

（4）施工图三提会：作为图纸打印前的最后一次会议，主要由项目负责人检查各专业设计图纸的质量，发现各专业错、漏、碰及图幅、图框等问题，及时调整各专业的设计。

4. 造价咨询组提前介入工程量清单编制工作，并与设计院形成良好的配合互动，通过工程量计算及特征描述，提醒设计院对设计要素、设计细节进行完善。

四、主要设计专题论证与审查

建设项目的功能与造价主要由设计工作所主导，最终的功能与品质将会由投入使用后的效果来检验，尤其是总平面、给水排水、供电、空调系统，为保证各设计系统性价比高，功能使用有保证，项目管理人员组织设计院对主要设计专题进行了专题会议论证、审查，以保证主要设计系统合理、节约，满足要求。

（一）总平面布置

1. 功能的分区与整合

第一阶段培训中心：行政教学区、生活区、学术交流区，三个功能区既相互独立又互相联系，要求交通便利。主要功能如下。

（1）行政教学区

行政教学区位于整个培训中心一期的中轴线区域，共3幢教学楼，包括了教室、行政办公用房、教师办公用房、后勤及附属用房功能。其中1号教学楼与2号教学楼并列中轴线两侧，形成整个一期的礼仪性入口。

（2）运动生活区

宿舍及食堂分布于主入口两侧，形成两个相对独立的教学生活组团。1号食堂+风雨操场组合设置。

（3）学术交流区

学术交流中心在二期建设，位于一期的西北侧，方便对外联系又能保证内部的功能使用。主要功能包括客房以及餐厅、会议等辅助建筑空间。

2. 空间格局

一期规划采用"一心、三轴、多节点"的空间格局，"一心"：3幢教学楼围合成的行政教学中心；三轴：一条是贯穿东西，与整体校区串联成一个整体的教学主轴，两条是贯穿南北，将教学和生活区串联的次轴；多节点：生活区由一个个小组团组成，形成一个个小节点。

3. 城市设计

结合场地景观资源条件和校园整体空间布局，规划设计校园整体景观格局，以各种形态、各种走向的道路景观体系串联起校园的空间核心、空间节点，创造出高品质的校园景观格局，形成整体融合的城市界面。

4. 交通流线规划

规划梳理了校园的交通流线组织，包括机动交通流线，以及步行交通流线，形成流畅的交通关系。

校园在四面均设置有机动车出入口，通过校园内环、外环的机动交通组织，形成相对的"人车分流"，公共教学区、生活区、院系教学区内部空间实现步行为主，提升校园空间品质。

一期作为先行开发建设地块，内部道路形成一个相对独立的路网体系，同时西侧、北侧与二期相连。一期东、南两侧靠近市政道路，主入口设置东侧，南侧设置次入口，作为后勤及消防入口。非机动车位在地上分区解决。

5. 竖向布置及道路

现状场地南高北低，高差达14m，根据周边城市道路状况，经过平整之后场地标高比周边道路高约0.9m，南北高差约1.5m。

定位采用85高程、2000国家大地坐标系，建筑物由其四角柱网轴线相交点坐标进行定位。

6. 景观绿化设计

用地西北侧是公园，也是场地以外的自然景观资源。为此，宿舍等生活区用房靠近公园，以在空间和视线上迎纳景观。满足规划要点中绿地率不小于25%的指标性要求。同时，空中绿化的设计改善了地面层以上部分空间的景观质量。在教学楼和食堂的入口处设置开敞的休闲区，提升了原本平庸且平淡的空间质量。

（二）给水排水设计

1. 室外给水系统

生活用水、消防用水均以城市自来水为供水水源，市政水压约为 0.20MPa，需要现场测定复核，进水管设置管理总表，消防和生活用水均由市政管网接入室内。本工程最高日用水量为 1820m³，最大小时用水量为 250.2m³。

进水管设置管理总表，消防用水、宿舍用水、教学楼用水、食堂用水、风雨操场用水等均设分表计量。所有水表均预留远程抄表的管线。

2. 热水系统

1 号宿舍楼的 1-1 号、1-2 号、1-3 号共用一套太阳能热水＋燃气锅炉系统，热水机房布置于 1-1 号、1-2 号宿舍楼之间的地面上；2 号和 3 号宿舍楼共用一套太阳能热水＋燃气锅炉系统，热水机房布置于 3-1 号、3-2 号宿舍楼之间的地面上；食堂热水系统采用太阳能热水＋燃气锅炉系统，热水机房布置位置在屋面之上。以上各栋太阳能均布置在屋面之上。

3. 消防设计

本工程按一类高层公共建筑的防火要求设置消防给水设施。本工程设有消火栓灭火系统，与消火栓系统合并设置消防卷盘；除配电房、贵重设备机房等不宜用水扑救的部位外均设置自动喷淋灭火系统；配电房设置七氟丙烷气体自动灭火系统。

（1）设计参数：

室内消火栓系统用水量为 30L/s，室外消火栓用水量为 40L/s，火灾延续时间按 3h 计；自动喷水系统用水量为 40L/s，作用时间按 1h 计。

（2）消防水源：

消防用水水源：1 号食堂＋风雨操场的地下室设置有效容积为 900m³ 消防水池。2 号宿舍屋顶设置有效容积为 36m³ 高位消防水箱，消防水池储存室内外消防用水量。

（3）室内消火栓系统

室内消火栓系统为临时高压消防给水系统。消防用水由设于 1 号食堂＋风雨操场地下室的消防水池和消火栓系统消防泵提供。消火栓系统消防泵的供水能力为 30L/s，扬程为 80m，一用一备。

（4）自动喷水灭火系统

地下车库按危险Ⅱ级设计，喷水强度为 8L/（min·m²），作用面积 160m²，消防水量为 40L/s，火灾延续时间为 1h；其他部分均按民用建筑中危险Ⅰ级设计，喷水强度 6L/（min·m²），作用面积 160m²，火灾延续时间为 1h。

（5）室外消火栓

室外消火栓系统为临时高压消防给水系统。

（6）气体灭火系统

变配电室、贵重设备用房设置七氟丙烷气体自动灭火系统，由有资质的专业厂商设计、施工。一旦区域内发生火灾，烟感与温感探头探测到火情，向气体灭火控制器发出信号，控制器控制系统自动启动灭火，同时将信号发送至消防控制中心，显示火灾位置。系统也可以通过紧急启停按钮手动控制启闭。

（三）电气设计

1. 电气负荷估算

用电总负荷约为 4000kW，设置 3 台 1600kVA 变压器。

2. 供电电源及配电系统

（1）供电电源

本工程为新建工程，用电负荷较大，负荷类别高。为保证供电的可靠性，采用两个独立专用 10kV 高压电源同时供电。10kV 高压供电系统原则采用小电流接地系统，即中性线不接地形式，具体接地系统形式以供电部门要求为准。

高压电源成组设置采用单母线分段、中间设母联开关的运行方式。当各组中任一路电源检修或故障时，另一路电源应供全部二级以上负荷用电。

（2）低压配电系统

低压配电系统采用每两台变压器，设低压母联开关，正常时分列运行，当某一台变压器或低压母线故障、检修时，另一台需负担本变压器组二级以上重要负荷供电。

在变电所低压侧设集中的电容补偿装置，将功率因数补偿到高压侧不小于 0.9。其他二级以上负荷采用从不同变压器两段低压母线各引一回路，设末端自投自复切换。

所有消防设备（施）、保安监控中心采用放射式供电。消防水泵房采用放射式供电。

地下室车库按防火分区设置电源切换箱和动力配电箱，分别向区内设备供电。

（3）线路敷设

本工程消防设备配电线路采用 BTTZ 矿物绝缘类不燃性电缆（由铜芯、矿物质绝缘材料、铜等金属护套组成，满足耐火 950℃、3h 的要求，通过 BS63872013 单纯耐火、耐火防水、耐火耐冲击检验）；应急照明等用电采用交联低烟无卤 C 级阻燃耐火聚乙烯绝缘聚乙烯护套预分支电缆树干式供电。

低压配电室配出的所有回路均采用电缆桥架引至强电竖井或各配电间。供消防设备用的桥架需涂防火涂料。

主干线和支干线采用电缆桥架沿顶棚（吊顶）或墙明设，支线采用导线穿钢管埋地、沿墙、楼板暗敷设。消控室、弱电机房等设架空防静电地板，线路沿地板下敷设。

（4）设备选型

高压部分采用手车式真空开关柜。变压器选用节能型纸绝缘干式变压器。低压配电柜选用抽出式开关柜。照明选用组合式配电箱。

（5）电能计量

本工程采用高压计量。低压配电系统进线侧设计量以方便内部管理及经济核算。

（四）暖通设计

1. 冷热源：1~2号教学楼、1号食堂+风雨操场采用直接膨胀可变冷媒流量多联式空调（热泵）系统，简称多联机空调系统。室外机位于各单体屋顶或楼层处设备平台。屋顶室外机之间保证必要的散热间距。设备平台的室外机加设排风导管，将室外机的排风直接排至室外。宿舍采用分体空调系统，由各专业预留好条件。消控中心、值班室等空调使用时间特殊的房间，亦采用分体式空调。

2. 室内机、气流组织：教室和学术交流中心的客房采用多联式暗装型风管机，侧送顶回。食堂采用四面出风机，顶送顶回。

3. 新风系统：学术交流中心的客房区采用多联式新风空气处理机。食堂和教学楼，采用热回收新风机组，室外新风经热回收装置与室内排风进行热交换，回收排风中的热量。

五、施工图审查

施工图完成后，项目管理人员组织外部专家和设计院内部专家对施工图审查，各专业审查要点如下。

（一）建筑专业审查要点

1. 编制依据的审查

重点审查政府建设、规划、消防等主管部门对本工程的审批文件是否得到落实，现行国家及地方有关本建筑设计的工程建设规范、规程是否齐全、正确，是否为有效版本。

2. 规划要求的审查

重点审查建筑工程设计是否符合规划批准的建设用地位置，建筑面积及控制高度是否在规划许可的范围内。

3. 施工图设计深度审查

（1）设计说明的审查内容

1）编制依据：主管部门的审批文件、工程建设标准。

2）工程概况：建设地点、用地概貌、建筑等级、设计使用年限、抗震设防烈度、结构类型、建筑布局、建筑面积、建筑层数与高度。

3）主要部位材料做法：墙体、屋面、门窗等。

4）节能设计：本项目为夏热冬冷地区，居住建筑应说明建筑物体形系数及主要部位围护结构材料做法、传热系数、热惰性指标等。

5）防水设计：地下工程防水等级及设防要求、选用防水卷材或涂料材质及厚度、变形缝构造及其他截水、排水措施；屋面防水等级及设防要求、选用防水卷材或涂料材质及厚度、屋面排水方式及雨水管选型；潮湿积水房间楼面、地面防水及墙身防潮材料做法、防渗漏措施。

6）建筑防火：防火分区划分及安全疏散通道布置。消防设施及措施：如墙体、金属承重构件、幕墙、管井、防火门、防火卷帘、消防电梯、消防水池、消防泵房及消防控制中心的设置、构造与防火处理措施等。

7）室内外装修做法。

8）需由专业部门设计、生产、安装的建筑设备、建筑构件的技术要求，如电梯、自动扶梯、幕墙、天窗等。

9）其他需特殊说明的情况，如安全防护、环保措施等。

（2）图纸基本要求的审查内容

1）总平面图：标示建设用地范围、道路及建筑红线位置、用地及四邻有关地形、地物、周边市政道路的控制标高；明确新建工程（包括隐蔽工程）的位置及室内外设计标高、场地道路、广场、停车位布置及地面雨水的排水方向。

2）平、立、剖面图纸完整、表达准确。其中屋顶平面应包含下述内容：屋面检修口、管沟、设备基座及变形缝构造；屋面排水设计、落水口构造及雨水管选型等。

3）关键部位的节点、大样不能遗漏，如楼梯、电梯、汽车坡道、墙身、门窗等。图中楼梯、上人屋面、中庭回廊、低窗等安全防护设施应交代清楚。

4）建筑物中留待专业设计完善的变配电室、锅炉间、热交换间、中水处理间及餐饮厨房等，应提供合理组织流程的条件和必要的辅助设施。

4. 强制性条文的审查

按照《工程建设标准强制性条文》（房屋建筑部分）中有关建筑设计、建筑防火等建筑专业的强制性条文要求对施工图进行审查（具体条款略）。

5. 建筑设计其他内容的审查

（1）室内环境设计方面

按照《严寒和寒冷地区居住建筑节能设计标准》JGJ 26—2018 和《民用建筑

设计统一标准》GB 50352—2019 的要求进行审查。还审查了各类建筑物中重点噪声源，如空调机房、通风机房、电梯井道等的隔声、减振措施等。

（2）防水设计

防水设计包括地下工程、屋面工程、潮湿积水房间的防水防潮做法三部分。按照《地下工程防水技术规范》GB 50108—2008 中的要求审查地下工程防水卷材和涂料防水层的厚度；按照《屋面工程质量验收规范》GB 50207—2012 中的要求审查包括防水等级、设防要求及选用材料的技术指标等方面的屋面工程防水设计内容；按照《民用建筑设计统一标准》GB 50352—2019 中的要求审查屋面排水方式和潮湿积水房间楼面、地面及墙面、顶棚的防水防潮措施。

（3）建筑防火设计

按照《建筑设计防火规范（2018 年版）》GB 50016—2014、《建筑内部装修设计防火规范》GB 50222—2017、《汽车库、修车库、停车场设计防火规范》GB 50067—2014 及地方标准等要求审查建筑设计文件。

（二）结构专业审查要点

1. 强制性条文的审查

按照《工程建设标准强制性条文》（房屋建筑部分）对结构安全进行审查。

2. 设计依据的审查

（1）工程建设标准

审查所使用的设计规范、规程，是否适用于本工程，是否为有效版本。

（2）建筑抗震设防类别

审查建筑抗震设计所采用的建筑抗震设防类别，是否符合国家标准《建筑工程抗震设防分类标准》GB 50223—2008 的规定。

（3）建筑抗震设计参数

审查是否正确使用地质勘察报告所提供的岩土参数，是否正确采用地质勘察报告对基础形式、地基处理等提出的建议并采取了相应措施。

审查建筑抗震设计采用的抗震设防烈度、设计基本地震加速度和所属设计地震分组是否以《建筑抗震设计标准》GB/T 50011—2010 附录 A 为依据；对已编制抗震设防区划的城市，是否采用批准的抗震设防烈度或设计地震参数；对于在规范上未明确的地区，地震参数的取值应由勘察单位依据 GB/T 50011—2010 第 1.0.5 条提供。

（4）岩土工程勘察报告

审查是否正确使用岩土工程勘察报告所提供的岩土参数。

3. 结构计算书的审查

（1）软件的适用性

审查所使用的软件是否通过有关部门的鉴定，计算软件的技术条件是否符合现行工程建设标准的规定，并应阐明特殊处理的内容和依据。

（2）计算书的完整性

结构设计计算书应包括输入的结构总体计算信息、周期、振型、地震作用、位移、结构平面简图、荷载平面简图、配筋平面简图；地基计算；基础计算；挡土墙计算；水池计算；楼梯计算等。

（3）计算分析

审查计算模型的建立、简化计算与处理是否符合工程的实际情况。

审查所采用软件的计算假定和力学模型是否符合工程实际。

审查复杂结构，进行多遇地震作用下的内力和变形分析时，是否采用了不少于两个不同的力学模型的软件进行计算，并对计算结果进行分析比较。

审查所有计算结果，确认合理、有效后方可用于工程设计。

（4）结构构件及节点

审查结构构件是否具有足够的承载能力，是否满足《建筑结构荷载规范》GB 50009—2012、《混凝土结构设计标准》GB/T 50010—2010 的设计规定。

审查结构连接节点及变截面悬臂构件各截面承载力是否满足规范、规程的要求。

4. 结构设计总说明的审查

着重审查设计依据条件是否正确，结构材料选用、统一构造做法、标准图选用是否正确，对使用、施工等方面需作说明的问题是否已作交代。审查内容一般包括：

（1）建筑结构类型及概况、建筑结构安全等级和设计使用年限、建筑抗震设防分类、抗震设防烈度（设计基本地震加速度及设计地震分组）、场地类别和钢筋混凝土结构抗震等级、地基基础设计等级、砌体结构施工质量控制等级、基本雪压和基本风压、地面粗糙度、人防工程抗力等级等。

（2）设计 ±0.000 标高所对应的绝对标高、持力层土层类型及承载力特征值，地下水类型及标高、防水设计水位和抗浮设计水位、场地的地震动参数、地基液化、湿陷及其他不良地质作用、地基土冻结深度等描述是否正确，相应的处理措施是否落实。

（3）设计荷载，包括规范未作出具体规定的荷载均应注明使用荷载的标准值。

（4）混凝土结构的环境类别、材料选用、强度等级、材料性能（包括钢材强屈比等性能指标）和施工质量的特别要求等。

（5）受力钢筋混凝土保护层厚度、结构的统一做法和构造要求及标准图选用。

（6）建筑物的耐火等级、构件耐火极限、钢结构防火防腐蚀及施工安装要求等。

（7）施工注意事项，如后浇带设置、封闭时间及所用材料性能、施工程序、专业配合及施工质量验收的特殊要求等。

5. 地基和基础的审查

（1）基础选型与地基处理

基础选型、埋深和布置是否合理，基础底面标高不同或局部未达到勘察报告建议的持力层时结构处理措施是否得当。

人工地基的处理方案和技术要求是否合理，施工、检测及验收要求是否明确。桩基类型选择、桩的布置、试桩要求、成桩方法、终止沉桩条件、桩的检测及桩基的施工质量验收要求是否明确。

是否进行沉降观测，如要进行观测，沉降观测的措施是否落实，是否正确。

基础施工中是否提出了施工单位应注意的安全问题，基坑开挖和工程降水时有无消除对毗邻建筑物的影响及确保边坡稳定的措施。

对有液化土层的地基，是否根据建筑的抗震设防类别、地基液化等级，结合具体情况采取了相应的措施；液化土中桩的配筋范围是否符合规范要求。

（2）地基和基础设计

地下室顶板和外墙计算，采用的计算简图和荷载取值是否符合实际情况，计算方法是否正确。

存在软弱下卧层时，是否对下卧层进行了强度和变形验算。

单桩承载力的确定是否正确，群桩的承载力计算是否正确，桩身混凝土强度是否满足桩的承载力设计要求，筏形基础的设计计算方法是否正确，地基承载力及变形计算、桩基沉降验算、高层建筑高层部分与裙房间差异沉降控制和处理是否正确。

除抗弯计算外，基础设计是否进行了抗冲切和抗剪切验算以及必要时的局部受压验算。

天然地基基础是否按《建筑抗震设计标准》GB/T 50011—2010 进行抗震验算。

地下室墙的门（窗）洞口是否按计算设置了地梁；地下室设置的隔墙是否进行了计算，其计算简图、荷载取值、受力传力路径是否明确合理。

6. 混凝土结构的审查

（1）结构布置

房屋结构的高度是否在规范、规程规定的最大适用高度以内；超限高层建筑（适用最大高度超限、适用结构类型超限及体型规则性超限的建筑）是否执行了省、自治区、直辖市人民政府建设行政主管部门在初步设计阶段的抗震设防专项审查意见。

结构平面布置是否规则，抗侧力体系布置、刚度、质量分布是否均匀对称；

对平面不规则的结构（扭转不规则、凹凸不规则、楼板局部不连续等）是否采取了有效措施；不应采用严重不规则的设计方案。

结构竖向高宽比控制、竖向抗侧力构件的连续性及截面尺寸、结构材料强度等级变化是否合理，对竖向不规则结构（侧向刚度不规则、竖向抗侧力构件不连续、楼层承载力突变、竖向局部水平外伸或内缩及出屋面的小屋等）是否采取了有效措施。

建筑及设备专业工程对结构的不利影响，例如建筑开角窗及设备在梁上开洞等，是否采取了可靠措施。

填充墙、女儿墙和其他非结构构件及其与主体结构的连接是否符合规范的规定，是否安全可靠。

框架结构抗震设计时，不应采用部分由砌体墙承重的混合形式；框架结构中楼、电梯间及局部出屋顶的电梯机房、楼梯间、水箱间等应采用框架承重，不得采用砌体墙承重；抗震设计时，高层框架结构不宜采用单跨框架。

框架及框架-剪力墙结构应设计成双向抗侧力体系；抗震设计时，框架-剪力墙结构两主轴方向均应布置剪力墙。

（2）结构计算

结构平面简图和荷载平面简图是否正确。抗震设计时，地震作用计算原则是否符合规范 GB/T 50011—2010 第 5.1 节的要求。需进行时程分析时，岩土工程勘察报告是否提供了相关资料，地震波和加速度有效峰值等计算参数的取值是否正确。

结构计算的分析判断：结构计算总信息参数输入是否正确，自振周期、振型、侧向刚度比、带转换层结构的等效侧向刚度比、楼层地震剪力系数、有效质量系数等是否在工程设计的正常范围内并符合规范、规程要求；层间弹性位移（含最大位移与平均位移的比）、弹塑性变形验算时的弹塑性层间位移，首层墙、柱轴压比、混凝土强度等级及断面变化处的墙、柱轴压比、柱有效计算长度系数等是否符合规范规定。

薄弱层和薄弱部位的判别、验算及加强措施是否正确、有效。

预应力混凝土结构构件是否根据使用条件进行了承载力计算以及变形、抗裂、裂缝宽度、应力及端部锚固区局部承压等验算，是否按具体情况对制作、运输及安装等施工阶段进行了验算。

（3）配筋与构造

梁、板、柱的配筋应满足计算结果及规范的配筋构造要求（包括抗震设计时框架梁、柱箍筋加密等）。

采用预应力结构时应遵守有关规范的规定。

跨高比 ≥ 5 的连梁宜按框架梁进行设计；不宜将楼面主梁支撑在剪力墙之间

的连梁上。

筒体结构的内筒的抗震构造措施是否符合规范、规程的规定。

（4）耐久性

混凝土结构的耐久性设计是否符合《混凝土结构设计标准》GB/T 50010—2010 有关规定。

（三）给水排水专业审查要点

1. 强制性条文的审查

审查是否符合《工程建设标准强制性条文》（房屋建筑部分）。

2. 设计依据的审查

审查所采用的设计标准、规范是否正确，是否为现行有效版本。

3. 系统设计总体要求的审查

给水、排水、热水等各系统设计是否合理，设计技术参数是否符合标准、规范要求。

是否按消防规范的要求设置了相应的消火栓、自动喷水、气体消防、水喷雾消防和灭火器等系统和设施，消防水量、水压、蓄水池和高位水箱容积等技术参数是否合理。

水泵、水处理设备、水加热设备、冷却塔、消防设施等选型是否安全、符合系统设计的需要。

4. 给水与排水系统的审查

是否符合《建筑给水排水设计标准》GB 50015—2019 的要求。

5. 消防设计

是否符合《建筑设计防火规范》GB 50016—2014、《自动喷水灭火系统设计规范》GB 50084—2017、《汽车库、修车库、停车场设计防火规范》GB 50067—2014 等规范要求。

6. 施工图的设计深度

（1）是否符合《建筑工程设计文件编制深度的规定》。

（2）设计总说明是否表述室外可供利用的市政给水管根数、管径、压力或生活、生产、室内外消防给水来源情况。

（3）设计总说明中是否对高层建筑的分类、多层建筑中生产和储存物品的火灾危险性分类、耐火等级、室内外消防用水量、建筑物的面积和体积等基本情况予以说明。

（4）对于专业设计的食堂厨房，应预留给水、排水或消防给水预留管接头。

（5）室外给水排水管网图应标示接入市政给水、污水和雨水管道的位置、管径、给水管顶埋深、排水管底（或检查井底）标高。

（四）暖通专业审查要点

1. 强制性条文的审查

审查是否符合《工程建设标准强制性条文》(房屋建筑部分)。

2. 设计依据的审查

审查所采用的设计标准、规范是否正确、是否为现行有效版本。

3. 建筑热工计算的审查

宿舍楼的围护结构应满足《严寒和寒冷地区居住建筑节能设计标准》JGJ 26—2018 及《夏热冬冷地区居住建筑节能设计标准》JGJ 134—2010 的要求和各地区相关细则。

4. 室内设计

设计采用的室内设计标准是否满足相应规范和使用要求。

5. 施工图的设计深度

是否符合《建筑工程设计文件编制深度的规定》。

设计说明的审查内容有：是否有明确的设计依据，是否有室内外设计参数，是否有空调、冷热源及其参数的说明，是否有空调总冷热负荷的说明，塑料类管材是否根据使用等级确定管材及其壁厚，是否有空调系统形式及控制要求的说明，是否有消防排烟设置的说明，是否有关于环保和节能设计的说明，是否有关施工安装特殊要求的说明。

平面图的审查内容有：通风、空调平面是否绘出设备、风管平面位置及其定位尺寸，标注设备编号或设备名称，绘出消声器、阀门、风口等部件位置。风管注明风管尺寸，无系统或剖面图时注明标高。

系统图、立管图的审查内容有：空调水系统是否注明管道及其部件的管径、标高、坡度、坡向等，是否注明制冷设备名称或编号、安装高度及其接口等。通风与空调风系统图是否注明风管尺寸和标高、设备名称或编号及其安装高度，是否注明消声器与阀门风口位置、规格尺寸和安装高度。

设备表是否齐全，型号数量是否正确。

（五）电气专业审查要点

1. 强制性条文的审查

审查是否符合《工程建设标准强制性条文》(房屋建筑部分)。

2. 设计依据的审查

审查所采用的设计标准、规范是否正确，是否为现行有效版本。

3. 供配电系统的审查

变电所的位置选择是否合理。高压配电室与值班室应直通或经过通道相通，值班室应有直接通向户外或通向走道的门等。

审查负荷计算的内容和计算方法，审查所选电器的额定电压、额定电流、额定频率、变电所低压配电柜出线开关分断能力，审查配电系统保护配合是否具有选择性等。

4．防火设计的审查

（1）消防供用电设备，供电可靠性。

（2）消防水泵、防烟和排烟风机的控制设备，当采用总线编码模块控制时，还应在消防控制室设置手动直接控制装置。

（3）消防联动控制有关部位的非消防电源是否具有联动切断条件。

（4）疏散指示灯指示方向要正确。设置位置应能正确引导人员快速短距离撤离建筑物。

（5）应急照明灯具（带蓄电池）的电源。

（6）火灾探测器的选型、设置、消防控制设备的功能、联动控制对象。

5．防雷及接地的审查

（1）建筑物的防直击雷、防侧击雷、防雷击电磁脉冲及防雷电波侵入措施是否符合规范的要求。

（2）有关防雷接地及建筑电气系统的工作接地和安全接地电阻值是否符合有关规定。

（3）通信网络系统、办公自动化系统、建筑设备监控系统、火灾自动报警系统、安全防范系统、综合布线系统的接地，应符合规范要求。

（4）智能化系统设备的供电系统应采取过电压保护。

（5）电气装置和用电设备，应考虑防接触电保护。

6．施工图的设计深度审查

（1）是否符合《建筑工程设计文件编制深度的规定》。

（2）设计说明和施工图是否完整。

（3）工程总负荷计算和分路负荷计算应包括设备容量、需用系数、计算容量、功率因数、计算电流。

六、深化设计管理

（一）深化设计管理的主要思路

相关部分的深化设计工作尽可能与施工图设计同步考虑，特别是装饰装修深化设计，其他深化设计也应尽量提前考虑。项目管理组制订了深化设计工作计划跟踪表，如表4-15所示，以便项目管理人员及时落实深化设计工作。

深化设计工作计划跟踪表　　　　　表4-15

序号		内容	最迟完成时间	状态	确认时间
100		土建			
	101	装配式隔墙		完成	
200		装修			
	201	整套装饰装修图纸		完成	
	202	厨房		完成	
300		机电			
	301	智能化		完成	
	302	太阳能		完成	
	303	气体灭火		完成	
	304	高压配电		完成	
400		外立面			
	401	幕墙		完成	
	402	铝合金外窗		完成	
	403	真石漆颜色		完成	
500		室外			
	501	全套景观图纸		完成	
	502	围墙		完成	
	503	综合管线深化图		完成	

（二）深化设计管理的组织管理

1. 深化设计工作开始前，项目管理组需要组织专题例会，与建设单位多次沟通，以书面形式明确专项深化设计的功能、标准等要素。通过邀请招标方式或竞争性谈判等方式确定深化设计单位。

2. 深化设计工作应尽量提前，最迟完成时间需要与施工计划匹配衔接，严禁因深化设计工作滞后影响施工进度。

3. 深化设计单位确定后，项目管理组召集设计团队对深化设计单位进行技术交底、完成工作对接。例如，厨房设备和智能化设备电源接驳、幕墙预埋件间距尺寸、装修净高控制等。

4. 深化设计过程中，由项目管理组协调、统一提供专项深化设计需要的技术条件，解决、确认深化设计单位提出的各类技术和管理问题，组织深化设计交底、样板建设、过程监督等。

5. 深化设计完成后，项目管理组应组织设计院对专项深化设计成果进行审查、确认，需要外部审查的由报批报建专员完成。

6. 对于厨房、太阳能等专项设计，项目管理组建议实行设计施工一体化，以获得最佳的效果。

（三）本项目深化设计遇到的困难

由于是民营资本投资，项目管理组在组织深化设计及施工中遇到了很多困难，主要原因是代建单位过于追求低价设计、低价施工，多次随意推翻已正常开展的深化设计结论。

1. 厨房深化设计

代建单位第一次委托了一家山东某专业厨具公司进行深化设计，项目管理组花费较多的精力完成了厨具深化设计的协调与管理，采用了设计施工一体化模式，但最终由于代建单位认为该企业报价过高而被推翻。半年后代建单位又委托另一家厨具公司进行深化设计与施工，由于错过了最佳配合期，导致现场许多问题需要协调解决，例如，拆除已完成的装饰墙面，拆除吊顶、风管、桥架，为满足厨房的消防排烟功能而加以改造等。

2. 太阳能深化设计

由于太阳能系统暂估价包括在总包合同内，按合同约定总包单位委托了一家太阳能单位进行太阳能深化设计，方案已经各方确认，在进行核价时，代建单位认为价格偏高，强行要求委托给另一家施工企业，而该施工企业并未深入调研即开始设计施工，由于对设计要求的理解存在偏差，为节约费用又随意改变设计要求，甚至采用了与设计要求不符的设备，例如选用的热水泵扬程与功率明显不符合要求。

为了实现太阳能系统功能，项目管理组多次向代建单位提出工作建议，并与施工单位进行了多次交涉，不仅管理低效，实际使用效果也不及预期。

第五节　招标采购

一、合同标段的划分

按法律规定，本项目属于民营资本投资，不属于必须公开招标的范围。因此根据代建单位的要求，项目管理组采取了投标比价与商务谈判相结合的灵活方式。

根据项目建设内容，项目管理组向代建单位汇报了招标内容及标段划分、招标方式等工作，经过多次沟通、协调，确定按工程施工、专业设备采购及服务、其他配套服务项目三大类进行招标采购。

(一)工程施工类招标

根据总平面图及各单体建筑面积,项目管理组提出了施工标段划分方案,如表 4-16 所示。

施工标段划分方案　　　　　　　　　　　　表 4-16

标段	栋号	建筑层数	建筑面积/m²	估算合同价/万元	招标方式
总包一标段	1号教学楼	5	9840.41	2750	综合比选,择优选择,谈判确定
	2号教学楼	5	9735.16	2720	
	3号宿舍	6	21638.77	6060	
	1号食堂+风雨操场	3	13857.06	5540	
	小计		55071.4	17070	
总包二标段	1号宿舍	6	33002.74	9240	
	2号宿舍	8	11584.36	3240	
	小计		44587.1	12480	
装修标段			99658.5	9000	
室外工程标段				3000	

最终代建单位确定的施工标段如表 4-17 所示。

最终确定的施工标段划分表　　　　　　　　表 4-17

标段	栋号	建筑层数	建筑面积/m²	估算合同价/万元	招标方式
总包一标段	1号教学楼	5	9840.41	2700	综合比选,择优选择,谈判确定
	2号教学楼	5	9735.16	2700	
	2号宿舍	8	11584.36	3300	
	3号宿舍	6	21638.77	6000	
	1号食堂+风雨操场	3	13857.06	5500	
	小计		66655.76	20200	
总包二标段	1号宿舍	6	33002.74	9200	
	装修			9000	
	室外工程			3000	
	小计		33002.74	21200	

（二）专业设备采购及服务

该项目主要包括配电、电梯空调、智能化及厨具等内容，招标方案如表4-18所示。

专业设备采购标段划分表　　　　表4-18

标段	估算合同价/万元	招标方式
高低压配电	600	选择合适品牌后进行邀请招标或竞争性谈判确定供应商
电梯	500	
空调工程	1000	
智能化	1200	
厨房设备	200	

（三）其他配套服务项目

该项目主要包括防雷检测、消防检测、沉降观测及临时用电变压器租赁等。由于金额较小，这类项目由项目管理组组织造价咨询人员进行市场询价后，直接按合同审批程序选择确认。

二、招标采购工作总结

（一）民营资本招标采购优势

由于本项目不需要公开招标，项目管理组充分利用这一优势，在招标文件编制前充分调研了当地的市场，掌握了人力、材料、机械的市场价格，同时认真研究并测算了当地的定额水平，并结合工程管理经验和工程量清单编制经验编制了招标文件。

在基本选定投标人范围后，项目管理组组织了现场踏勘、三轮答疑工作，将可能引起后期争议、签证、索赔、合同价调整的问题尽可能在招标文件中作了详细规定。

（二）招标合同文件编制要求

项目管理组在组织招标文件编制时，合同条款策划应对既往工程中经常出现的问题进行严谨规定，这样不仅可以减少不必要的时间、精力，而且减少了现场扯皮，有利于项目顺利推进。

1. 在合同标段划分时界面定义不清，是施工阶段经常遇到的问题，后期协调判断往往造成扯皮、耽误工期，因此招标文件应按合同标段明细确定工作界面，相应的工程量清单也应作清晰的说明。

2. 基坑降水应按项列入工程量清单，由投标单位报价，而不能按台班工程量列项，否则后期不仅需要投入大量的精力计量，不利于现场管理，而且容易造成高估冒算。

3. 桩头破除工作往往包括在总包范围内，工作量应以"根"为单位一次性确定综合单价，否则在工程实际将多次破桩，造成计量复杂，容易引起争议，增加费用。

4. 对于建筑垃圾清运管理，应在招标文件中明确处理办法，提前规定好垃圾清运分摊的费用责任，防止后期责任难以界定，导致垃圾无人清运，造成扯皮。

5. 对总包配合管理费用应作明确约定，配合内容也应详细规定，如外墙脚手架配合时间、搭设间距等。

6. 对临时水电线路布置、维修以及费用收取也应明确规定。

7. 应在招标合同策划时规定室外管沟土方事宜，由于室外水、电、气、景观、道路等多家单位施工都存在管沟土方挖填及余土处理问题，如果这些问题得不到妥善处理，容易造成后期场地、费用、责任等矛盾。

8. 总包单位，幕墙、装修等专业分包单位均应进行中间节点考核，并采取相应的处罚措施，这样有利于落实进度计划。

第六节　施工现场准备工作

一、场地规划工作

拆迁与场地平整工作由当地航空产业园负责，全过程工程咨询团队进场后迅速对接当地土地管理和航空产业园的相关部门，接收场地。本项目原始地表有小山包和池塘，部分原始地面低洼，项目管理组全程跟踪场地平整施工，估算土方工程量，以尽可能减少施工期的土方外运量及回填量，并督促当地航空产业园按时间完成场地移交。

项目管理组对周边道路交通进行了调查，本项目南侧和东侧紧邻城市主干道，外部交通条件较好。结合招标采购标段策划，按照规划总平面图的两个正式出入口位置，在东侧、南侧设置了两个临时工地出入口。

项目管理组结合永久供水与供电的设计方案，查看了临时接水、接电点，尽可能节约线路费用，调查了主干道上的城市污水与雨水管道管径、高程及接入井，确定了项目临时排水、排污接口，尽可能结合正式建设方案一次性建设到位。

同时，对施工期间两个标段总承包单位的办公、生活设施进行了规划，计划将办公、生活设施设置在施工场地北侧的空地，预估项目建设高峰期有500人左右，其中约50人为管理人员，现场规划了两个标段的生活设施场地，每个标段办公区占地约1000～1200 ㎡，生活区占地约2000 ㎡，并规划了充足的停车场地。施工场地规划如图4-2所示。

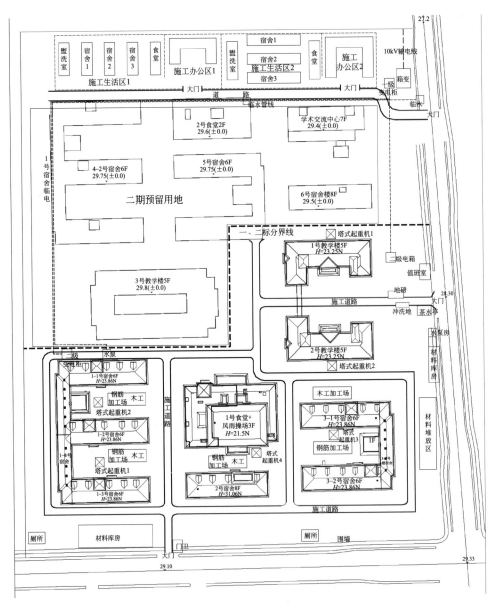

图4-2 施工场地规划图

二、临时用电的办理

（一）临时用电负荷的估算

项目管理组对本项目临时用电总容量进行了估算，包括塔式起重机、钢筋加工机械、焊接机械、木工加工机械、水泵以及现场照明，办公生活区照明、空调用电量等，根据《建筑施工手册》（第五版）的计算公式进行了计算，计算结果如表4-19所示。

施工现场临时用电量计算表　　　　　表4-19

序号	设备名称	单位	数量	每台功率/kW	合计功率/kW	备注
1	塔式起重机	台	6	45.6	273.6	
2	插入式振动器	台	6	1.1	6.6	
3	平板式振动器	台	2	1.1	2.2	
4	钢筋调直机	台	2	4	8	
5	钢筋切断机	台	4	5.5	22	
6	钢筋弯曲机	台	4	2.8	11.2	
7	砂浆搅拌机	台	2	7.5	15	
8	手动进料圆盘锯	台	3	3	9	
9	蛙式打夯机	台	2	4	8	
10	水泵	台	2	4	8	
	小计				363.6	
11	施工生产照明			60	60	两个标段
12	办公及生活用电			150	150	两个标段
13	交流电弧焊机	台	5	23.4kVA	117kVA	

设备计算总容量为：$P=1.05\times[(0.6\times363.6/0.7)+0.6\times117+0.8\times150+1\times60]=590$（kVA）

所需变压器容量为：$S=1.05\times590=619.5$（kVA）

故选择1台容量为630kVA的变压器，以满足现场临时用电的需求。

（二）临时用电的办理过程

2020年4月3日，根据临时用电总负荷，项目管理组向当地供电公司提出临时供电申请。

2020年4月13日,当地供电公司、电力安装公司来现场对临时供电方案进行交底,由新丰路上的10kV民主108线就近T接,采用高压线杆架引到工地,架杆的费用由政府出资。

2020年4月20日,与当地供电公司签订临时供电合同。

2020年4月24日,代建单位与电力安装公司签订临时用电工程施工及设备租赁合同,内容为1台630kVA箱式变压器安装、租赁工程。

2020年4月29日,临时用电高压线路施工完成。

2020年5月4日,电力安装公司检查箱式变压器、电缆接驳等并整修,为正式送电做最后准备。

2020年5月5日,项目管理组组织当地供电公司、电力安装公司以及其他参建单位共同验收,供电公司正式送电。

三、临时用水办理

临时用水主要包括混凝土养护用水、砂浆用水、消防用水和生活用水等,为降低成本,按正式用水管径进行了T口连接,供水管径为DN200。

2020年4月18日,项目管理组向当地自来水厂提出临时用水接入申请。

2020年4月21日,针对项目管理组申报的施工用水、消防用水、生活用水的用量以及接入方式,当地自来水厂来现场踏勘,确认供水方案,即在新丰路西侧从市政管网接入主管管径DN200,压力0.25MPa,水表DN100。

2020年4月23日,当地自来水厂派出作业队,砌筑临时水表阀门井,连接并安装阀门、水表,完成表前作业,并于次日供水。

第七节 施工进度控制

一、施工阶段进度计划的编制

经过全过程工程咨询单位与建设单位沟通,为了保证有一定的机动时间,初步将项目交付目标时间确定为2021年7月底,项目管理组根据全过程工程咨询工作方案、设计图纸等技术资料、工期定额、相关法律法规和政策文件等相应编制了进度计划,包括施工总进度计划、机电工程施工进度计划、装修工程施工进度计划、电梯安装施工进度计划、室外配套工程施工进度计划等。但由于受到疫情、代建单位材料供应、项目支付等的影响,经全过程工程咨询单位建议,并与代建单位多次沟通,初定交付时间为2022年1月底(春节前)。下面以1号宿舍楼、1号教学楼为例介绍进度计划编制情况。

（一）施工总进度计划

与代建单位和施工单位多次协调后，项目管理负责人组织土建、装修、机电等专业工程师确定施工总体部署，综合考虑流水段的划分、施工单位人、机、料资源投入情况等因素，编制了施工总进度计划。本项目1号宿舍楼最初的施工总进度计划如表4-20所示，1号教学楼最初的施工总进度计划如表4-21所示。

1号宿舍楼施工总进度计划表　　　　　表4-20

序号	工作名称	施工开始时间	施工完成时间	备注
1	进场时间	2020年4月21日		
2	临时设施	2020年4月25日	2020年5月30日	
3	塔式起重机基础开挖	2020年5月10日	2020年5月30日	
4	施工场地环形道路灌注	2020年5月10日	2020年6月20日	
5	土方开挖	2020年5月19日	2020年6月25日	
6	基础完成 包括基础墙体及其回填	2020年5月24日	2020年7月30日	
7	主体施工、封顶	2020年8月30日	2020年10月30日	
8	二次结构	2020年10月12日	2020年11月12日	
9	内墙抹灰	2020年11月12日	2020年12月11日	
10	屋面工程	2020年11月12日	2020年12月11日	
11	门窗工程	2020年11月10日	2021年1月10日	
12	外墙抹灰	2020年11月12日	2020年12月12日	气温低可延长
13	外装饰工程	2020年11月30日	2021年1月30日	
14	室内装饰工程	2020年12月1日	2021年6月10日	含春节放假一个月
15	脚手架拆除	2020年12月16日	2020年12月20日	
16	电梯安装工程	2021年1月1日	2021年3月31日	含验收调试时间
17	机电安装工程	2020年8月5日	2021年6月5日	含预埋
18	智能化安装	2020年12月1日	2021年6月20日	
19	室外管网施工	2021年1月15日	2021年5月31日	含春节放假一个月
20	室外道路、景观施工	2021年3月1日	2021年5月31日	
21	工程专项验收	2021年4月1日	2021年5月30日	
22	项目预验收	2021年6月5日	2021年6月9日	
23	缺陷整改	2020年6月10日	2020年6月25日	
24	工程竣工验收	2021年6月26日	2021年6月30日	
25	工程移交	2021年7月1日	2021年7月30日	含缺陷整改

1号教学楼施工总进度计划表　　　　表4-21

序号	工作名称	施工开始时间	施工完成时间	备注
1	进场时间	2020年4月21日		
2	临时设施	2020年4月25日	2020年5月30日	
3	塔式起重机基础开挖	2020年5月10日	2020年5月30日	
4	施工场地环形道路灌注	2020年5月10日	2020年6月20日	
5	土方开挖	2020年5月19日	2020年6月25日	
6	基础完成 包括基础墙体及其回填	2020年5月24日	2020年7月30日	
7	主体施工、封顶	2020年8月10日	2020年11月10日	
8	二次结构	2020年10月15日	2020年11月25日	
9	内墙抹灰	2020年11月10日	2020年12月10日	
10	屋面工程	2020年11月15日	2020年12月16日	
11	门窗工程	2020年11月25日	2020年12月25日	
12	外墙抹灰	2020年11月25日	2020年12月25日	
13	外装饰工程	2020年12月25日	2021年1月22日	
14	室内装饰工程	2020年12月1日	2021年5月31日	含春节放假一个月
15	脚手架拆除	2021年1月22日	2021年1月26日	
16	电梯安装工程	2021年1月1日	2021年3月31日	含验收调试时间
17	机电安装工程	2020年8月5日	2021年5月31日	
18	智能化安装	2020年12月1日	2021年6月20日	
19	室外管网施工	2021年1月26日	2021年5月31日	含春节放假一个月
20	室外道路、景观施工	2021年3月1日	2021年5月31日	
21	工程专项验收	2021年5月1日	2021年6月30日	
22	项目预验收	2021年6月1日	2021年6月5日	
23	缺陷整改	2021年6月6日	2020年6月25日	
24	工程竣工验收	2021年6月26日	2021年6月30日	
25	工程移交	2021年7月1日	2021年7月30日	含缺陷整改

（二）机电工程施工进度计划

在与机电施工单位沟通后，项目管理负责人组织机电专业工程师编制机电工程进度计划，重点考虑了设备订货周期、供货时间及机电单位进场条件等因素。机电工程进度计划应满足施工总进度计划的要求。本项目的1号宿舍楼和1号宿舍教学楼机电工程进度计划如表 4-22、表 4-23 所示。

1 号宿舍楼机电工程施工进度计划表　　　　表 4-22

序号	工作名称	施工开始时间	施工完成时间
1	进场时间		
2	深化图,样板工作	2020 年 8 月 1 日	2020 年 10 月 30 日
3	防雷及预埋机电	2020 年 8 月 1 日	2020 年 10 月 30 日
4	室内主管道及桥架与垂直管道及桥架完成 100%	2020 年 11 月 15 日	2021 年 1 月 15 日
5	楼内各层主管道及桥架与垂直管道及桥架完成 100%	2020 年 11 月 15 日	2021 年 1 月 20 日
6	各楼层及屋面主管道	2020 年 11 月 15 日	2020 年 12 月 31 日
7	主设备进入机房 50%	2021 年 2 月 20 日	2021 年 3 月 20 日
8	主设备进入机房 100%	2021 年 3 月 21 日	2021 年 4 月 30 日
9	设备房机电安装(包括吊顶内的施工)	2021 年 3 月 1 日	2021 年 4 月 30 日
10	机电安装(包括吊顶内的施工)	2021 年 4 月 15 日	2021 年 5 月 30 日
11	外场的机电施工	2021 年 1 月 15 日	2021 年 4 月 15 日
12	变电所安装及验收,外线送电(扩容申请)高压部分	2021 年 11 月 20 日	2021 年 1 月 20 日
13	机电末端	2021 年 3 月 1 日	2021 年 4 月 15 日
14	机电调试及剩余所有工作	2021 年 4 月 15 日	2021 年 6 月 5 日
15	缺陷整改	2021 年 6 月 5 日	2021 年 6 月 25 日
16	移交	2021 年 7 月 1 日	2021 年 7 月 31 日

1 号教学楼机电工程施工进度计划表　　　　表 4-23

序号	工作名称	施工开始时间	施工完成时间
1	进场时间		
2	深化设计,样品与样板工作	2020 年 7 月 1 日	2020 年 10 月 30 日
3	防雷及预埋机电	2020 年 8 月 1 日	2020 年 10 月 30 日
4	室内主管道及桥架与垂直管道及桥架完成 100%	2020 年 11 月 15 日	2021 年 1 月 15 日
5	楼内各层主管道及桥架与垂直管道及桥架完成 100%	2020 年 11 月 15 日	2021 年 1 月 20 日
6	各楼层及屋面主管道	2020 年 11 月 15 日	2020 年 12 月 31 日

续表

序号	工作名称	施工开始时间	施工完成时间
7	主设备进入机房50%	2021年2月20日	2021年3月20日
8	主设备进入机房100%	2021年3月21日	2021年4月30日
9	设备房机电安装（包括吊顶内的施工）	2021年3月1日	2021年4月30日
10	机电安装（包括吊顶内的施工）	2021年4月15日	2021年5月30日
11	外场的机电施工	2021年1月15日	2021年4月15日
12	变电所安装及验收，外线送电（扩容申请）高压部分	2021年11月20日	2021年1月20日
13	机电末端	2021年3月1日	2021年4月15日
14	机电调试及剩余所有工作	2021年4月15日	2021年5月30日
15	缺陷整改	2021年6月1日	2021年6月25日

（三）电梯安装施工进度计划

在与电梯安装单位沟通后，项目管理负责人组织设备专业工程师编制电梯安装进度计划，重点考虑了电梯进场安装的前提条件、电梯设备订货周期等因素。电梯安装进度计划应满足施工总进度计划的要求。本项目最初的电梯安装进度计划如表4-24所示。

电梯安装进度计划表　　　　表4-24

工作内容	开始日期	完成日期	前提条件	备注
电梯发货	2020年12月15日	2020年12月15日	11月底前支付电梯设备货款	
部分电梯主体安装	2020年12月15日	2021年1月31日	井道移交，内粉完成，参见附件安装进场条件	根据现场实际情况调整
部分电梯主体安装	2021年2月25日	2021年3月25日	井道移交，内粉完成，参见附件安装进场条件	根据现场实际情况调整
电梯调试	2021年3月25日	2021年4月5日	参见附件调试条件	根据现场实际情况调整
电梯报验工作	2021年4月6日	2021年4月15日	参见附件验收条件	根据现场实际情况调整
电梯验收	2021年4月16日	2021年4月30日	参见附件验收条件	
电梯取证	2021年5月1日	2021年5月15日		

(四)室外配套工程施工进度计划

室外配套工程包括室外景观、道路、雨污水工程和自来水、供电、燃气、通信等市政配套工程。在与各市政配套部门及相关施工单位密切沟通之后,项目管理负责人组织景观、机电等专业工程师共同编制室外配套工程进度计划,重点考虑了各配套部门进场施工的前提条件、不同专业管道的施工顺序及交叉施工的影响等因素。室外配套工程进度计划应满足施工总进度计划的要求。本项目最初的室外配套工程进度计划如表4-25所示。

室外配套工程进度计划表　　　　表4-25

序号	工作名称	施工开始时间	施工完成时间
1	进场时间	2021年1月5日	
2	室外机电管道预埋及回填	2021年1月15日	2021年3月15日
3	雨污水管道开挖	2021年1月15日	2021年3月15日
4	强弱电管线铺装	2021年1月15日	2021年3月15日
5	给水排水、消防管道铺装	2021年1月15日	2021年3月15日
6	燃气管道铺装	2021年1月15日	2021年3月31日
7	景观绿化施工	2021年4月1日	2021年5月25日
8	碎石、水稳、粗沥青施工	2021年3月1日	2021年3月30日
9	校园大门与道路沥青面层施工	2021年3月15日	2021年5月15日
10	传达室、围墙施工	2021年4月15日	2021年5月15日
11	缺陷整改	2021年5月15日	2021年5月31日

二、施工阶段进度计划的检查与动态调整

(一)施工进度计划的检查

在工程施工阶段,项目管理负责人每周组织各专业工程师检查施工进度并与进度计划做对比,在施工较为紧张的后期甚至每天都要检查,除了检查现场形象进度以外,还要深入了解材料供应、施工人数、前置工作的完成时间等情况,在对进度滞后的原因进行分析后,项目管理人员立即协调相关施工单位采取赶工措施。

在项目装修阶段,项目管理人员对现场全面检查,形成进度检查专项报告,供全过程工程咨询团队掌握情况和统筹决策。以下是2021年9月中旬的第十四期进度专项检查报告。

第十四期项目进度专项检查报告

2021年9月10日项目管理组进行了详细的进度检查，基本情况如下。

一、进度检查情况

1. 教学楼：1号教学楼一层大厅吊顶未完成（地面墙面已完成），二层连廊吊顶未做，其他基本结束；2号教学楼一层大厅刚刚开始，部分房间踢脚板未安装，由于喷淋位置需要调整，部分走廊吊顶还要等喷淋头高度调整后才能安装，楼梯间乳胶漆未全部完成，水电安装未完成，此时距离装修单位承诺的结束时间已经过去10d，预计还需要10d左右（9月20日）才能实现基本结束，在抓紧施工的前提下于9月底结束水电安装。如果安装力量仍然不足，9月底也不能完工。

2. 1号宿舍楼：六层走廊地砖还有部分未铺贴，部分卫生间吊顶未完成，楼梯地砖没有全部贴完；六层过道瓷砖未铺贴，部分卫生间未铺贴完成。

五层过道瓷砖未铺贴；三层瓷砖铺贴未完成，踢脚线铺贴未完成；顶层及一层过道吊顶未施工，电梯前室吊顶未完成（只打吊筋），室内及楼梯间墙面、顶面完成底层批腻子一遍，局部未施工，未打磨。

装修单位承诺9月15日基本完成瓷砖铺贴。当前仍有很多剩余工作，近半个月完成的工程量并不显著，按目前进度预计，至少还需要15d的时间才能基本完成。水电安装可能要到10月中下旬才能完工。

3. 2号宿舍楼：一层、八层过道地砖未铺设；所有过道、电梯厅吊顶未施工（除八层外）；房间门仅安装一樘，其余未安装。室内及楼梯间墙面乳胶漆未完成。

装修单位承诺9月10日基本完成瓷砖铺贴，从现场检查情况看，形象进度与承诺相去甚远。由于近期工程变更增加了二～七层吊顶，预计9月底可能基本完成工作。水电安装工程10月下旬才能基本结束。

4. 3号宿舍楼：楼梯间踢脚线还未完成，公共卫生间、开水间的吊顶未完成，现场少部分人员进行过道墙面腻子修补工作，乳胶漆未完成。

装修单位承诺8月底基本完成，到目前为止仍未结束，所剩余工程量已经不多，按照目前进度预计，土建装修施工还需要一周以上的时间才能基本完成。9月底水电安装全部完成仍有困难。

5. 1号食堂＋风雨操场：一层大厅地砖铺贴完成40%，东西侧房墙面、吊顶、地面均未施工；二层大厅地砖完成，东西侧房墙面、吊顶、地面均未施工；三层走廊地砖正在贴，未完成。

装修单位承诺9月底完成全部施工，从现场装修工人的数量预计，土建装修的完工时间与其承诺差距很大。按照目前施工人数预计，约11月底才有可能完成。水电安装可能在12月底完工。

6. 室外工程：施工单位承诺9月10日管线全部下地，现场检查发现差距较大，没有一种管线全部下地，预计9月30日左右，仅雨水、污水、电力及供水有可能下地。其他管线完成难度较大。

虽然自8月27日以来，施工人员有一定增加，但是如果要在9月底完成全部施工，施工人员还是严重不足，全过程工程咨询团队多次在进度检查会议上要求施工单位增加人员，但效果有限。9月9日全过程工程咨询单位两次下发了书面的进度指令单。

二、进度滞后原因分析

根据目前的人力与材料供应情况，可以在60~80d内基本完工，细部施工与整改需要30d以上，办理相关检查整改验收等手续还需要一段时间。在增加人员抓紧施工的前提下，12月底有可能完工。主要有下列原因：

1. 总包单位对其他相关单位的工期缺少应有的重视与配合；
2. 瓷砖的加工进度跟不上施工进度要求；
3. 近期反常的梅雨天气候影响；
4. 装修单位和室外施工单位施工组织能力不足，对施工次序与施工进度的认识不足，施工人员及设备不足。

三、下一步建议

第一，召开一次各承包单位有决策权的领导会议，提出进度的紧迫性、人员设备的紧迫性，要求各单位立即增加人员与施工设备投入，明确增加的人数和设备数量、主要完成节点、各节点未完成的罚款措施。

第二，到瓷砖加工厂现场检查加工能力，落实每天加工数量与进场数量，如果后期仍然供应不上，建议采购方能够派人进驻加工厂督促供应进度。

第三，室外施工单位要按专业系统增加班组。① 将电力、智能化、路灯和消防报警作为一个班组，立即组织施工，挖机两台，工人若干。② 围墙两个班组，一个负责基础；另一个负责砌筑、粉刷。③ 市政给水和消防水栓一个班组，立即组织施工。④ 雨水收集池和消防取水口一个班组，组织施工。⑤ 雨污水和化粪池一个班组，立即组织施工。⑥ 道路一个班组，立即开始施工准备。现场施工见缝插针，不能等场地。

第四，××装修公司要将10月30日作为完工日期，认真排一个流水施工进度图。将施工作业面分成若干个流水段（瓷砖按两层一个流水段，其他根据人数，形成倍数关系），各工种合理分成若干小组，形成成倍流水，最大限度地利用工作面，并减少窝工。然后增加熟练工人数量，最好是成建制的施工班组进场。采用包工和优惠的价格可以最大限度地调动工人的积极性，尽量避免采用点工的组织方式。

目前装修公司的项目经理主要精力在调遣力量、外围材料协调、确定施工单价，但是现场装修施工的组织调度精力不足。××装修公司的现场项目部要立即配置一名装修施工调度能力强的生产经理，该生产经理应当会排计划，会安排工人，会协调班组。

第五，1号食堂＋风雨操场的进度滞后严重，总包仍未拆外架，配电柜尚未到位，真石漆施工尚未开始。还有大量的装修与安装工作没有完成。初步了解到××装修公司的人员投入已经到了极限，建议全面统计剩余工程量，另找一家实力强、能够突击的装修单位承包后期的装修施工任务。

第六，目前各施工单位的进度计划是常规性的，在当前进度十分紧迫的情况下，不能满足进度控制的需要。各单位要重新编制一份细致的进度计划，分工种，分作业面，各子项均要标明工程数量、施工人数、开始时间、结束时间，并且要动态调整。每天的进度会议，各单位要首先汇报各作业面施工人数、进度完成情况、作业面移交时间。项目管理组对照计划进行检查，当各子项预计不能按期完成时，要提出增加人数或加班加点，不允许拖后。

（二）施工进度计划的动态调整

在项目建设的中后期，项目管理组与代建单位一起根据实际情况编制了调整后的重要节点跟踪计划，落实跟踪责任人，确保工程施工的顺利推进，如表4-26所示。

2021年10月后重要节点跟踪计划表　　　　　表4-26

序号		内容	责任人	跟踪人	最迟完成时间
100		现场施工			
	101	教学楼装修施工			2021.10.30
	102	宿舍楼装修施工			2021.10.30
	103	1号食堂+风雨操场安装及装修			2021.11.30
	104	室外配套施工			2021.12.20
	105	施工预验收			2021.12.30
200		竣工验收			
	201	供电验收			2021.10.10
	202	燃气验收			2021.10.15
	203	电梯和锅炉验收			2021.10.20
	204	防雷验收			2021.10.25
	205	竣工测绘			2021.11.10
	206	室外排水验收			2021.11.26
	207	节能验收			2021.12.01
	208	环保验收			2021.12.10
	209	档案预验收			2021.12.31
	210	市政管网验收			2021.12.31
	211	规划验收			2021.12.31
	212	档案正式验收			2022.1.15
	213	质监站竣工验收			2022.1.20
	214	消防验收			2022.1.20
	215	竣工备案			2022.1.30

三、疫情的影响与对策（略）

四、推进施工进度的措施

本项目建设期间，施工单位一些资源投入不足、甲供材料设备供应不及时、交叉施工相互影响等均对项目建设造成了一定的影响，项目管理组针对这些问题，采取了积极的应对措施。

（一）安装装修阶段每天召开进度协调会议

在装饰装修阶段，装修与安装的施工班组较多，总包单位协调能力不足，项目管理组每天下午四点召开进度协调会，要求相关单位的生产经理、主要班组长、设计人员、监理人员、造价咨询人员参加，并邀请代建单位参加，以解决进度迟滞的问题。会议由项目管理组负责人主持，检查当天的施工进度、施工人数；协调各班组施工场地的矛盾；协调施工班组的材料供应；协调道路、材料存放场地使用矛盾；协调设计变更等。确保相关矛盾问题不过夜，有力推动了项目建设进度。

（二）解决施工劳动力不足问题

在装修施工初期，装饰施工始终不能按进度协调会议所确定的计划完成，项目管理组深入现场后发现瓦工等劳动力投入不足，导致墙地砖铺贴进度缓慢，从而影响了整个施工进度。针对此情况，项目管理组及时与装修公司项目部负责人沟通，要求增加瓦工数量。在协调沟通效果不佳的情况下，又多次约谈其装修公司负责人，并书面指出问题所在，要求其采取措施解决劳动力不足问题。同时警告装修公司负责人，如果仍然得不到有效解决，代建单位将引进其他装修施工单位承包部分装修施工任务，最终装修公司增加了人员，解决了瓷砖铺贴进度慢的问题。

（三）解决甲供材料供应不及时问题

在装修施工阶段，代建单位改变了材料供应方式，将大部分装修材料由施工单位自行采购改为代建单位采购供应。但是甲供材料的供应速度达不到施工进度的需要，导致施工单位怨声载道，不愿配合施工现场的协调与安排，严重影响了装修进度。项目管理组针对这一情况专门设置了采购专员岗位，一方面积极与代建单位做好协调、沟通工作，推进供应计划的审批，督促各类甲供材料尽快签订供应合同，保证供应；另一方面由项目管理组统计确定各种材料的供应总量与供应计划，采购专员及时深入了解材料供应单位的情况，协调及时供货，控制好供货周期。如对木饰面、木门、卫生间隔断门等加工周期长的材料均采取了定期驻场管理的措施，同时制订了材料的仓储、收发登记、消耗管理等制度，推进材料供应的进度。

（四）解决分包单位资金挪用问题

施工过程中，水电和消防安装分包工程的工程款被总包单位挪用，分包单位缺少资金采购相应管材，无法支付安装工人生活费，导致安装工作中断。项目管理组了解这一情况后，及时与总包单位项目部交涉，要求妥善解决材料采购及工人工资，恢复项目建设。尽管问题最终得到了解决，但是安装进度却受到了影响。针对这一类问题，项目管理组需要经常与分包单位沟通了解施工进展各方面的情况，争取早发现问题并加以解决。

（五）制订隐蔽工程封板会签制度，协调机电安装与装修交叉施工问题

本项目因受疫情及其他因素的影响，未能按最佳的施工节奏进行，导致机电安装与内装修的交叉作业矛盾比较多，例如，吊顶内机电管道没完成，装修单位就不能封板。为此项目管理组制订并严格执行隐蔽工程封板会签制度，明确交叉施工各方的配合时间及要求。如果相关方未能在承诺的时间内完成任务，将被处罚。通过这一制度，虽然增加了一些协调工作，但是大大减少了返工损失与扯皮现象。

（六）协调室外综合管网交叉施工问题

室外综合管网涉及的单位较多，有雨污水、供电、自来水、燃气、弱电、消防、路灯等，交叉作业较多。如果违反施工顺序，返工代价大。项目管理组针对这一特点，事先编制了综合管线穿插施工方案，制订了相关的管理要求，在交叉施工期间每天召开碰头会，协调作业面、沟槽开挖、管道标高、定位控制等问题，取得了较好的效果。

第八节　质量、安全与文明施工管理

一、质量管理

根据全过程工程咨询策划方案，项目管理组统领本项目的质量管理工作，主要工作包括：进行质量管理策划；建立项目质量管理体系；制订质量预控措施；参与重要的质量验收。设计质量管理措施由设计团队负责落实，施工质量管理措施由工程监理组落实。

（一）质量工作的策划

项目管理组提出的质量方针是"保证功能、预防为主、整体受控、满足要求"。质量控制坚持"主动控制，全员参与，符合规范"的原则。

1. 保证项目使用功能是最基本的要求

全过程工程咨询团队由负责人带领设计团队从校园功能入手，调研职业学院的功能需求，如未来教学设备的需求及变化、学员校园生活的需求及变化等，并强化这些职业教育与培训教学各项功能，使其得以在设计文件中加以实现。

2. 注重人的作用，搞好质量控制

将优选承包商和供应商放在质量控制的首位，重视发挥人的积极性、创造性，营造人人参与质量管理的环境和气氛，增强所有参建单位的责任感，以人的

工作质量保证各工序质量，进而保证工程质量。

3. 预防为主，防患于未然

预防为主，防患于未然，重点做好质量的事前控制、过程控制，严格对工序质量、材料质量和中间产品质量进行检查，确保工程质量。

4. 坚持对全过程各工序的质量控制

工程质量涉及多系统组成、多专业配合、多单位参与建设，任何一个环节、一个工序出现质量问题，都可能导致不良的后果，所以要加强对所有工序，特别是隐蔽工程、检验批、关键工序、特殊工序的质量控制，是确保工程质量的重要措施之一。

5. 坚持以质量标准为尺度、以检验结果为依据

从工程一开始就着手建立和确立各项工程的质量检查、验收标准，以此为尺度，严格地控制工程质量。质量检查检验是质量控制的基础，因此加强对各项工程的质量检验，以检验结果为依据，才能全面掌握控制工程质量。

（二）建立健全质量管理体系

为加强工程质量的管理与控制，全过程工程咨询团队以项目管理组牵头建立了完善的工程质量管理体系，着重抓好施工图设计、设备与材料供应、施工质量三个主要环节，并由项目管理组、工程监理组、第三方检测单位为核心开展各种质量管理活动，对工程质量进行全方位、全过程的管理与控制。

1. 项目管理组

全过程工程咨询团队的负责人负责整个项目的质量管理工作，项目管理组是全过程工程咨询团队的核心部门，主要职责是出台质量管理制度，设计质量的审核，检查指导施工质量、组织工程验收等。

（1）制订质量管理制度

项目管理组与代建单位一起，共同制订了"项目质量管理制度""施工质量检查与奖罚细则""施工工序样板管理制度""设计变更审核制度""质量缺陷处理制度"，这些制度在签订施工合同时即作为施工合同的附件，有效地规范了施工质量行为。

（2）组织专家进行设计文件审查

项目管理组在设计阶段组织专家对设计文件进行审查把关。审查工程设计文件是否遵循技术先进、安全可靠、质量第一、经济合理的原则。审查是否符合工程建设强制性标准、地基基础和主体结构的安全性、是否符合绿色建筑强制性标准、各专业方案是否经济合理、图纸是否存在错漏碰缺等常见问题等。详见第五章。

（3）组织人员审查各施工单位的施工组织设计

虽然审查施工组织设计在监理规范中属于监理机构的职责，但是国家监理规

范在编制时尚无全过程工程咨询模式，自然无法区分项目管理与工程监理质量管理职责。在本项目中，全过程工程咨询团队在工作方案策划时，考虑了项目管理组与工程监理组在工程管理方面的相应职责与衔接。根据本项目全过程工程咨询总体策划方案，项目管理组负责人组织项目管理人员和监理人员共同审查施工组织设计。项目管理人员重点审查施工组织设计中针对本项目所开展施工组织的重点内容，如施工部署、各阶段施工工作面的划分和施工机械与人员投入、主要施工方案、进度计划是否与投入的机械和人员相匹配、施工平面布置图等，监理人员重点审查施工质量管理、安全与文明施工管理的相关内容。最后由总监理工程师按监理规范的要求履行签字手续。

（4）依据施工质量样板进行质量预控

本项目基本上做到了将每道工序的第一个施工段作为施工样板。不论是土建还是安装，对于每道工序的第一个施工段，项目管理组都会去施工现场进行检查，确认在保证施工质量的情况下全面施工。对于一些重要的施工工序，项目管理组还会同工程监理组进行过程检查与验收总结，形成施工样板工艺要求文件。

2. 工程监理组

工程监理组是全过程工程咨询团队负责施工质量的部门，其质量控制职责是① 督促施工单位建立并完善质量管理保证体系；② 参与施工图会审、充分理解设计意图，提出设计图中不清楚或需修改、处理的问题；③ 检查工程使用的原材料、半成品以及设备的质量，包括对出厂合格证、技术性能、质量保证证书的审查，必要时进行抽样检测、试验；④ 审查施工组织设计、施工方案，重点审查其中的工艺流程、质量控制的技术措施、质量检查、监控的程序；⑤ 采取巡视、旁站、平行检验等手段进行质量控制；⑥ 对施工工序、检验批、分项工程、分部工程、单位工程进行检查与验收。详见第七章。

3. 第三方检测单位

代建单位委托了检测单位进行材料结构试验检测和基坑变形监测。在设备安装与验收阶段又委托防雷检测、消防检测、空气质量检测等第三方检测单位进行各项质量检测工作，通过这些检测工作，项目质量有了具体的数据支撑，质量控制与验收更加客观。

二、安全管理

（一）安全施工目标

施工零死亡；杜绝重伤，轻伤负伤率控制在万分之一以内；杜绝发生火灾、爆炸、机械设备事故和群体食物中毒、中暑等事故。

（二）安全管理的指导思想

以实现"加强劳动保护，改善劳动条件，保护环境"的安全生产为中心，贯彻"安全第一，预防为主"的方针，坚持"以人为本"的原则，建立健全安全生产责任制度、群防群治制度和安全生产一票否决制度，依靠全体参建人员的努力，推动实现项目安全施工目标。

（三）安全生产与文明施工职责

1. 项目管理组的安全与文明施工职责包括：

（1）建立、健全安全生产、文明施工的组织机构和管理制度。

（2）定期评估项目建设安全、文明施工状态。

（3）负责定期组织安全应急演练。

2. 工程监理组的安全与文明施工职责包括：

（1）依据国家、省、市有关安全生产的法规和规定，结合标段工程实际，分解安全生产与文明施工目标，并督促执行。

（2）做好安全生产的宣传教育和归口管理工作。

（3）审查施工组织设计、专项安全技术方案或技术措施，对其科学性、合理性、可行性提出意见，并监督落实。

（4）在施工过程中依据安全生产保证计划进行重点控制；审查施工单位在采用新技术、新工艺中的安全性、可靠性。

（5）检查各标段施工中存在的安全问题及安全隐患，对施工单位提出整改措施。

（6）参与有关部门组织的安全生产、文明施工等检查，及时发现施工现场的各种安全隐患，并监督整改。

（7）组织各种形式的安全检查工作，定期总结表彰安全生产、文明施工工作。

三、疫情防控（略）

第九节 沟通与协调

由于工程项目的复杂性（如设计文件不及时、人员调度困难、工程变更、供应商的材料设备供应与现场需要不能同步），各施工单位之间、各施工班组之间也会或因作业面，或因成品保护和其他原因发生冲突。为使工程项目各关联单位之间能够协调一致，项目沟通协调工作是保证工程顺利实施的重要一环，也是项目管理工作的重点内容之一。

一、内部协调

全过程工程咨询负责人负责建立全过程工程咨询相应的内部机构，制订各部门的工作职责，报公司批准后开展全过程工程咨询工作。但在实施过程中，由于各种情况的变化，难免会在相关事项上需要沟通协调。

（一）每周召开全过程工程咨询内部例会

全过程工程咨询团队成员每周五召开内部例会，项目成员除了汇报个人职责履行情况外，还需站在整个项目的角度提出意见和建议，汇报的内容包括：

1. 个人一周所完成的主要工作及相关情况、工作成效、遇到的困难和矛盾、与其他部门或人员的协作情况。

2. 提出下周的工作计划，以及需要其他部门或人员的配合需求。

3. 站在项目高度或建设单位角度提出工作意见和建议。

团队成员如果不在现场，应参加视频会议；不能参加视频会议时，应提交书面工作汇报发至微信工作群。除了每人汇报工作情况、讨论解决相关问题、预测下一步工程建设情况之外，内部例会还要讨论形成下周待办事项汇总表，如表4-27所示。

内部例会结束后，负责人编写全过程工程咨询工作周报，报公司工作群及建设单位。

项目管理第 × 周待办事项汇总表　　　　　　　　表4-27

待办事项 - 建诚项目管理 2020-07-25							
序号		内容	负责人	跟踪人	计划时间	最迟时间	检查
200		项目经理/项目助理					
	201	月报			2020-07-25	2020-07-31	延误
	202	总包8月进度计划			2020-07-25	2020-07-31	
	203	重要节点进度检查			2020-07-25	2020-07-31	
	204	项目周例会			2020-07-25	2020-07-31	
	205	建设单位沟通周例会			2020-07-28	2020-07-31	
	……	……	……	……	……	……	
300		土建					
	301	月报土建内容			2020-07-25	2020-07-31	
	302	土建施工单位待办事项清单			2020-07-25	2020-07-31	

续表

待办事项－建诚项目管理2020-07-25							
序号		内容	负责人	跟踪人	计划时间	最迟时间	检查
	303	土建材料报审清单计划			2020-07-29	2020-07-31	
	304	土建样品审批（第12份）			2020-07-29	2020-07-31	
	307	土建深化图计划			2020-07-28	2020-07-31	
	……	……	……	……	……	……	
400		机电					
	401	月报中的机电内容			2020-07-25	2020-07-31	
	402	机电安装待办事项清单			2020-07-25	2020-07-31	
	403	机电材料报审清单计划			2020-07-29	2020-07-31	
	404	机电样品审批（第一份）			2020-07-29	2020-07-31	
	408	样板清单计划			2020-07-28	2020-07-31	
	409	施工工艺交底会计划清单			2020-07-25	2020-07-31	
	……	……	……	……	……	……	
500		合同与变更					
		无					
600		安全					
	601	安全周例会			2020-07-31	2020-07-31	
	602	安全月度分析报告			2020-07-25	2020-07-31	
700		设计协调					
	701	设计院8月待办事项			2020-07-25	2020-07-31	
	704	2号宿舍楼基础梁变更			2020-07-25	2020-07-28	
	705	……	……	……	……	……	

（二）设计院和造价咨询组的协调

在编制工程量清单、招标控制价时，造价咨询人员发现图纸疑问，如相同部位建筑、结构标高不一致、建筑图节点做法与结构图节点做法不一致、安装专业管道与结构图存在矛盾等，随时可以通过联合工作微信群交流解决，重大问题由项目负责人协调两个部门进行处理，处理的方式包括书面材料沟通、电子邮件沟通、微信沟通、召开内部专题会等，力求高效解决，为后期减少设计变更提供了条件和基础。

为了控制造价，本项目的任何设计在变更实施前均需要造价咨询组进行价格测算，项目管理组就造价变化与代建单位进行沟通。有了完善的协调机制，施工过程中的设计变更处理也较为便捷与高效。

（三）招标代理专员和造价人员的协调

本项目的招标文件由招标代理专员协助项目管理组编制，工程量清单及招标控制价由造价咨询组完成，如果双方沟通不畅，将给后续管理工作埋下隐患。例如，如果措施性项目未在清单内列项，也未在招标文件合同条款中列明，就会引起后期索赔。在招标文件编制过程中，全过程工程咨询负责人组织可行性研究编制人员、设计人员、项目管理人员、监理人员、造价咨询人员、招标专员对工程量清单及控制价、招标文件的内容进行了多轮会审，虽然此招标文件最终被代建单位弃用，但是为全过程工程咨询团队的协调工作开了一个好头。

（四）结合实际情况调整设计做法的协调

一些年轻的设计人员缺乏现场施工经验，导致有些施工图在施工时用起来非常困难。在全过程工程咨询模式下，可以利用现场项目管理人员或监理人员的现场施工经验来解决施工图的可施工性问题，本项目通过全过程工程咨询内部的项目管理人员、监理人员与设计人员的沟通，取得了较好的效果。

1. 机房墙体与瓦屋面交接处的防水做法变更

屋面机房墙体与瓦屋面交接处是防水的薄弱点，原设计做法是水泥砂浆直接在屋面瓦上坐浆做封闭排水，项目管理组看图后认为此做法不利于屋面防水，容易造成渗漏，遂组织了内部讨论与沟通，调整为沿机房墙体与屋面连接处做 300mm 宽排水沟。具体做法是：采用 C25 商品混凝土灌注排水沟，沟槽内采用 C20 细石混凝土找坡，面层采用 1∶2.5 防水砂浆抹光，刷 3mm 厚聚氨酯防水两道，排水沟上覆盖瓦面，避免了屋面渗漏。

2. 屋面柱顶预埋型钢柱做法变更

屋面混凝土柱截面尺寸为 600mm×700mm，纵筋共计 18 根 $\phi25$ 钢筋，箍筋为 $\phi10@100/200$，柱内预埋型钢柱尺寸为 H400mm×250mm。由于柱顶部处于锚固区，钢筋较多，型钢无法准确埋设，后经全过程工程咨询团队内部的快速协调沟通，设计人员增加钢垫板进行定位，优化钢柱预埋及钢筋绑扎的先后顺序问题，型钢的预埋定位问题顺利得到解决。

二、与建设单位沟通

（一）与代建单位的定期沟通会

本项目建设单位委托代建单位在现场负责管理，全过程工程咨询团队与代建单位双方确定了定期沟通会制度，召开频率一般两周一次，会议由全过程工程咨询负责人负责书面汇报，汇报内容包括：

1. 前一阶段的项目进展、存在问题、主要困难。

2. 分析、预测下一阶段的工程进展和可能出现的问题或不利后果。

3. 提出下一阶段的建设安排和实施意见，并与代建单位决策者进行讨论。讨论结果中的待办事项决议将列入下一周待办事项清单。

会议结束后，由项目管理组编制会议纪要。

（二）全过程工程咨询周报

全过程工程咨询负责人每周编制全过程工程咨询工作周报，报送代建单位、建设单位、公司质量技术中心，涉及现场情况时，均用照片展示和说明。周报的内容包括：

1. 本周完成的全部工作，包括报批报建、勘察设计、招标采购、施工准备、各种协调工作、现场管理、项目验收等。

2. 进度情况分析：对照最新调整的进度计划，逐项检查各项工作的进度是否按计划实现，对完成情况进行说明与分析，尤其是对整个工期产生不利影响的工作要进行详细分析滞后的原因，并确定纠偏措施。

3. 当前项目的主要状态、矛盾或急迫待解决的问题。

4. 本周质量与安全情况及其分析。

5. 下周的工作计划、进度目标、工作重点和措施。

6. 其他要汇报的工作。

（三）设计工作与代建单位的协调事例

在项目建设中，项目管理组就设计工作与代建单位进行大量的沟通协调。

1. 1号、2号教学楼之间增加连廊设计

方案设计中，1号教学楼与2号教学楼之间未设计连廊，规划部门在审图时提出应增加1号、2号教学楼之间的交通，设计院按审图意见修改方案增加了连廊通道，并报规划部门审查通过，同时向代建单位作了汇报，但是代建单位负责人并不知晓此汇报，代建单位负责人发现后，坚持认为是全过程工程咨询设计团队无故增加了连廊设计，既未向建设单位报备，又增加了不必要的建造成本，要求全过程工程咨询团队承担损失。经过多次协调未能解决，后经项目管理人员前往规划局找出当时专家评审意见的原始档案，才平息此事。

工作启示：对于规划部门、监管部门、图审部门提出的重大变更一定要专题报告代建单位和建设单位主要负责人，并留存好记录，以免造成工作被动。

2. 1号食堂＋风雨操场大堂门厅门洞尺寸变更

代建单位在检查现场时发现，食堂的大堂为三层挑高，而食堂的入户门显得过于矮小，认为既不协调美观，采光也不好。项目管理组立即组织内部协调会，讨论了设计变更方案，具体方案为：⑦轴－⑧轴交 J 轴的原 3 扇 M1824 改为门联窗 MLC7840，洞口尺寸 7800mm×4000mm；⑦轴－⑧轴交 H 轴的原 3 扇 M1824 改为门联窗 MLC7836，洞口尺寸 7800mm×3600mm；7 轴交 H 轴左侧 1 扇 M1824 改为门联窗 MLC5424，洞口尺寸 5400mm×2400mm；7 轴 -9 轴交 B 轴原 6 扇 M1824 改为 2 扇门联窗 MLC7836，洞口尺寸 7800mm×3600mm，圆满解决了问题。

工作启示：装饰设计工作需要前置完成并评估效果，设计负责人也应经常察看现场，以便获得满意的建筑装修效果。

三、材料供应的协调

本项目代建单位为压低造价，几乎将所有装饰类材料全部改由代建单位采购供应，施工单位按劳务清包方式组织装饰装修工程施工，全过程工程咨询团队按照代建单位的要求，除了根据施工图纸及工程量清单，统计计算出各类甲供装修材料总量及损耗，由代建单位采购外，全过程工程咨询团队还全程组织各类装修材料供应管理，包括审查各装修单位的每月需求计划，协助制订代建单位采购计划，协调各类装修材料损耗量及供应调度等，给全过程工程咨询工作增加了大量工作。

（一）采购计划的制订

本项目代建单位采购部门临时成立，缺乏材料采购经验，对装修材料的种类、品牌、质量等级、规格与尺寸、采购渠道、市场价格知之甚少，这些工作全部由全过程工程咨询团队协助完成，为此全过程工程咨询团队成立了采购工作小组。

多次与代建单位商讨后，首先，确认甲供材范围包括各类管材、墙地砖、吊顶吊杆、龙骨、吊顶面板、油漆、石材、门、门锁、五金件、卫生间隔断、洁具、阀门、卫生间玻璃镜、不锈钢制品、门套、地板、灯具、开关、水泥、砖、挡烟垂臂、运动地板等。

其次，确认了采购方式：用量较多的或需要加工定制的材料，采购工作小组在市场寻找各生产厂家，并进行询价，由代建单位与生产厂家直接签订生产供货合同，对于用量较少的材料则在装饰装修市场采购。

最后确定了采购计划，将各种装修材料名称、清单、规格型号、潜在单位、清单数量、清单价格、推荐品牌及其生产厂家、损耗率、实际采购数量、使用部位、到货时间、采购周期、运输方式等形成采购计划。全过程工程咨询采购工作小组按周计划、月计划，结合项目实际进展和施工单位提出的供应需求，向代建单位采购部门提交详细的采购计划，并进行动态控制。

（二）材料损耗量的教训

装修施工的材料采购变更为代建单位后，装修施工单位的计价方式等同于劳务清包，装修班组在领用装修材料时不再考虑节约材料，而是如何方便施工，随意切割。如墙地砖的使用：经统计 800mm×800mm 规格地砖（不含楼梯踏步砖和踢脚线），原计划量为 138061.00m²，经装修班组不断提出供应需求，实际采购了 149507.2m²，而按图加上定额损耗量仅为 121149.05m²，两者相差 28358.15m²，主要就是由加工、施工损耗造成，装饰班组在施工时一味求自身方便，随意切割造成大量浪费，而且领用库存管理制度也不够完善。

工作启示：在劳务清包方式下，全过程工程咨询单位一定要对各类装修材料实际损耗量有清楚的测算，并建议代建单位与装修单位进行约定，制订材料用量的奖惩机制，同时加强材料的领用、库存管理。

（三）甲供材料供应不顺畅的协调

由于真石漆施工人员技术问题，导致外墙真石漆观感质量较差，进行了多次、大面积返工，造成材料用量远远超过计划用量。但是生产厂商远在福建，涂料订货与生产周期长达 15~20d，导致真石漆的供应严重影响外墙施工进度。

地砖采购时，代建单位采购价格便宜的规格为 800mm×800mm 的地砖，另行选择加工场裁割加工成所需要的规格运至现场。由于加工场裁割的规格不全、部分规格供货不及时，造成大量窝工。一方面造成进度滞后；另一方面装修工人待料误工，影响装修工人每天的产量和收入，现场的矛盾很大。

上述甲供材料供应不及时，导致项目管理组、采购工作小组承受了很大的压力，进行了大量的协调工作，数次联系供货商和加工厂协调解决供应矛盾，安抚现场作业班组。

工作启示：

1. 对于品质要求较高的真石漆等外装饰施工应要求厂家安排技术人员进行技术培训、指导，甚至交由厂家施工，综合考虑返工费用、保修费用，这种方式可能综合成本更低。

2. 应充分考虑材料加工周期，尽量选择本地材料供应商。

3. 墙地砖、石材等委托外加工时，一定要反复验证下料单的准确性，避免下错料单，同时要考虑规格与尺寸的配套，防止因配套不全导致不能连续施工。

4. 要充分考虑加工厂的加工能力和速度与现场作业班组的施工进度相匹配。

四、施工场地与交接的协调

项目管理组为了推进项目进展，花费大量精力协调施工场地、材料存放场地、各班组的供电与供水、垂直运输、成品保护等问题。

（一）施工场地协调

本项目代建单位发包的室外工程施工单位进场时间较早，当时总包单位的土建施工与装饰施工并未结束，室外工程尚不具备大面积施工的条件，室外施工单位为争取工作面，多处开挖管道沟槽，造成装饰材料场内运输、工人行走、材料堆场的困难；雨污水管井施工，又导致总包单位散水工程停工，由此产生较大矛盾。

工作启示：

1. 所有施工标段施工均有合理的时机，过早或过迟都会造成无谓的浪费、损失、施工不便，这也是项目管理统筹协调工作的重点及意义所在。

2. 代建单位不宜直接干预项目施工次序，打乱施工现场原本计划好的安排部署。

3. 当进度拖延，确定最后的交付时间时，项目管理人员应事先综合考虑施工单位各工种的工人调度能力、成本、作业班组长的收入及其心理等各种因素，估算出确定合理的交付时间，并充分与代建单位沟通，达成一致。避免建设单位挤牙膏式的多次小幅后延，导致最后的结果适得其反。

（二）土建施工与装修施工工作面交接的协调

为分清土建施工与装饰施工责任，避免后期扯皮，项目管理团队组织工程监理人员、土建施工人员、装修施工人员对土建施工质量进行交接验收，交接验收时由土建施工人员、装修施工人员对所有楼层楼地面标高、墙地面平整度、洞口尺寸及方正、窗间墙垂直度方面等进行了共同检查并签署移交记录，对需要整改的问题由土建单位限期整改。检查中发现的主要问题集中在墙面、楼地面平整度和窗间墙垂直度不达标方面，经过协调约定各方整改职责，双方签订了移交单。

工程监理人员在巡视过程中发现地砖铺设时地面干铺砂浆找平层厚达60～70mm，经过仔细分析，装修单位为了地砖铺设进度，不再要求土建单位整改以减少时间，浪费的装饰材料是由代建单位免费供应，但这样做不仅浪费了材料，而且降低了层高，项目管理组发现后，坚决要求总包单位按要求进行整改，在一定程度上影响了装修的进度。

工作启示：

1. 工作面交接非常重要，可以分清责任、减少扯皮。

2. 即使界定了责任，也不能掉以轻心，仍要加强监管，保证施工质量和节省材料成本。

五、外层关系协调

有效的外层关系协调可以为项目建设创造良好的"环境"，避免完工后造成大量整改。下面以施工许可证办理、临时用电办理、10kV 高压线迁移和规划专项验收举例说明。

（一）施工许可证的办理

本项目计划开工日期为 2020 年 5 月 18 日，申请办理施工许可证时，因规费缴纳和农民工工资专用账户设立、规划许可证等前置条件未完成而无法办理，为此项目管理负责人寻找各种途径，联系项目的政府对接部门——航空产业园协调办，通过当地产业园向住房城乡建设局申请采用报建承诺制，承诺两个月内可完成所有前置条件办理，经过多方协调，当地质量监督与安全监督部门提前介入工作，工程于 2020 年 5 月 18 日顺利开工。

（二）临时用电与正式供电

根据施工总平面图，电网可接驳点在总包单位项目部西侧，需要向南架杆引入 10kV 电到施工现场接变压器。项目管理组根据经验，积极联系了本地资源丰富的临时用电施工单位，签订临时用电施工协议，租赁变压器完成临时用电，并由此建立了合作关系。

项目管理组请该临时用电施工单位协助提交正式供电方案申请，当地供电部门于 2020 年 7 月 31 日作出供电方案答复意见：培训中心一期工程由双电源供电，一路电源引自 10kV 民主 108 线，另一路电源引自 10kV 航空 113 线，就近 T 接。项目管理组考虑施工便利、节约成本，申请变更供电方案。当地供电部门基本采用了项目管理组供电变更申请，答复意见是采用 10kV 电压等级双电源供电，两路电源引自 110kV 杜冲变北航路待建环网柜，自行建设 10kV 线路。

工作启示：对于供电工程、市政连接等工作，一定要充分利用当地有资源的施工单位，不仅办事便捷，而且成本可控。

（三）10kV 高压线迁移

本项目用地南侧有一条 10kV 高压线紧挨着项目规划红线，相距不足 10m，项目建设期间有安全风险，项目投入使用后也有使用风险。项目管理负责人为此协同代建单位数次向政府提出迁移此高压线路，最终由当地政府领导过问，上会研讨并形成会议纪要，在项目基础施工阶段将此 10kV 高压线路迁移完成。

（四）规划测绘核实

项目具备规划测绘核实及消防验收条件后，由于宿舍楼被政府征用为防疫隔离点，规划测绘难度较大，相关验收部门也以项目被征用为由不予受理。为此项目管理负责人协同代建单位多次前往产业园要求协调此事，经过不懈努力，最终规划部门委托熟悉的测绘院，对已建建筑物的位置、层数、高度、面积等规划指标，市政工程雨污水、电力、通信管网等进行了规划测绘核实，完成了规划核实报告。

工作启示：对于供电线路迁移、市政配套等影响到建设单位长期核心利益的事宜，一定要不怕挫折，发动一切资源努力解决，这也是全过程工程咨询单位的职责使命。

第十节 项目验收

顺利完成各项验收是项目管理组的重要使命，也是建设单位非常关心的工作，在此将本项目的验收工作介绍如下。

一、规划验收

（一）规划验收的内容

1. 建筑的内容及功能、层数、高度、立面。
2. 附属用房、绿化、道路、管线等各类配套工程的实际情况。
3. 应当拆除的原有房屋和临时设施的相关情况。

（二）申请规划验收的场地条件

1. 主体工程全部竣工，外部装饰基本完工，脚手架全部拆除。
2. 附属用房、公共配套建设到位。
3. 绿化、道路已基本完成。
4. 管线工程完工。
5. 用地红线内应当拆除的施工用房、临时建筑已全部拆除。
6. 施工场地清理完毕。

（三）申请规划验收需要提供的文件

1. 建设工程规划验收申请表（建设单位盖公章）。
2. 建设工程规划许可证（原件、复印件各一份，含市政单项建设工程规划许可证）。

3. 核准的建筑定位红线图、用地红线图（原件、复印件各一份）。

4. 核准的总平面图、单体平面图、立面图、主要剖面图及核准变更的图件（原件）。

5. 规划设计要点。

6. 核准的验线单。

7. 建筑工程《建筑物竣工测量成果》及各项市政配套的《建（构）筑物竣工测量成果》（原件）。

（四）规划验收程序

1. 受理

项目管理人员代表建设单位持规划验收所需要的全部图纸及文件，到当地行政审批中心报建窗口申报，经检查窗口工作人员认为相关图纸文件资料齐全时，发出当地规划局建设工程规划验收受理单，并在规定的工作日内将材料送到规划部门的法规处。

2. 内业审核

验收经办人员在收到申报材料之日起，在规定的工作日内对所有图纸文件按下列要求进行核验：

（1）建设内容与建设工程规划许可证内容是否一致。

（2）建筑物的位置、层数、高度与核准图是否一致。

（3）附属用房、公共配套设施、市政配套设施是否按照规划要求同步进行建设。

对符合要求的，验收部门通知建设单位现场验收的时间；对缺少图件或不符合要求的，发出《规划验收补正材料通知书》。

3. 现场验收及协调配合

验收经办人员在收到申报材料之日起规定的工作日内到现场验收，并对现场情况进行记录。本项目 2021 年 11 月 15 日由项目管理组牵头，协调代建单位、工程监理组、施工单位相关人员，配合规划验收人员完成了现场查验各项工作。

4. 审核与签发

验收经办人在赴现场验收后规定的工作日内完成内部流程审核，经审核后签发验收意见。

5. 发件

规划验收结束后，验收经办人根据验收结果分别制作《建设工程规划验收合格通知单》或《建设工程规划验收整改意见通知书》，转发至发件窗口。项目顺利领取了《工程建设项目规划核实合格书》。

二、竣工验收

（一）竣工预验收

工程完工后，项目管理负责人组织项目管理组、工程监理组成员利用 8d 时间，分别对六个单体建筑和室外管网（配电房）、室外道路与绿化（含围墙大门）进行了竣工初验。

预验收人员包括：项目管理人员、工程监理人员、代建单位代表、各施工单位项目经理与质量管理人员、各专业设备安装单位（智能化、空调、热水供应、太阳能）项目经理与质量管理人员、各专业设计人员、公司质量技术中心专家等。

预验收分为五个组：验收监督组、土建验收组、给水排水验收组、电气验收组、暖通验收组。

1. 土建验收组

（1）验收工具包括携带直尺、卷尺、激光测距仪、靠尺、空鼓锤等。

（2）验收部位及路线：按教学楼、宿舍楼、食堂次序的逐个单体，从屋面开始，自上而下，逐层、逐个房间与走廊、楼梯，最后到室外完成验收。

（3）验收内容主要包括：是否有因遗漏而未完成的施工内容；楼梯、管道井等边角死角部位是否未处理到位；各部位建筑垃圾是否清理干净；各部位成品是否有破损污染情况；各部位总体观感情况；屋面防水保护层是否完好无裂缝，坡度是否符合图纸；墙地面垂直度、平整度、空鼓、裂缝等情况；吊顶是否有裂缝破损问题；卫生间、厨房等有水房间地面排水坡度情况；门窗开关闭合情况；栏杆高度与固定情况，是否有毛刺划手问题；外立面垂直度、平整度是否合格，是否有严重色差等问题；室外道路是否坡度正确、是否可能积水；道路路牙是否平直，是否有破损现象；室外各类井的井口高度偏差，井盖边缘处理是否到位；绿化种植品种规格是否符合图纸和合同要求；苗木种植养护存活情况；施工验收资料等。

（4）验收过程中，监理人员负责记录验收中发现的各种问题，并汇总为书面文件，如表 4-28 所示。

2. 给水排水验收组

（1）验收工具包括携带直尺、卷尺、水平尺、通球器具等。

（2）验收部位及路线是从生活水泵房开始，按逐个单体，从下而上，逐层管道井、逐个卫生间或其他用水房间，最后至屋面进行全面检查验收。

（3）验收内容主要包括：是否有遗漏而未完成的施工内容；各部位成品是否有破损污染情况；各部位总体观感情况；泵房设备、水箱及管道支吊架安装固定情况；管道井内管道过楼板过墙体封堵情况；太阳能安装情况；热水管道保温是否有破损或缺漏；末端洁具安装标高、方正及牢固情况；通水试验情况；抽查通球试验；排水立管出屋面高度及根部防水处理情况；支吊架等金属构件防腐防锈处理情况；施工验收资料等。

（4）验收过程中，监理人员负责记录验收中发现的各种问题，并汇总为书面文件，如表4-29所示。

土建验收组验收问题汇总表　　　　　　　　　　　表4-28

序号	部位（1号宿舍楼）	问题	整改完成时间	整改责任单位	整改跟踪检查人	备注
1	屋面	建筑垃圾未清理干净	2d	总包单位	×××监理工程师	
2	401房间、503房间、505房间、603房间	卫生间墙面瓷砖空鼓较多	5d	装修单位	×××监理工程师	
3	202房间、302房间、303房间、402房间	墙面裂缝较多	3d	装修单位	×××监理工程师	
4	101房间、103房间、201房间铝合金窗	窗户型材有划伤、凹瘪、变形	7d	门窗幕墙单位	×××监理工程师	
5	××××××	××××××	××××××	××××××	××××××	
6	……	……	……	……	……	

给水排水验收组验收问题汇总表　　　　　　　　　　表4-29

序号	部位（1号宿舍楼）	问题	整改完成时间	整改责任单位	整改跟踪检查人	备注
1	东侧管道井	管道过楼板未封堵、热水管保温有破损缺失	3d	总包单位	×××监理工程师	
2	601房间、602房间	卫生间水龙头缺失	2d	总包单位	×××监理工程师	
3	101房间、102房间	卫生间通水发现排水不畅	3d	总包单位	×××监理工程师	
4	泵房、管道井内	支架锈蚀，防腐防锈不到位较多	3d	总包单位	×××监理工程师	
5	……	……	……	……	……	

3. 电气验收组

（1）验收工具包括携带直尺、卷尺、电笔、万用表、插座检测仪、接地电阻测试仪等。

（2）验收部位及路线是从配电房开始，按逐个单体，从下而上，逐层电井、逐个房间与走廊，最后至屋面部位。

（3）验收内容主要包括：是否有遗漏而未完成的施工内容；各部位成品是否有破损污染情况；各部位总体观感情况；配电房内照明、接地系统施工情况；配电柜（箱）安装垂直度，柜（箱）内元器件品牌型号是否符合要求；电管、桥架安装固定、接地跨接和支吊架间距是否满足要求；支吊架等金属构件防腐防锈处理情况；电井内桥架过楼板、穿墙防火封堵情况；电缆头制作、电线连接工艺情况；照明灯具与开关测试情况；各房间内插座接线测试；测试接地电阻值；屋面避雷带连接情况；施工验收资料等。

（4）验收过程中，监理人员负责记录验收中发现的各种问题，并汇总为书面文件，如表 4-30 所示。

电气验收组验收问题汇总表　　　　表 4-30

序号	部位 （1号宿舍楼）	问题	整改 完成时间	整改 责任单位	整改 跟踪检查人	备注
1	东侧电缆井	桥架过楼板封堵不到位	2d	总包单位	×××监理工程师	
2	201房间、303房间、405房间	有个别插座接线错误，漏电开关不动作	3d	总包单位	×××监理工程师	
3	102房间、203房间、502房间、601房间	均有灯具不亮情况	3d	总包单位	×××监理工程师	
4	屋面	避雷带焊接处焊渣未清理，防锈不到位	2d	总包单位	×××监理工程师	
5	……	……	……	……	……	

4. 暖通验收组

（1）验收工具包括携带直尺、卷尺、温度计、风速仪、噪声计等。

（2）验收部位及路线是按逐个单体，从机房开始，从下而上，逐层管道井、逐个房间与走廊，最后至屋面。

（3）验收内容主要包括：是否有因遗漏而未完成的施工内容；各部位成品是否有破损污染情况；各部位总体观感情况；检查风机安装固定减震是否符合要求；各类风管支吊架间距和固定情况；支吊架等金属构件防腐防锈处理情况；各

类保温是否有破损和缺漏；管道井内管道过楼板、穿墙体封堵情况；空调室外主机安装情况；各类风机试运行是否正常；各类阀门是否操作正常；空调运行时温度、风速和噪声等是否正常；施工验收资料等。

（4）验收过程中，监理人员负责记录验收中发现的各种问题，并汇总为书面文件，如表4-31所示。

暖通验收组验收问题汇总表　　　　表4-31

序号	部位 （1号宿舍楼）	问题	整改 完成时间	整改 责任单位	整改 跟踪检查人	备注
1	空调室外机处	冷媒管保温破损	2d	总包单位	××× 监理工程师	
2	301教室	空调风口固定不牢固，翘曲有异响	1d	总包单位	××× 监理工程师	
3	201教室、302教室	空调控制面板污染严重	1d	总包单位	××× 监理工程师	
4	303教室	制热效果差	5d	总包单位	××× 监理工程师	
5	……	……	……	……	……	

5. 验收监督组

验收监督组由公司质量技术中心牵头，各施工安装单位的项目经理参加。

验收监督组的主要任务是监督验收人员是否按时参加验收工作；是否有无故缺席情况；是否按验收标准和预定流程进行验收；验收记录是否及时完整，协调处理验收过程中的突发事件或重大问题等。

验收监督组的验收程序是分别伴随土建验收组、给水排水验收组、电气验收组、暖通验收组对各个单位工程进行检查验收，最后检查施工质量验收资料。

现场验收结束后，全部人员检查相应专业的工程资料，查看的施工资料有：施工组织设计（方案）、原材料验收资料与检测报告、检验批验收资料、分项工程验收资料、分部工程验收资料、安全性检测报告、功能性检测报告。查看的监理资料有：设计变更资料、施工方案审批资料、监理旁站资料、平行检验资料、监理日志等。发现资料存在的问题应及时记录并由监理人员专门汇总。

最后召开验收总结会议，汇总分析存在的问题，提出整改要求，施工单位汇报整改方案以及完成时间。验收结束后，由工程监理组汇总竣工预验收问题清单，并发相关单位逐条整改。

在竣工预验收结束后，监理人员对照预验收问题清单，进行检查，整改合格的逐条销项。所有存在问题整改完成销项后，全过程工程咨询团队编写提交质量评估报告交公司质量技术中心审查批准。全过程工程咨询负责人与代建单位商议竣工验收时间。

（二）竣工验收

竣工验收参加单位和人员包括代建单位、施工单位、监理单位、设计单位、勘察单位五方责任主体项目负责人及质监站主管监督员。

竣工验收流程包括现场实体工程检查和召开竣工验收会议。竣工验收会议上五方责任主体项目负责人说明质量评估情况并给出是否同意验收的意见，质监站监督员说明验收监督情况和意见。

针对竣工验收会议上各单位验收人员提出的质量问题，由项目管理组牵头、工程监理组全过程跟踪督促、施工单位负责在规定的时间内完成整改并回复全过程工程咨询团队和质量监督站。

最后由相关责任单位完成竣工验收资料的意见签署和盖章。

三、消防验收

（一）消防预验收

消防验收涉及的工程内容和专业较多，包括土建、装修、消防相关的水、电、风系统等几乎所有专业。因此验收人员及验收流程与竣工预验收类似需要包括各相关单位的人员，所有验收人员合并一个验收组。

1. 验收工具包括携带直尺、卷尺、风速仪、消防烟枪（二合一烟温试验器）等。

2. 验收部位及路线是从消防泵房和消防控制室开始，按火灾自动报警系统、消火栓系统、自动喷水灭火系统、防排烟系统、防火卷帘门系统、消防事故广播及对讲系统六个系统，逐个单体，从下而上，逐层管道井和过道、逐个房间进行检查验收。

3. 验收内容主要包括：是否有遗漏而未完成的施工内容；各部位成品是否有破损污染情况；各部位总体观感情况；防火门等级和安装部位是否符合图纸要求；自然排烟窗安装是否符合图纸，开启是否方便；各类管道、桥架、幕墙等洞口和接缝处防火封堵情况；检查水泵安装固定减震是否符合要求；消火栓、喷淋管道支吊架间距和固定情况；支吊架等金属构件防腐防锈处理情况；各类风机试运行是否正常；各类阀门是否操作正常；试射末端试验消火栓是否满足要求；测试火灾报警系统是否运行正常；应急照明系统是否运行正常；疏散指示安装位置是否合理，系统运行是否正常等。

4. 验收过程中，监理人员负责记录验收中发现的各种问题，并汇总为书面文件，如表 4-32 所示。

消防验收问题汇总表　　　　　表 4-32

序号	部位 （1号教学楼）	问题	整改 完成时间	整改 责任单位	整改 跟踪检查人	备注
1	楼梯间	楼梯间自然通风窗过高不便开启	4d	消防专业 施工单位	××× 监理工程师	
2	教学楼南侧	室外消火栓缺保温防冻措施	1d	总包单位	××× 监理工程师	
3	三层、四层过道	部分喷头被污染，影响动作灵敏度	3d	总包单位	××× 监理工程师	
4	一层西侧楼梯	楼梯间内应急灯防护外罩缺失	1d	总包单位	××× 监理工程师	
5	……	……	……	……	……	

（二）消防验收

在消防预验收结束后，监理人员对照预验收问题清单，进行检查，整改合格的给予销项。所有存在问题均销项后，由项目管理组向主管部门申请消防验收。消防验收前还需取得第三方消防检测机构出具的消防检测合格报告，并办理完成消防联网工作。

消防验收参加单位包括代建单位、施工单位、监理单位、设计单位等及消防验收主管部门。

消防验收流程包括现场实体工程检查和消防相关的工程资料检查，针对验收人员提出的问题，由项目管理组牵头、监理单位全过程跟踪督促、施工单位负责在规定的时间内完成整改并回复全过程工程咨询团队和消防主管部门。最后由消防主管部门出具消防验收通过的文件。

四、其他验收

在项目的实施过程中，除了总监理工程师组织验收各分部工程验收外，项目管理组也向技术监督、供电、供水、排水、燃气、城管等管理部门申请电梯、供水、供电、排水、燃气、市政道路等各专项验收，如表 4-33 所示。由于验收过程相对简单，只需要提供所需资料，相关部门来现场查验即可，因此不再累述。

市政电梯等专项验收清单　　　　　表 4-33

序号	验收工作	验收部门	验收节点	实际验收时间
1	供电验收	供电公司	配电房施工完成	2021年9月28日
2	供水验收	水务集团	室内、室外供水管线完成	2021年3月28日
3	燃气验收	燃气公司	室外燃气管线完成	2021年12月20日
4	电梯验收	特检院	正式供电使用、电梯安装完成	2021年11月30日
5	排水许可	水务局	红线内排水管道施工完成	2022年1月20日
6	白蚁防治	白蚁防治所	自项目建设开始至建筑首层地坪完成	当地无此要求
7	市政验收	城管局	道路与大门施工完成	2021年12月29日

竣工验收和各类专项验收结束后，全过程工程咨询团队申请竣工验收备案。项目管理组在施工单位、工程监理组、勘察单位、设计院等单位配合下，安排专职资料员整理、汇总竣工验收备案所需要的资料，并向主管部门申请竣工验收网上备案。

网上竣工验收备案需要提交的资料包括：

（1）工程竣工验收报告和单位工程质量竣工验收记录
（2）施工许可证
（3）施工图设计文件审查合格证
（4）工程竣工报告
（5）工程勘察质量检查报告
（6）工程设计质量检查报告
（7）工程监理质量评估报告
（8）规划、环保、消防等部门出具的认可文件或准许使用文件
（9）城建档案部门出具的认可文件
（10）工程质量保修书
（11）法规、规章规定提供的其他资料

网上申请工作完成后，经主管部门审核，最终取得竣工备案证明文件，至此验收工作全部完成。

第十一节　BIM 技术在本项目的创新应用

BIM 即 Building Information Modeling，指"建筑信息模型"。它是以工程项目的各项相关信息数据作为模型的基础，通过数字信息仿真模拟建工程的真实信

息，再将所有数据通过信息模型传递给建设项目不同阶段的技术人员，包括不同岗位、不同部门、不同的单位等。正是因为这些高度精准的数据，BIM 技术才能为工程项目的每一个阶段提供科学准确的数据依据，更加有利于代建单位的高效、准确决策。而且可针对项目所处的阶段，专业技术人员根据本阶段的要求，在信息模型中对数据进行更新、调整、获取，以达到所有数据在整个系统内的共享与传递，使模型集成高度数据化的信息模型。

公司 BIM 中心在全过程工程咨询项目团队负责人组织下，在本项目运用了 BIM 技术，取得了一定的成效，下面介绍具体的应用案例。

一、BIM 在方案设计中的应用

本项目培训中心一期工程的"1 号食堂 + 风雨操场"单体，地下建筑面积 1623.22m^2，地上建筑面积 12145.52m^2，3 层，建筑高度 21.5m。此栋建筑结构形式较为复杂，功能区较多。在方案设计阶段，全过程工程咨询团队的 BIM 组，利用概念体量环境，对该栋楼的外形进行设计。

Autodesk Revit 软件为了创建概念体量，开发了一个概念设计环境操作界面，在这个界面中，用户可以专门用来创建概念体量。概念设计环境其实就是一种族编辑器，可以使用内建和可载入的体量族图元来创建概念设计。

利用 BIM 体量，可以快速灵活地设计概念模型，通过参数化可以随时对形态进行调整，将 2D 概念图（图 4-3），转换为 3D 形体（图 4-4），进一步推敲方案演化，也可直观地与代建单位进行探讨，促进方案的进一步演进。

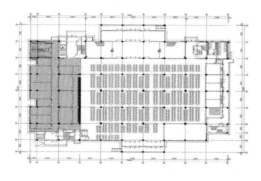
图 4-3　2D 概念图

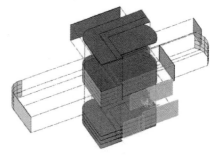
图 4-4　3D 形体拆解

具体方法是，在设定的标高、轴网基础上创建体量，命名区域或整体名称，在平面图上绘制形状调整高度，创建立体体量，一个概念体量，采用 BIM 技术仅花费短短的 5min 时间，给设计师预留了大量思考时间在建筑物形态推敲上。从空间到氛围，从材料到流线，BIM 设计师均有充分的时间进行思考，我们通过六个概念体量对 1 号食堂 + 风雨操场楼进行比选，最终选择方案六，如图 4-5 所示。

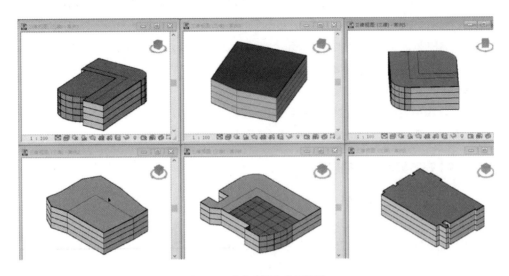

图 4-5　多方案概念体量模型

选定方案后，再将概念体量模型族载入到项目方案中，对体量进行分析和研究，利用 Revit 明细表统计功能，以明细表格的方式统计当前体量的楼层面积，各楼层周长、外表面积等设计信息。

再通过所要求的体量直接创建体量楼层明细表，如图 4-6 所示。通过体量创建外立面墙、幕墙以及屋顶等设计信息。

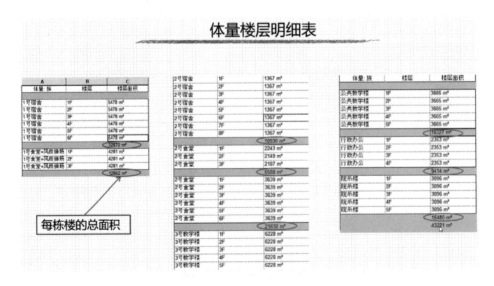

图 4-6　楼层与体量对比明细表

再利用 3D 可视化，结合建筑面积、容积率等设计参数，将概念体量模型转换为建筑设计模型，实现概念设计阶段到初步设计阶段的过渡，如图 4-7 所示。

图 4-7　设计过程转化图

二、BIM 在施工图设计中的应用

（一）外立面颜色方案比选

传统的外立面方案汇报，只能凭几张固定视角的效果图，设计师难以表达设计思想和建筑物的全貌，也会出现代建单位和设计理解上的偏差。加上代建单位对颜色方案的选择也有多样需求，导致设计师需要反复地修改与调整，消耗了设计师大量的时间和精力。在本项目的施工图设计阶段，BIM 技术团队利用 1 号教学楼的 BIM 模型，基于 Revit 软件的 Enscape 工具对外立面颜色方案进行了比选，如图 4-8 所示。

图 4-8　BIM 模型外立面方案

利用 BIM 技术，设计师可以在设计的过程中，即时地呈现成果，实现建筑物 360° 的动态三维显示，如图 4-9 所示。通过与建设单位的面对面操作，迅速达成多种色彩方案供建设单位决策，完成外立面方案的快速确定。无需多次调整效果图，节约了时间与精力，使得本项目设计人员有更多的时间思考设计，创新设计。

图 4-9　多角度可视图

设计过程中代建单位对教学楼之间的连廊屋面形式及架空层净高提出异议。为表达设计意图，项目管理组请 BIM 组利用 BIM 工具对此区域进行"可视化"专题会议讨论，并结合 VR 技术模拟环境，如图 4-10、图 4-11 所示。让代建单位沉浸感受连廊高度，解决代建单位担心的因连廊高度而导致的压抑问题。大大节约了时间，给了代建单位非常好的决策体验，也提高了决策方案的效率。

图 4-10　人物虚拟漫游

图 4-11　VR 场景体验

在施工图设计阶段，项目管理组协同 BIM 组利用 BIM 工具，载入相应的族，如管线设备族、家具族、灯光族、植物族等，并对画面风格、曝光、天空、环境等进行详细调节。改善传统设计的单一绘图行为和枯燥的工作状态，预留更多的时间感受设计，改进设计。同时，将这些构件同步载入到 Revit 项目文件中，通过

BIM模型传递给不同的使用部门。如将BIM模型传递给造价咨询组用于编制施工图预算。将BIM模型传递给驻场项目管理组、工程监理组，通过查看BIM三维模型，加深了对设计的理解，更好地开展项目管理工作，如图4-12、图4-13所示。

图4-12　集成多部门信息模型

图4-13　教学楼施工现场

（二）地下室BIM碰撞检测

在施工图设计阶段，BIM团队按照不同的专业建模后，对地下室进行了碰撞检测，进行冲突分析。

应用BIM可视化技术，设计人员在建造之前就可以对项目的土建、管线、工艺设备等进行管线综合及碰撞检查，不但能够彻底消除硬碰撞、软碰撞，优化工程设计，减少在建筑施工阶段可能存在的错误损失和返工的可能性，而且优化净空，优化管线排布方案。常见的硬碰撞有：① 建筑与结构专业中标高、剪力墙、柱等位置不一致，或梁与门冲突；② 结构与设备专业中设备管道与柱冲突；③ 设备内部各专业中各专业与管线冲突；④ 设备与室内装修中管线末端与室内吊顶冲突；⑤ 解决管线空间布局（机房过道狭小）；⑥ 解决交叉问题。

具体方法是利用 Navisworks 和 Fuzor 工具，选择对应的建筑物或某一类构件，根据设定好的碰撞参数、规范标准查找定位冲突点，并可列在冲突管理界面中。在列表中可直观区别硬碰撞、软碰撞（间隙碰撞）。任意选取一项冲突点，都会自动跳转到冲突构件并亮显，还可以切换到渲染模式，或直接亮显和隔离所有冲突构件，再结合虚拟实景漫游，筛选出有效碰撞点，最后生成图面分析报告书（碰撞报告书）。

然后将这些报告发送给设计部人员，解决冲突问题并优化 BIM 模型，如图 4-14 所示。再将 BIM 模型传递给现场项目部人员，利用优化后的三维管线方案进行施工交底、施工模拟，提高施工质量，同时也提高了沟通的效果。

图 4-14　BIM 小组进行碰撞检查与优化

本地下室项目有效碰撞点摘取如下：

1. 风管与结构梁碰撞（1 轴 /C-D 轴），如图 4-15 所示。

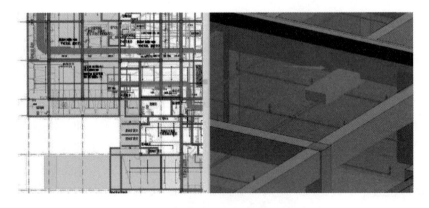

图 4-15　风管与结构梁碰撞显示图

2. L-01 号集水井 DN100 的压力排水立管与框架梁碰撞，如图 4-16 所示。

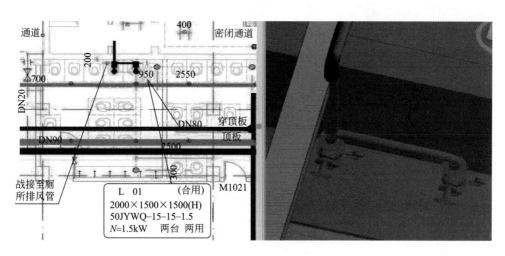

图 4-16　排水立管与框架梁碰撞显示图

3. 建筑\结构\水专业集水坑位置不一致（未全部列举），如图 4-17 所示。

图 4-17　BIM 模型（21-22 轴 /N-M 轴）

4. 楼梯间水平管中心距地高度未标注，且与楼梯结构板冲突，如图 4-18 所示。

5. 建筑图中部分集水井缺失（未全部列明），如图 4-19 所示。

6. 消火栓管与结构柱碰撞（13 轴 /D 轴），如图 4-20 所示。

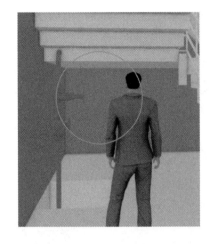 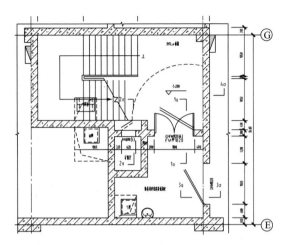

图 4-18 楼梯间水平管与楼梯板冲突显示图

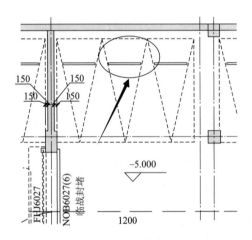

图 4-19 集水井缺失显示图

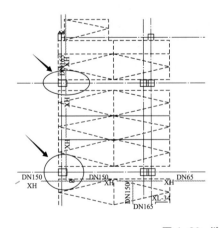 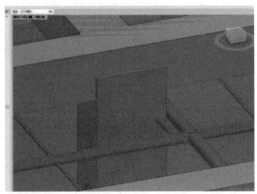

图 4-20 消火栓管与柱碰撞显示图

在完成碰撞检测并解决所有冲突问题后，通过 Kalloc Fuzor 工具，可实现对 BIM 模型的净高分析，如图 4-21 所示。检测所选定构件，如结构梁、大规格风管、大管径管道的垂直高度，结合软件的过滤功能，筛选出不满足高度的点位和个数，如图 4-22 中颜色高亮显示。再返回到模型调整中，最后经过调整满足项目的使用要求，此方法对于解决地下室管线复杂的项目，节约成本的效果尤为显著。

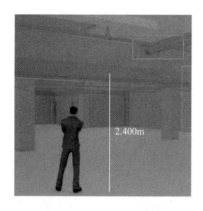

图 4-21 地下室净高分析

图 4-22 碰撞节点优化调整

（三）1号教学楼 BIM 算量

项目管理组和 BIM 小组基于 BIM 技术，采用正向设计，做到一模多用。通过 BIM 三维可视化控件及程序自动检测，有效解决 CAD 传统设计容易造成的设计缺陷，提升设计质量，减少后期修改，降低成本。同时利用 BIM 模型快速出量。由于 BIM 技术的可视化和可模拟，精确度高，而且所有参与方都可采用同一数据信息管理模型，方便相互核对。具体使用流程是，利用设计端传递过来的 Revit 模型，借助国产的算量插件，对其进行构件映射。也就是将当前模型中创建的所有族类型名称按照转化规则进行多层次模糊匹配，自动按照算量类型划分构件，已映射的构件会出现在已识别构件中，未识别构件需要手动选择构件类型进行映射，转化页面如图 4-23 所示。还有部分构件需要根据需求修改映射类型。可以通过"预览构件"进行辅助判断。对于操作算量的技术人员并非建模者来说，可能并不清楚构件实际类型，通过预览构件所处的位置、参与的角色，再结合构件名称或材质包含的信息，辅助判断构件类型。构件映射完成后，赋予每个构件计算规则，对其进行计算、汇总。

项目组对 1 号教学楼主体结构中矩形柱、构造柱、有梁板及墙体的工程量进行对比分析，如表 4-34 所示。并对两者偏差的原因进行了二次分析，发现传统造价组与 BIM 组对二次混凝土构件的布置原则，理解上有差异，因此将砌筑墙体与二次混凝土构件分开进行汇总,得出两者量差仅为 0.37m³,可以忽略不计。

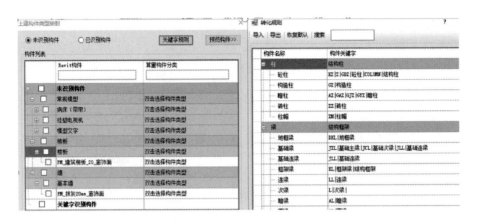

图 4-23　BIM 模型构件映射

BIM 工程量与传统软件工程量的对比　　　　　　表 4-34

序号	构件名称	材质	单位	BIM 工程量	传统软件工程量	量差	量差百分比	备注
1	矩形柱	现浇混凝土	m³	483.02	483.02	0	0	
2	构造柱	现浇混凝土	m³	179.5	183.48	−3.98	2.22%	砌筑量分析关联项
3	过梁	现浇混凝土	m³	3.1	3.66	−0.56	1.99%	砌筑量分析关联项
4	圈梁	现浇混凝土	m³	173.88	176.84	−2.96		砌筑量分析关联项
5	有梁板（平板）	现浇混凝土	m³	2020.02	2020.27	−0.25	0.01%	
6	墙体	砌体墙	m³	1783.02	1775.15	+7.87	0.44%	二次混凝土量分析关联项
7		现浇混凝土	m³	12.5	12.65	−0.15	1.20%	

本项目利用 BIM 三维模型计算工程量,计算准确度高,出量速度快,统计、拆分、组合、分类汇总方便快捷,但是需要 BIM 小组专业人员全程配合,操作使用需要具有较高的造价专业水平和较宽的知识面。需要对 Revit 内的构件按照造价的规则进行划分,并赋予当地的计算规则,操作页面如图 4-24 所示。

本项目全过程工程咨询团队,在工程建设初期建立了 BIM 模型,作为一个数据载体,应用于不同阶段,做到"一模多用",避免了数据重复录入过程中出现的差错,也加强了各专业的交流、协同和融合,将节省的人力投入更有价值的领域。

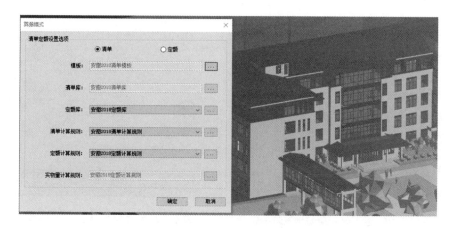

图 4-24　设置 BIM 模型计算规则

三、BIM 在施工阶段的应用探讨

在本项目施工阶段，全过程工程咨询团队运用 BIM 技术，根据施工总平面图，建立 BIM 三维施工现场布置模型，如图 4-25 所示。本次 BIM 三维场地策划包括整个培训中心的一期工程和二期工程：1~3 号教学楼、1~6 号宿舍楼、1 号食堂＋风雨操场、2 号食堂、学术交流中心共 12 栋建筑单体。

图 4-25　BIM 场地策划概况

项目组利用 BIM 技术建立高度参数化的 BIM 族，根据施工总平面图布置原则，进行施工总平面布置图的策划。策划的内容有：办公区、生活区、生产区、垂直运输机械、材料堆场及库房等。提前解决施工场地、机械设备布置、物料运输及堆放等问题，做出临时施工场地更合理的布局。生活区、样板区、材料加工区如图 4-26~图 4-28 所示。

图 4-26　生活区 BIM 场地策划方案　　　图 4-27　样板区 BIM 场地策划方案

图 4-28　材料加工区 BIM 场地策划方案

另外项目管理组利用 BIM 可视化功能对本项目工期进行了 4D 仿真模拟，动态展示工程形象进度，如图 4-29 所示。

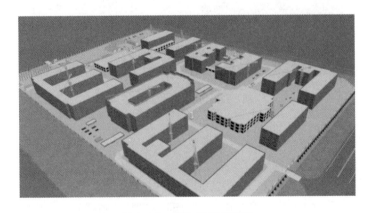

图 4-29　场地 4D 进度模拟

第五章 工程设计

建设单位先通过比选确定整个校园的规划设计方案,之后签订了包含勘察设计在内的全过程工程咨询合同。合同明确的设计范围是培训中心一期工程的建筑、结构、给水排水、电气、暖通、智能化、景观等全部内容的施工图设计。

全过程工程咨询项目管理组与设计团队在规划设计方案的基础上,编制了较为详细的施工图设计任务书(见第四章)。该设计任务书比较详细地确定了建筑设计、结构工程、给水排水工程、暖通工程、电气工程、智能化、景观与室外配套的方案与要求,相当于确定了初步设计方案与相关细节,可以作为施工图设计的依据。本章包括整个校园的规划设计方案和培训中心一期工程的施工图设计工作。

第一节 设计准备

本项目整个校园用地面积约722亩,与同类院校比较属于中等规模。其中178亩为培训中心用地,但项目功能复杂,用地面积稍显紧张。需合理规划建筑布局,力求合理、美观、实用。项目区位优势明显,临近城市发展地带,交通便利,地块完整,整体开发条件优越。

在开展方案设计之前,设计团队实地踏勘了项目现场,与建设单位交流了校园建设的愿景与思路,对比分析了相关院校的校园规划设计方案,收集了相关的标准规范,开展相关的方案设计工作,并提交了校园规划设计和培训中心方案设计供建设单位比选。全过程工程咨询合同签订后,设计团队接收项目管理组前期收集到的施工图设计相关要求与资料,开展施工图设计工作。

一、项目规划设计要求

(一)设计原则

理解了建设单位的建设意图后,经设计团队与全过程工程咨询负责人深入探讨与研究,确定本项目设计原则包括:一是力求高起点、高水准、高品位,体现现代化、数字化、园林式、生态型和节能环保理念,注重经济性和适用性;二是要求以人为本,功能完备,布局合理,特色鲜明;三是考虑远近(期)结合,一次规划，分期实施，充分考虑学院发展的弹性需求；四是要科学合理地核定各项技术经济指标。

（二）设计总体要求

第一，规划设计要立足于高等职业教育发展趋势，着眼于学院可持续发展的客观需求，追求高水准的高等职业教育特色及文化教育氛围，具有创意新颖、格调明快、技术先进、布局合理的鲜明特点，达到人、建筑、环境的相互协调。方案要适应先进的高等职业教育管理模式，要有利于未来专业建设可持续发展，要体现较好的经济效益和社会效益。

第二，规划设计按不同功能分为教学行政区、实训（实验）区、体育运动区、学生生活区，根据地形地貌、日照、气候及校园周边环境合理布局，满足环保等部门的标准。使各区在和谐中求统一，统一中见特色，保证师生工作学习与休闲活动互不干扰，并在未来建设或局部调整时，总体框架不受影响。

第三，规划设计应充分利用现状自然条件，竖向设计要尽量减少大量填方，依势依形规划人工水面，合理开发利用地下层、架空层的空间。

第四，规划设计应体现建设节约型校园的要求，节能、节水、节地、节材，资源利用高效循环、节能措施综合有效、建筑环境健康舒适。

（三）设计具体内容和要求

各类建筑的规划面积参照《普通高等学校建筑规划面积指标》确定。按培训中心一期满足6000人办学规模，培训中心二期满足9000人办学规模，职业教育招生时最终形成15000人办学规模的分期建设要求，在规划上做出分期建设项目的合理化安排。

（四）设计成果及要求

规划设计成果包括综合说明书、总体平面图、功能分区分析图、竖向规划图、各项专业规划图、校园总体鸟瞰图、反映规划意图的透视图、主要单体建筑的造型方案。

综合说明书应包括总体方案说明，电气、给水排水、计算机网络、通信等管线设计说明，消防、环保、卫生防疫、交通组织、绿化等说明，总建筑面积、建筑占地面积、建筑高度、建筑层数、建筑密度、容积率、绿地率、体育运动场地、地面停车场所（汽车、自行车）等说明，水、电装接用量估算，按单体分别提供工程投资估算并汇总，设计方案单体使用面积分配表。

其中总体方案说明包括规划设计指导思想、设计原则、方案构思、功能分区、出入口位置、路网结构、设计特点、建筑风格、空间构图、主要建筑平面与造型、建筑环境与景观、建筑色彩等。总体平面图应包括建筑群体的空间关系，建筑、道路、广场、景观小品的相互关系等。各项专业规划图应包含道路交通、绿化景观系统、工程管线等内容。主要单体建筑的造型方案应包括平、立、剖面图和效果图。

设计方案的表现形式为纸质文件和电子文件。规划设计要以国家现行有关规范、标准为依据。

二、项目规划设计条件

规划设计条件包括主要技术指标、建筑设计要求、市政要求、配套要求等方面。

（一）主要技术指标

主要技术指标详见表 5-1。

项目规划的主要技术指标 表 5-1

地块编号	用地面积	用地性质	建筑密度	容积率
（2019）15号	118700.0m² （以现场实测为准）	教育科研用地	≥25%，≤50%	≥0.8，≤1.8

（二）建筑设计要求

1. 六层及以下建筑退用地边界线 ≥ 10m。六层以上建筑退用地边界线 ≥ 20m。在满足以上退让要求的基础上，与用地周边建筑的距离必须满足日照、消防等有关规范要求。

2. 停车位配比按《某县城控制性详细规划管理通则》执行。

3. 建筑高度应满足《某县城控制性详细规划管理通则》和某民航机场净空要求。

（三）市政要求

实行雨污分流，采用符合国家规范要求的污水处理方式，所有管线须下地设置。

（四）配套要求

建设项目应按照学校建设规范要求进行配套设计。

（五）其他要求

1. 按照国务院办公厅关于推进海绵城市建设的指导意见、住房和城乡建设部《海绵城市建设技术指南》等要求实施。

2. 绿色建筑按国家绿色建筑相关规定，及当地《关于加快推进绿色建筑发展的通知》建科函〔2017〕2054号文件执行。

3. 其他未尽事项按照《某县城控制性详细规划管理通则》执行。

4. 若今后该地块与相邻地块取得建设用地使用权者相同，则地块界线取消，经济技术指标综合平衡。

三、类似学校项目规划设计案例参考

（一）湖南工业大学

1. 经济指标

该项目总用地面积为3489.6亩。总建筑面积为80.3万 m^2，容积率为0.51。建筑密度为9.6%，绿地率为39%。该项目鸟瞰图如图5-1所示，总平面如图5-2所示。

图5-1　湖南工业大学鸟瞰图

图5-2　湖南工业大学总平面图

2. 项目特点与借鉴

（1）功能分区明确，紧密联系且互不干扰。

（2）中心轴线明显，教学位于整个校园的核心区。建筑群多采用院落式布局方案。

（3）绿化围绕着校园主轴线形成灵动的秩序空间，塑造完整有序的校园公共空间。同时引入水系，加入趣味性的细部处理。功能分区图如图5-3所示、中心轴线如图5-4所示。

第五章 工程设计

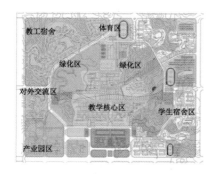

图5-3 湖南工业大学功能分区图　　　图5-4 湖南工业大学中心轴线图

（二）安徽财贸学院龙湖东校区

1. 经济指标

该项目总用地面积为990亩。总建筑面积为32.3万m^2。建筑容积率为0.49，建筑密度为11.5%。绿地率为35%。

该校区位于市区东部的大学城园区内，与老校区由城市主干道东海大道相连，交通便利。西临蚌埠市体育中心用地和龙湖，东临蚌埠医学院新校区，自然景观和人文气息浓厚。该项目鸟瞰图如图5-5所示，总平面图5-6所示。

图5-5 东校区鸟瞰图　　　图5-6 东校区总平面图

2. 项目特点与借鉴

（1）功能分区如图5-7所示。功能分区明确，学生生活区与教学实验区相对独立设置。教学区与宿舍区都有相对独立的体育运动区，便于学生使用。

（2）教学区位于整个校园的核心区。不同的建筑功能组合成不同的围合空间。

（3）围绕校园主轴线形成环绕景观轴。植被覆盖率高，生态环境良好。引入水系，加强主轴线的场地建设和校园景观多样性。绿化分析如图5-8所示。

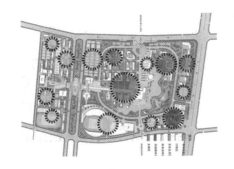 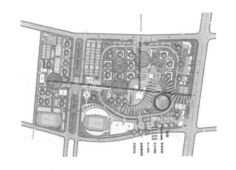

图 5-7　东校区功能分区图　　　　　图 5-8　东校区绿化分析图

现代大学校园规划的核心逻辑是功能主义，其空间结构简洁、逻辑明确，但有时也导致了建成环境的单调、乏味。而且中国现有的校园大学边界清晰而封闭，校园功能结构自成一体，与城市联系很弱。在该规划中，校园复合高效利用，各区域既可独立自主运行，又与校园核心区域紧密联系，同时校园公共功能可向城市开放共享。

第二节　规划与建筑方案设计

一、设计理念

（一）总体布局理念

1. 以人为本，营造特色，统筹规划，生态优先，追求个性。
2. 功能分区明确，教学区处于整个学校核心区，院落围合式布局。

（二）规划愿景

1. 体现航空制造，将航空产业、高端制造业的人才培养需求充分考虑是此次教育模式的重中之重。
2. 塑造活力校园，设置一系列交流协作空间、学科交叉平台、交通辅助连廊，便于科研学术交流。
3. 打造科技校园，校园使用建筑信息化手段，通过管理软件实现智能校园目标，在安防管理上接入全市互联系统，在后期运行中延长建筑使用周期。
4. 形成共享校园，校园与周边城市功能共享，航空产业园为校园提供实习实践，校园为产业园提供新鲜血液、理论研究。实现职业教育、高校与航空产业园相辅相成，共同成长。
5. 建设绿色校园，校园景观绿化与海绵城市相结合设计，预留雨水回收，收集灌溉等功能，满足节能环保，防涝减排的目标。

二、整个校园规划方案

本项目共设计两套方案进行分析与比选，方案一总平面图如图 5-9 所示，方案二总平面图如图 5-10 所示。

图 5-9　方案一

图 5-10　方案二

（一）方案一

方案一的设计风格，体现朴素大方，新中式古典，以开放的理念，在校园和城市之间建立互动关系，形成资源共享和层状结构。

基地南侧、西侧、东侧为县城主道路，北侧为规划道路，对整个校园而言，沿四周设置出入口，同时考虑到项目前后开发周期，沿基地东侧和南侧设置出入口，如图 5-11 所示。

功能区设置如图 5-12 所示。将行政教学区放在贯穿南北的轴线两旁，西南侧因有变电站，为减少变电站对校园环境的影响，将运动场及体育馆设置在用地西南侧。

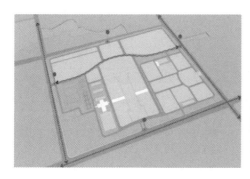

图 5-11　方案一出入口设置

图 5-12　方案一功能区设置

教学组团设计如图 5-13 所示。教学组团形成两条贯穿东西和南北的轴线。教学组团分为公共教学区和院系教学区。公共教学区承担公共课程的教学任务，院系教学区承担院系的教学任务。

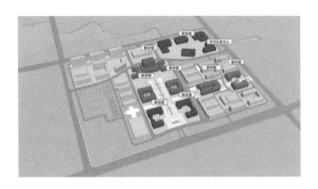

图 5-13 方案一的教学组团布置

（二）方案二

项目基地南侧为城市主干道南湖路，车流量较大，东侧为经四路，车流量次之。基地西南角有一处变电所，东南角 178 亩一期用地已具备建设条件。

结合车流、人流来向，基地南侧适宜作为大学主出入口。考虑到学校整体形象，宜在南侧中段设立出入口，如图 5-14 所示。功能区设置如图 5-15 所示。东南角划分为培训中心教学用地，为校园独立教学区。根据职业技术学院的功能要求，将公共部分布置在中心核心区，分布若干个教学组团围绕核心区辐射排布，如图 5-16 所示。校园内资源共享，可提高学校效能。

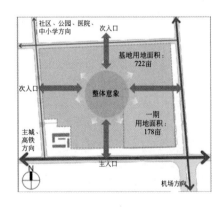

图 5-14 方案二出入口

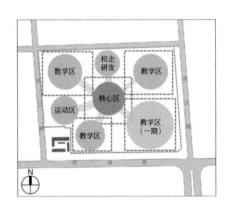

图 5-15 方案二功能区

方案二空间结构简洁，逻辑明晰。与城市的发展交融共生，展现具有现代感科技感的建筑立面。同时方案二存在一些不足，主要体现在：

1. 总平面规划建筑密度不足，结构较为松散，场地利用率不足。

2. 建筑立面使用大量铝板材料，风格现代，但造价高昂，不符合朴素大方的设计理念。

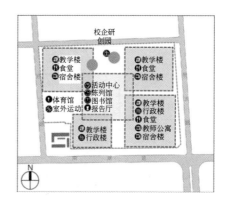

图 5-16　方案二教学组团

3. 教学核心区与学生宿舍区间隔设置主要绿化景区，学生日常使用便利性不佳。

通过方案一与方案二的分析与对比，并向建设单位汇报两套方案的设计理念，经多次会议讨论后，建设单位最终确认方案一为本次项目最终规划方案。

三、培训中心规划方案

建设单位的建设思路是分期建设，第一阶段先建设培训中心，项目用地面积 118700m²，总建筑面积 220318.57m²，地上建筑面积 207757.25m²，地下建筑面积 18213.83m²，容积率 1.73，建筑密度 34%，绿地率 25.1%，机动车位 506 个，非机动车位 3169 个。其中一期建筑面积 100159.45m²，二期建筑面积 120159.12m²，培训中心一期工程建筑面积如表 5-2 所示，培训中心二期工程建筑面积如表 5-3 所示。

培训中心一期工程建设面积统计表　　　　表 5-2

栋号	基底面积 /m²	建筑层数	地上建筑面积 /m²	地下建筑面积 /m²	总建筑面积 /m²
1 号教学楼	2131.61	5	9847.34		9847.34
2 号教学楼	2020.97	5	9680.96		9680.96
1 号宿舍楼	5565.27	6	33457.52		33457.52
2 号宿舍楼	1395.44	8	11521.48		11521.48
3 号宿舍楼	3691.68	6	21825.74		21825.74
1 号食堂 + 风雨操场	4315.73	3	12203.19	1623.22	13826.41
合计建筑面积 /m²			100159.45		

培训中心二期工程建设面积统计表　　　　表 5-3

栋号	基底面积 /m²	建筑层数	地上建筑面积 /m²	地下建筑面积 /m²	总建筑面积 /m²
3 号教学楼	6215.55	5	26164.24	12127.68	38291.92
4 号宿舍	5565.27	6	33457.52		33457.52
5 号宿舍	3691.68	6	21825.74		21825.74
6 号宿舍	1395.44	8	11467.54		11467.54
2 号食堂	2324.88	2	4695.48		4695.48
学术交流中心	2029.14	7	10420.92		10420.92
合计建筑面积 /m²			120159.12		

基于教学的基本理念，从视觉、听觉和交互认知学习等方面，规划设计校园的空间布局和建筑功能配置，使校园成为教学活动的良性循环场所。

基于开放理念，在校园与城市之间建立互动关系，形成资源分享，校园设施有序开放。行政教学区、生活区、学术交流区等三个功能区既相互独立又互相有联系，交通便利。

采用"一心、三轴、多节点"的空间格局。"一心"是指三幢教学楼围合成的行政教学中心。"三轴线"是指一条是贯穿东西，与整体校区串联成一个整体的教学主轴，两条是贯穿南北，将教学楼和生活区串联的次轴。"多节点"是指生活区由一个个小组团组成，形成一个个节点。

在场地交通流线方面，使场地内部道路形成一个相对独立的路网体系，西北侧与二期相连。一期东南两侧靠近市政道路，主入口设置在东侧和南侧。

总规划图注重经济性，土地利用集约化，交通流线规整有序，局部削弱普通校园功能的设置。

四、单体建筑方案

（一）1 号教学楼

1 号教学楼立面图如图 5-17 所示。一层平面图如图 5-18 所示。

采用新中式立面，风格质朴古典，大方朴素。三段式经典美学比例，经典横向与竖向线条的组合，力求简约自然。既是对中国传统文化的继承，又能满足现代审美需求。简约自然的设计手法与中式文化元素互相交融，营造富有诗意的书院氛围。课堂教学空间位于建筑北侧，规避主要人流动线，集体教学空间设置在南侧，办公空间靠近主要出入口，交通流线动静设置合理，清晰有序。

第五章 工程设计

图 5-17 1号教学楼立面图

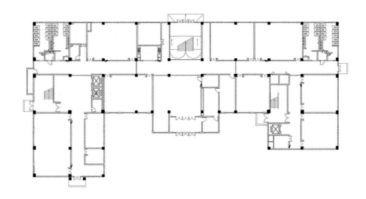

图 5-18 1号教学楼一层平面图

（二）3号宿舍楼

3号宿舍楼立面图如图 5-19 所示。立面秩序井然，采用经典三段式设计，从上至下分为顶部、中段、基座，在段式变换处，使用不同颜色的外立面真石漆和线条修饰，取得良好的视觉比例。宿舍基座部分单独处理，自成一体同时与建筑整体比例协调。中段凸显横向线条，使大面积中段部位显得灵动活泼。

图 5-19 3号宿舍楼立面图

3号宿舍楼平面图如图 5-20 所示。平面空间层次清晰，主要的住宿功能与辅助功能划分明确，交通动线明确且集约。主要出入口对称设计于建筑中部空间，距离各部分建筑功能较近。建筑南侧设置主要住宿功能，采光通风条件优良，北侧及转角处设置建筑辅助功能有卫生间、洗衣房、垃圾集中室、管理室、设备用房。竖向交通一层出口直接通往室外。宿舍单元设置卫浴，采用玻璃隔断分隔空间，洗手台设于进门左手处，干湿分离设计。两栋宿舍共用水管井，检修门朝向主要通道。宿舍一层设置无障碍宿舍与卫生间，人性化设置满足多样化使用需求。阳台空间预留行李箱储存功能，为学生或者教师人群入住提供便利。宿舍采用分体式空调系统，空调外机位置设于阳台搁板，并做隔声处理。

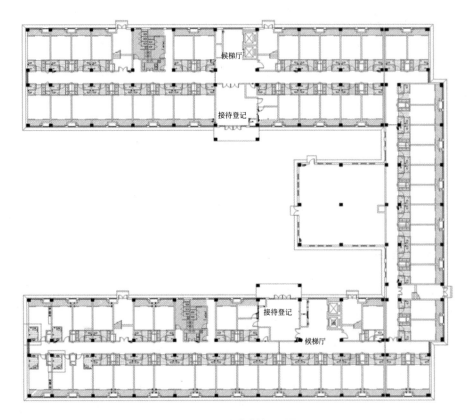

图 5-20　3 号宿舍楼平面图

（三）1号食堂 + 风雨操场

1 号食堂 + 风雨操场的立面如图 5-21 所示。从宏观到细微都选取了中式建筑的特征，运用传统美学法则使现代的材料和结构产生规整、端庄与典雅感，打造新中式校园氛围。运用形体变化，体量穿插咬合，搭配立面线条、入口门厅、顶

第五章　工程设计

部造型等设计，使得建筑整体简洁明快，经典不失细腻灵动。

1号食堂+风雨操场一层平面图见图5-22。平面流线合理，学生用餐流线与食堂员工流线互不干扰。大空间（学生用餐）与辅助空间（后厨，卫生间）设置尺度得当。

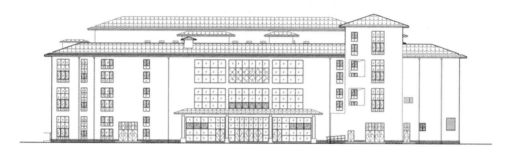

图 5-21　1号食堂+风雨操场立面图

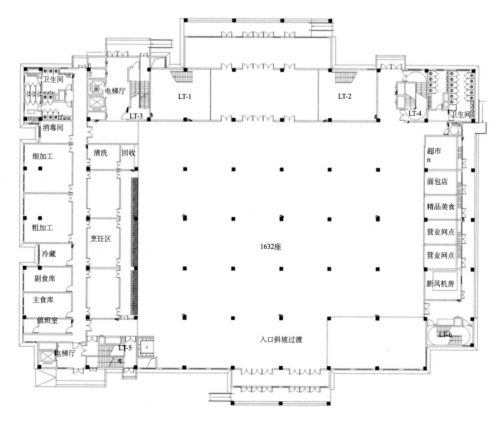

图 5-22　1号食堂+风雨操场一层平面图

171

第三节　施工图设计

施工图设计的主要任务包括：①把设计意图更具体、更确切地表达出来，绘成能据以施工的蓝图。②调整和完善扩初设计中的尺寸，确保尺寸的准确性和实用性。③进一步考虑并确定各部分构造做法，确保建筑结构的合理性和安全性。④解决各工种之间的矛盾，确保各专业之间的协调和配合。⑤深入了解材料供应、施工技术、设备等条件，编制出一套完整的并能据以施工的图纸和文件，把满足工程施工的各项具体要求反映在图纸中，为施工提供详细的指导。

一、人员职责

分工明确是顺利开展施工图设计的条件，根据本项目组织架构，施工图设计阶段设置了全过程工程咨询项目负责人、设计团队项目负责人、各专业负责人和各专业设计人员，以下是各岗位职责内容。

全过程工程咨询项目负责人在施工图设计过程中的职责包括：

1. 牵头组建工程设计团队，并报送公司总工办批准。
2. 组织制订设计工作大纲，与设计团队负责人协商制订总工期。
3. 根据工程进度需要及时调配专业设计人员。
4. 负责协调设计团队与建设方的关系，调解相关争议。
5. 定期向建设单位报告项目设计完成情况。

设计团队项目负责人受设计院领导和全过程工程咨询项目负责人的双重领导，其施工图设计的职责包括：

1. 负责各专业的整体协调和沟通。
2. 负责控制整个项目的设计质量与设计进度。
3. 定期主持设计工作会议，处理和决定整个设计项目的进度，并及时向全过程工程咨询项目负责人汇报。
4. 协助全过程工程咨询项目负责人与建设单位进行沟通，提出专业意见与建议。

各专业负责人的职责包括：

1. 配合项目负责人组织和协调本专业的设计工作，确保设计文件满足规范与合同要求。
2. 制订详细的施工图设计时间节点，并报项目负责人审核。
3. 制订本专业施工图设计统一技术措施。
4. 负责本专业施工图的设计质量，及时发现问题、解决问题，确保施工图设计按照进度计划顺利进行。

5. 与其他专业负责人积极沟通，加强专业配合，减少后期设计图纸的修改及施工中的设计变更。

6. 安排设计人员对设计图纸的自检及校核，同时做好施工图审核工作。

各设计人员的职责包括：

1. 以规范、标准和设计任务书作为施工图设计依据，开展设计工作。

2. 在满足本专业设计规范的前提下，应积极与其他专业相互配合，并应尽可能满足建筑专业需求。

3. 严格按照设计进度安排工作，遇到的技术难点应及时与专业负责人进行协商。

4. 无法按时完成设计工作时，应提前告知专业负责人，避免影响施工图设计进度。

5. 应认真做好施工图自检与校核工作。

二、进度安排

本项目施工图设计及内部装饰设计总工期为60d，设计进度详见表5-4。

施工图设计进度控制计划　　　　　　　　　　　表5-4

单位：d

专业	首轮条件图工期	各专业反提条件工期	第二轮条件图工期	施工图深化设计工期	详图、细部节点设计工期	施工图校审、修改工期	备注
建筑	3		3	40，内装设计同步进行	5	7	施工图分阶段提交造价咨询组进行造价测算
结构	熟悉方案图纸，形成专业设计方案	2	根据首轮建筑条件深化设计方案				
给水排水							
暖通							
电气							

施工图设计工期：60d

三、设计技术措施

（一）统一技术措施

1. 建筑专业

（1）设计依据有规划设计方案、设计任务书、国家标准、地方标准等。

（2）建筑技术指标详见表5-5。

建筑技术指标汇总表 表5-5

规划用地面积	容积率	建筑密度	绿地率	机动车停车位/个	地上非机动车停车位/个
118700m²	1.73	34%	25.1%	413（含10个无障碍车位）	3167

（3）建筑类别与耐火等级详见表5-6。

建筑类别与耐火等级汇总表 表5-6

栋号	建筑层数	建筑高度/m	建筑类别	耐火等级
1号教学楼	5	23.25	多层公共建筑	二级
2号教学楼	5	23.25	多层公共建筑	二级
1号宿舍楼	6	23.86	多层公共建筑	二级
2号宿舍楼	8	31.06	二类高层公共建筑	二级
3号宿舍楼	6	23.86	多层公共建筑	二级
1号食堂+风雨操场	3（地上）	21.50	多层公共建筑	二级
	1（地下）			一级

（4）防水等级：

地下室防水等级为一级，屋面防水等级为一级。

（5）墙体材料：

外墙、楼梯隔墙、卫生间隔墙以及有水房间隔墙为页岩多孔砖墙，其他墙体为蒸压加气混凝土砌块墙体。

（6）门窗工程：

建筑外门窗抗风压性能分级不得低于4级，水密性能分级不得低于3级，隔声性能分级为3级，保温性能不得低于5级，采光性能不低于3级。2号宿舍高层部分外门窗气密性能不得低于7级，1号宿舍、3号宿舍、1号教学楼、2号教学楼、1号食堂+风雨操场外门窗气密性能不得低于6级。

（7）外装修工程：

本工程外装修主要为真石漆或涂料。

（8）太阳能工程：

执行某省公共建筑节能设计标准DB××/5076—2017节能设计要求，本工程设置太阳能热水工程。

（9）隔声设计：

根据《民用建筑隔声设计规范》GB 50118—2010要求，本工程对宿舍、教学楼、风雨操场进行隔声、吸声、减噪设计。

2. 结构专业

（1）设计依据有设计任务书、国家标准、地方标准、岩土工程勘察报告、建筑专业提供的图纸等。

（2）抗震设防烈度为6度，设计地震分组为第一组，场地类别为Ⅱ类。

本工程各栋单体结构技术参数详见表5-7。

单体结构技术参数　　　　　表5-7

栋号	地上层数	地下层数	建筑高度/m	结构体系	抗震等级
1号教学楼	5	0	23.25	框架结构	四级
2号教学楼	5	0	23.25	框架结构	四级
1号宿舍楼	6	0	23.86	框架结构	四级
2号宿舍楼	8	0	31.06	框架结构	三级
3号宿舍楼	6	0	23.86	框架结构	四级
1号食堂+风雨操场	3	1	21.50	框架结构	四级

（3）活荷载标准值：

本工程设计活荷载取值详见表5-8。

活荷载取值汇总表（kN/m²）　　　　表5-8

序号	荷载类别	标准值	序号	荷载类别	标准值
1	办公，会议室	2.0	6	卫生间	8.0
2	普通教室	2.0	7	机房	7.0
3	厨房	4.0	8	阳台	2.5
4	运动场	4.0	9	屋面	2.0/0.5（不上人）
5	楼梯间	3.5	10	走廊	3.5

（4）墙体材料：

本工程所使用内外墙材料详见表5-9。

墙体材料汇总表　　　　表5-9

部位	墙体材料类型	墙体材料密度	墙体材料强度等级	砌筑砂浆类型	砌筑砂浆强度等级
外填充墙	页岩多孔砌块	≤9kN/m³	MU5.0	专用砌筑砂浆	M5.0

续表

部位	墙体材料类型	墙体材料密度	墙体材料强度等级	砌筑砂浆类型	砌筑砂浆强度等级
内填充墙	蒸压粉煤灰加气混凝土砌块	≤7kN/m³	A5.0（B06）	专用砌筑砂浆	M5.0
地面以下与土壤直接接触的墙体	混凝土实心砖	19kN/m³	MU20	水泥砂浆	M10

（5）防水混凝土抗渗等级为 P6 级。

3. 电气专业

（1）设计依据有设计任务书、国家标准、地方标准、建筑专业提供的图纸等。

（2）配电设计主要技术措施：

1）方案及扩初阶段校园容量估算根据当地供电部门有关文件执行，变配电所的数量按相应的规定确定。

2）需考虑设强、弱电竖井，在弱电竖井内设电源插座。弱电系统的线缆在竖井桥架内敷设。

3）各室的用电容量：参照住宅及公共建筑等相关规范。

4）预留有景观照明用电量，具体位置及数量在施工图时协调确定。

5）注意要统一技术措施及设备（如电梯厢、分室箱、宫灯箱、各配电箱）线缆等选型要统一。

（3）照明设计主要技术措施：

1）强电分室箱尽可能放置在门背后或不显眼处，须避开在教室内设置。

2）对蓝光有要求的用房室内选用节能荧光灯，室外公共区域选择 LED 节能型灯具，对蓝光没有明确规范要求的统一选择 LED 节能型灯具，照度等指标满足相关规范要求。公共部位开关优先采用声光控一体式开关。

3）特别是公共部位灯具布置时，注意与梁的关系，须设在几根梁所围的中心位置，注意是否需要吊点及相关设计验算。

4）灯具设计施工说明中需说明施工单位材料选型时需注意灯具碎裂、掉落可能造成的潜在危害及选材建议。

5）公共部位（除电梯厅外）的照明应采用节能自熄开关。

6）对大堂的照明单独设置一回路。电梯厅的照明开关应避开轿厢门边或正面位置，安装于隐蔽处。

7）大堂照明开关统一在门口内右边墙上或侧墙上。底层大堂或电梯厅内原则上不设配电箱等设备。

8）门厅内一般不设电梯警铃，轿厢内采用对讲机与控制中心通话。

9）如项目的外墙设有标识时，应设亮化，以利于夜间识别，电源由路灯引出。

（4）插座设计主要技术措施：

1）教室主墙面（黑板侧）一般设一个插座。教室次墙面（课桌侧）设一个插座，一般在此墙面设教室空调专用插座，讲台处设一插座（教室如设柜式空调，线路采用 $3×4mm^2$ 导线线路）。

2）多人办公室主、次墙面根据办公桌数量设计插座。单人办公室主、次墙面各设两个插座。所有办公室靠近空调板位置侧阴角墙面和会议室内设空调专用插座。

3）食堂插座：在操作台面设置不少于两个插座、一个抽油烟机插座，设置至少一个电冰箱专用插座，具体根据校方食堂经营方要求布置。

4）在卫生间厕位区附近预留一个插座供排风扇用。在洗手盆附近预留一个插座（注意卫生间洗脸台前有可能装镜子）。卫生间插座为防溅型插座。

（5）电话及网络通信设计主要技术措施：

1）教室内应设信息配线箱，设弱电箱时，尽量放置在室门背后、整理间等不显眼处。

2）教室、办公室均设置电话插座，教室内电话插座设置在讲台附近，办公室电话插座设置办公桌附近。

3）整个校园实行 Wi-Fi 全覆盖，室内采用无线 AP 设备，设备采用 POE 交换机供电，可吸顶或墙壁明装。室外无线网络覆盖，采用室外型无线 AP 设备进行覆盖，整个无线网络系统独立组网，配置无线网络控制器（AC），统一管理密码，统一进行上网密码认证管理，可配置防火墙保障网络安全。

4. 给水排水专业

（1）设计依据有设计任务书、国家标准、地方标准、建筑专业提供的图纸等。

（2）给水排水设计主要技术措施：

1）套内卫生间下层是厨房、餐厅、教室等特殊情况，要采取技术措施，原则上卫生间的结构板应下沉，利用下沉空间布置排水管道（蹲便除外），高差不宜大于两级台阶，进深允许适当加大可踏面宽度。

2）给水管若采用暗敷需考虑设计冷热水管道，管材质量中档以上。如给水管用聚丙烯（PPR）。

3）污水排水立管宜采用硬聚氯乙烯消声螺旋管，下部水平出墙管用铸铁管。

4）卫生间应有通风换气措施，考虑空气对流及自动控制措施。

5）室外消火栓和消防水泵接合器的位置在满足消防规范要求的前提下宜照顾到建筑环境的要求。

6）升顶通气管不应设在上人露台中央，所有立管不得遮挡排气洞口，不得影响开窗及其他使用功能。

7）有上下水的洁具及排水立管的布置应尽量避开噪声对办公室的影响。

8）公共部位的消火栓箱布置尽可能暗设，不影响规范要求通道尺寸。

9）水池（箱）进出水管布置不得使池内水流产生短路，一般应设置在水池（箱）的不同侧。

10）水池（箱）通气管、溢水管出口应装设防虫网罩。

11）生活给水系统一般宜采用可调式减压阀，水平安装，空间应便于拆修。

12）贮水池应设有水位指示装置并传至泵房或控制室。

13）室内排出管的水流偏转角不得大于90°，当有大于0.3m的跌落差时，可不受角度的限制。

14）排水立管底层应设检查口，塑料排水立管宜每三层设置，伸顶通气帽可作为检查口。

15）根据规范设置消防系统。

5. 暖通专业

（1）设计依据有设计任务书、国家标准、地方标准、建筑专业提供的图纸等。

（2）暖通设计主要技术措施：

1）教学楼、食堂采用VRV中央空调设计，空调设计包含空调室内外机、冷媒管及冷凝水管等布置。宿舍采用分体空调。

2）空调设计应考虑空调的最佳效果及设备管道对室内的影响。

3）空调室外机搁板的位置及大小、空调室内机的安装位置、冷媒管及冷凝水管的预留管预留洞均须根据空调机选型提交土建专业进行设计，空调室外机搁板的位置务必考虑到空调室外机的尺寸大小及安装方便。

4）空调室内机的安装位置应比室外机安装位置高，空调室外机不应重叠安装。

5）空调室外机若采用百叶或其他材料遮挡，须充分考虑空调室外机的散热问题，空调专业须将空调室外机左右前方遮挡物的设置要求提交土建专业进行设计。

6）设备用房进行机械送排风系统设计。严格按规范及当地消防部门有关规定进行防排烟系统设计。

7）空调专业与其他专业之间的条件图等往来资料均需经项目管理组审核确认。

6. 室外管线综合

（1）设计依据有设计任务书、国家标准、地方标准、建筑专业提供的图纸等。

（2）室外综合管线设计主要技术措施：

1）强电、弱电管单个通道数量多，占据空间大。进行综合管网设计时需加强与代建单位的沟通,尽快确定通道入口,设计时预留通道走向,便于配电房及设备机房等的设计工作推进。

2)要保证种大树的位置最少 1200mm 的宽度。

3)车行道上方不宜设置燃气管道。

4)车行道上,除雨水管外,最好别排其他管线,否则道路上窨井将很多,影响感观。不应排经常要维修和埋深较浅的管线,埋深浅,车会压坏管线。

5)车行道如小于 4m 宽度,尽可能单面排水,路面雨水井可只沿一边设,路面较美观。

6)为防止道路上不能完全排下管线,可考虑污水管设于绿化带中,尽量布置在环形消防道路边上,便于后期维修,雨污水井尽量布置在一侧,另外一侧留给自来水及燃气、强电等布置便于施工组织和验收。

7)要防止进校园门、楼栋大门等主要部位一开门就看到窨井盖,影响美观。

8)图中必须注明且交底时必须给施工单位说明:所有窨井不能设于两种材质之间,施工时要微调于绿化中。当碰到同一位置有多个窨井时,务必使窨井以最美观协调的方式排列布置:如与铺地平行或有规律呈放射状布置,严禁无规律乱铺。当有多个井盖位于同一位置时,井盖排列方式须先经项目管理组确认。

9)要了解各种管线之间的最小间距及各种功能道路宽度。

10)明确草坪中雨污水井盖为混凝土,污水井盖为圆形;雨水井盖为视现场情况确定;所有车行道上的污水井盖均为圆形;楼栋区因车行路为沥青混凝土路面,窨井材料为铸铁井盖盖口带胶圈,防止行车有噪声。

11)所有停车位的雨水口均为铸铁材料,其盖板离路边约 100mm。

12)所有的成排雨污水井盖要成一直线。

7. 内装专业

(1)设计依据有建筑施工图设计文件、消防设计文件、现行国家标准等。

(2)建筑内部装饰防火设计主要技术措施:

1)本工程装饰设计应遵循建筑消防设计图中的防火分区、防烟分区、人员疏散等各项消防设施。

2)本工程执行《建筑内部装修设计防火规范》GB 50222—2017 中对装饰装修材料的相关规定。

(3)建筑内部装饰防水设计主要技术措施:

1)卫生间、浴室的楼地面应设置防水层,墙面、顶棚应设置防潮层,门口应有阻止积水外溢的措施。

2)地面防水层的做法为涂 1.5mm 厚聚氨酯防水涂膜和聚合物水泥砂浆两道防水。

3)墙面、顶棚宜采用防水砂浆、聚合物水泥防水涂料做防潮层。无地下室的地面可采用聚氨酯防水涂料、聚合物乳液防水涂料、水乳型沥青防水涂料和防水卷材做防潮层。

（4）建筑内部装饰分项工程主要技术措施：

1）墙面工程：装饰隔墙除注明外均采用"75（100）系列轻钢龙骨，12+9（12）厚纸面石膏板"轻质隔墙。

2）门窗工程：除图中标明"按装饰设计施工"外，选用门窗规格材料配件详见门窗表。

3）地面工程：地面工程质量应符合《建筑地面工程施工质量验收规范》GB 50209—2010 的要求；卫生间楼地面应按规定的验收标准做基层防水处理。

4）顶面工程：本工程吊顶材料无专门标明时，均采用"60系列轻钢龙骨，双层9.5厚纸面石膏板"。卫生间顶面材料如采用纸面石膏板，特指"耐水纸面石膏板"。

（5）验收时必须进行室内环境污染物浓度检测，其限量应符合表5-10中一类民用建筑工程的规定。

室内环境污染物浓度限值　　　　　　　　　　表5-10

污染物	一类民用建筑工程	二类民用建筑工程
氡/（Bq/m^3）	≤ 200	≤ 400
甲醛/（mg/m^3）	≤ 0.08	≤ 0.1
苯/（mg/m^3）	≤ 0.09	≤ 0.09
氨/（mg/m^3）	≤ 0.2	≤ 0.2
TVOC/（mg/m^3）	≤ 0.5	≤ 0.6

（二）统一制图标准

为提高施工图质量，便于审图及施工人员读图，特制订统一制图标准，详见表5-11。

制图标准　　　　　　　　　　表5-11

设计总说明	图纸说明	图名	图号	图面表达统一
根据单体建筑类型编写总说明，本项目教学楼、宿舍楼、食堂+风雨操场三套总说明	1.设计说明内容、字高应统一。 2.同一类型建筑各专业可根据单体差异调整、补充说明内容，切忌机械拷贝设计说明	图纸命名方式统一	图纸编号方式应统一	同一类型单体建筑图面表达统一。如降板填充图案应一致，以便于读图、校审

四、限额设计

全过程工程咨询团队在编制设计任务书时提出限额设计要求。在此过程中，设计人员与造价咨询人员密切配合，做到技术与经济的统一。设计人员在设计时以造价为出发点，做出方案比较，有利于强化设计人员的工程造价意识并优化设计。造价咨询人员及时进行造价计算，为设计人员提供有关信息和合理建议，达到动态控制投资的目的。

在设计任务书中，全过程工程咨询团队针对教学楼、宿舍楼、食堂+风雨操场设定了建筑工程单方造价指标（不包括装修），设计人员在设计过程中，将造价控制作为一个重要因素来选择细部方案。如选择外立面方案时，设计团队将一体化保温装饰板方案与外墙保温加真石漆方案进行了综合比较。一体化保温装饰板是在工厂预制成型的具有外墙保温功能的板材，由保温材料与装饰材料复合而成，贴挂在建筑的外墙面，具有保温和装饰的功能。保温装饰板不仅实现了涂料成品化、保温成品化，而且最终实现了涂料保温一体化成品化。一体化保温装饰板在产品质量与施工质量上提供了有力的保证，但其价格相对较高。设计人员与造价人员共同讨论，一体化保温装饰板方案的造价比传统外墙保温加真石漆方案的造价高约500万元。经过讨论认为，虽然一体化保温板的外观效果明显优于传统真石漆，但从项目的定位及造价角度考虑，性价比并不高。因此，设计团队在征得代建单位同意后，采用了保温加真石漆作为项目的外立面。

全过程工程咨询团队还针对教学楼、宿舍楼、食堂+风雨操场设定了内装修单方造价指标。造价咨询人员提供各种石材、饰面、隔断等装修材料价格和卫浴设备价格，设计团队与造价咨询人员共同讨论，共同确定装修细节做法，并向代建单位提供装修材料和卫浴等设备品牌，有效地将造价控制在事先确定的范围之内。

全过程工程咨询团队参照了公司多个类似工程造价估算指标，确定了本工程的钢筋与混凝土含量控制指标，见表5-12，使结构设计人员在设计过程中有了明确的控制指标。

钢筋与混凝土控制指标表 表5-12

单位工程	钢筋控制指标/（kg/m²）	混凝土控制指标/（m³/m²）
1号教学楼	56	0.48
2号教学楼	56	0.48
1号宿舍楼	54	0.50
2号宿舍楼	54	0.50
3号宿舍楼	54	0.50

续表

单位工程	钢筋控制指标 /（kg/m²）	混凝土控制指标 /（m³/m²）
1号食堂+风雨操场地上部分	58	0.55
1号食堂+风雨操场地下部分	112	0.90

五、施工图自检、校对与审核

设计团队按照设计院的内部管理要求，在施工图设计完成后要严格进行自检、校对与审核，并以文件形式下发了自检、校对与审核要点。

（一）建筑专业

1. 施工图自检

（1）设计说明的自检要点包括：

1）设计依据是否正确、齐全。使用的设计规范、规程是否适用于本工程，是否为有效版本。

2）所有说明是否合理、通顺、清晰、有无错别字，总说明与图纸说明是否一致。

3）建设地点、用地概貌、建筑等级、设计使用年限、抗震设防烈度、结构类型、建筑布局、建筑面积、建筑层数与高度等工程概况是否准确无误。

4）墙体、屋面、门窗等主要部位的材料与做法是否合理。

5）地下工程防水等级及设防要求、防水卷材或涂料材质及厚度、排水措施是否明确。屋面防水等级及设防要求、选用防水卷材或涂料材质及厚度是否明确无误。

（2）建筑防火设计自检要点包括：防火分区及安全疏散和消防设施及措施是否符合规范，包括墙体、金属承重构件、幕墙、管井、防火门、防火卷帘、消防电梯、消防水池、消防泵房及消防控制中心的设置、构造与防火处理等。

（3）平面图自检要点包括：轴线号及各部分尺寸是否齐全、正确、一致；各构件尺寸及位置（平面尺寸线与定位轴线关系、标高）是否正确、无遗漏；是否标示建设用地范围、道路及建筑红线位置、用地及四邻有关地形、地物、周边市政道路的控制标高。

（4）其他自检要点包括：图纸是否完整、表达准确，其中屋顶平面应包含屋面检修口、天沟、设备基座及变形缝构造、屋面排水设计、落水口构造及雨水管选型等内容。关键部位的节点、大样不能遗漏。

2. 施工图校对

建筑专业图纸相互校对的要点包括：日常垂直交通的楼梯宽度是否按建筑使

用特征满足人流需求,梯段净高是否不小于 2.2m。空间关系复杂或其他需专门表达的部位或节点是否有相应大样或详图。阳台、外廊、回廊、内天井、上人屋面等临空处的栏杆应使用坚固耐久的材料,高度不小于 1.05m。存放食物、药品的房间严禁采用有毒性的涂料、塑料、硅酸钠作为面层材料。安全防火与卫生互相有影响的管道,不应设置在同一管井内。主入口台阶、坡道、电梯是否满足无障碍设计规范。内部装修材料等级满足相关消防规范要求。

与其他专业图纸校对的要点包括:平面布置图中的设备间、管井与其他专业图纸的最终版本应一致。设备预留孔洞位置(强弱电间、空调孔洞)及尺寸是否与其他专业一致。卫生间的洁具布置满足其他专业的设计需求。

3. 施工图审核

节能计算书审核重点包括:节能设计是否严格按照公共建筑节能设计标准进行,在建筑热工、供暖、通风和空气调节方面所采用的措施是否恰当;围护结构的热工性能是否达到标准要求,建筑物体形系数是否超过标准限值;屋面、外墙、非供暖空调房间与供暖空调房间的隔板或楼板的传热系数是否满足标准要求;外窗的窗墙面积比、传热系数、遮阳系数是否正确;供暖空调的设计是否遵循高效率、低能耗、无污染的原则,有无直接用电能供暖的情况。

平面图审核重点包括:窗台低于 0.8m 时应采取防护措施;外窗距地面小于 0.9m 时应设置防护措施;建筑物内洗浴,卫生间功能房间不应布置在餐厅、食品加工贮存、变配电房等卫生和防潮有严格要求的直接上层。

(二)结构专业

1. 施工图自检

(1)设计说明的自检要点包括:设计依据是否正确、齐全;使用的设计规范、规程是否适用于本工程,是否为有效版本;总说明与图纸说明是否一致;材料的品种、规格、密度限值、设计强度值、强度等级是否标示清楚。

(2)平面图自检要点包括:轴线号及各部分尺寸是否齐全、正确,并与建筑图是否一致;各构件尺寸及位置(平面尺寸线与定位轴线关系、标高)是否正确或遗漏;构件编号与详图是否一致,与梁、板、墙、柱、基础表是否一致,与计算书是否一致,有无重复,有无遗漏;引用详图号及剖面号是否与索引位置的标注一致。板的编号、配筋是否与计算书符合,钢筋间距及配筋率是否符合规定。

(3)梁、板、柱、墙配筋图及详图自检的要点包括:编号、位置(与定位轴线关系)、标高与平面图是否一致;构件尺寸、配筋、材料规格等级与计算书是否一致;构造配筋是否符合规定,是否方便施工;集中荷载的附加横向钢筋(附加箍筋,吊筋)是否配够;悬臂梁主筋锚固长度是否够;抗扭梁的腰筋及抗扭箍筋是否配够；悬臂构件各截面承载力是否满足要求；构造做法是否明确；钢筋、箍筋间距及配筋率是否符合规范；梁主筋多排配置是否分别标示；梁面或板面标高不同时，钢筋位置是否交代清楚。

2. 施工图校对

结构专业图纸相互校对的要点包括：是否正确使用岩土工程勘察报告所提供的岩土参数，是否正确采用岩土工程勘察报告对基础形式、地基处理、防腐蚀措施（地下水有腐蚀性时）等提出的建议并采取了相应措施；空间关系复杂或其他需专门表达的部位或节点是否有相应大样或详图；屋面或楼面水池，其防渗要求、施工缝位置及施工要求是否注明；梯井处设有防火墙的部位梯板是否做专门处理；后浇带宽度、位置是否合理。

基础平面图是否注明：地基概况、持力层名称和位置、承载力标准值、基底标高、地基处理措施、对施工的有关要求、沉降观测的测点布置及埋置详图等。

与其他专业图纸校对的要点包括：平面布置图中所有线条、空调板、雨棚板等是否与最终建筑图一致；预留洞位置及尺寸与有关专业是否会签一致；洞口加强措施是否合理；楼面局部标高变化是否标示清楚，是否与建筑施工图相符；楼梯、通道两侧的竖向构件之间的净空尺寸是否与建筑图的要求相符；梯梁下的净空尺寸是否与建筑图的要求相符；设备间的净空、荷载等是否符合相关专业要求。

3. 施工图审核

计算书审核重点包括：抗震设防烈度、设计基本地震加速度和所属设计地震分组、结构抗震等级、场地类别、特征周期、结构类型、底部加强区高度、楼面荷载、基本风压、特殊部位荷载值等是否注明并符合规范要求；是否与计算书及地勘报告一致；计算书内容是否完整。

主体结构计算书审核重点包括：输入的结构总体计算总信息、周期、振型、地震作用、位移、结构平面简图、荷载平面简图、配筋平面简图等，基础计算，水池计算，楼梯计算等；荷载取值是否准确；计算假定是否与实际情况相符；结构选型及结构布置是否经济合理；结构计算总信息参数输入是否正确，自振周期、振型、层侧向刚度比、楼层地震剪力系数、有效质量系数、嵌固层相关范围刚度比、底层刚度比等是否在工程设计的正常范围内并符合规范要求；层间弹性位移（含最大位移与平均位移之比）、弹塑性变形验算时的弹塑性层间位移、墙与柱的轴压比、柱有效计算长度系数等是否符合规范规定。地下室顶板和外墙计算，采用的计算简图和荷载取值（包括地下室外墙的地下水压力及地面荷载等）是否符合实际情况，计算方法是否正确。需考虑地下水位对地下建筑影响的工程，设计及计算所采用的防水设计水位和抗浮设计水位，是否符合《岩土工程勘察报告》所提水位；基础设计除抗弯计算外，是否进行了抗冲切及抗剪切验算以及必要时的局部受压验算；进行时程分析时，岩土工程勘察报告或场地安评报告是否提供了相关资料，地震波和加速度有效峰值等计算参数取值是否正确。

平面图审核重点包括：剪力墙厚度是否满足规范关于稳定性计算要求。剪力墙和框支剪力墙底部加强部位的确定是否符合规范、规程的规定；配筋构造是否与计算简图一致；应尽量避免在端开间设置"一"字形剪力墙；梁、柱、墙配筋方式是否合理，需加强的部位是否进行了加强；重要部位是否满足了构造要求及计算要求。

（三）给水排水专业

1. 施工图自检

设计说明自检要点包括：工程概况是否完整，与建筑专业是否一致；设计依据是否正确、齐全，使用的设计规范、规程，是否适用于本工程；必要的注意事项是否标明。

设计图纸自检要点包括：设计图纸、内容是否齐全，是否存在设计漏项；室外给水消防总图中，管道、室外消火栓、水泵接合器的布置是否符合规范要求；消防给水是否存在防回流污染；消防水池容积、消防用水量计算与计算书是否一致；有无重复、有无遗漏；消火栓布置是否存在保护不足之处，阀门设置是否正确；喷淋系统危险等级是否符合规范要求，喷头布置是否符合规定；灭火器的危险等级是否符合规范要求，布置是否有保护不足之处；给水系统是否充分利用市政水压；管道是否存在回流污染；排水管道布置是否符合规范要求；是否有穿越厨房上方。

2. 施工图校对

各系统的管材选择是否妥当；连接方式是否正确；阀门选择是否合理；管道的试验压力是否正确；管道标高是否标注；管道敷设是否合理；排水汇合管道排出是否正确；通气管道是否按规范设置。

与其他专业图纸校对的要点包括：平面布置图中所有设备基础位置、高度等与最终建筑、结构图纸是否一致；预留洞位置及尺寸是否与有关专业会签并一致；消防水池位置、尺寸等是否与建筑、结构图纸相符；消防水箱位置、尺寸等是否与建筑、结构图纸相符；给水排水设备用电需求是否与电气图纸相符；给水排水有通风要求的房间是否与暖通图纸相符，暖通专业需要排水的点位；是否与本专业图纸排水点位衔接。

3. 施工图审核

计算书审核重点包括：计算书内容是否完整；给水用水量定额取值是否准确；消防用水量计算是否准确。

设计图纸审核重点包括：图例、设备材料表、系统原理图、总平面图、各层平面图、大样图等是否完整；给水系统是否合理；是否充分利用市政水压；分区是否合理；消防系统设置是否合理；消火栓、喷头布置是否满足规范要求；各机房详图设计深度是否满足设计深度。

（四）暖通专业

1. 施工图自检

设计依据是否正确，是否适用于本工程。说明是否合理；是否均为本项目内容。

图纸自检要点包括：设计范围是否明确，设计内容是否存在设计漏项；设计图纸是否清楚表达了冷热源系统、水系统、各功能区域空调形式、通风系统、防排烟系统，以及自控系统和节能措施等内容；图纸表达是否清晰、完整、正确；平面图、系统图、大样图的表达内容是否一致；计量方式是否符合当地主管部门的要求，计量划分是否合理；计量选型是否满足项目需求；系统容量配置、设备选型、材料选用、机房及管线布置是否符合经济合理、先进适用的原则；水管、风管是否明确材质、厚度、连接方式以及保温防腐，设备安装是否采取隔振、消声措施。

2. 施工图校对

各系统的管材选择是否妥当；连接方式是否正确；阀门选择是否合理；管道的试验压力是否正确；管道标高是否标注；管道敷设是否合理；排水汇合管道排出是否正确；通气管道是否按规范设置。

与其他专业图纸校对的要点包括：平面布置图中所有设备基础位置、高度等与最终建筑、结构图纸是否一致；预留洞位置及尺寸与有关专业是否会签并一致；暖通设备用电需求是否与电气图纸相符；有通风要求的给水排水房间是否与暖通图纸相符，暖通专业需要排水的点位，是否与本专业图纸排水点位衔接。

3. 施工图审核

计算书审核重点包括：计算书内容是否完整；冷热负荷计算是否准确；换气次数选择是否满足规范要求；机械防烟风量计算是否准确等。

设计图纸审核重点包括：施工图内容如设计说明、设备材料表、系统原理图、总平面图、各层平面图、大样图等是否完整；系统设置是否合理；主要材料设备选型是否合理；各机房详图设计深度是否满足设计深度。

（五）电气专业

1. 施工图自检

所有说明是否合理、通顺、清晰；总说明与图纸说明是否一致；与相关专业或设计时期的技术接口要求是否明确；是否包含施工单位深化设计图纸的审核要求。

平面图自检要点包括：轴线号及各部分尺寸是否齐全、正确；与建筑图是否一致；平面图中箱体编号与系统图所示是否一致；平面图中桥架走向是否为最优路线；水泵、空调机、新风机、各类风机等设备电源出线口及各种阀门的出线口的具体位置与相关设备专业图纸是否一致；各电气设备房位置及大小能否满足使用及规范要求。

系统图自检要点包括：系统图中箱体编号与平面图是否一致；系统图中所引用图集号及图集页数是否准确；电气设备选型及其技术要求、电缆、电线选型是否合理；低压柜总出线开关的数据是否完整；SPD 数据是否正确；保护电器的配置是否正确；保护开关上下级的配合是否正确。

2. 施工图校对

电气专业图纸互相校对的要点包括：总体配电的接地形式是否正确；供电半径、末端用电设备的电压偏差、系统的接地方式及电气设备选用的耐受电压是否正确；系统接线是否正确；主要设备的名称、型号或规格、数量是否正确；对主电脑机房及消防中心等是否按照防静电接地系统 > $100mm^2$ 绝缘屏蔽电缆设置接地主干线；避雷网格的间距是否正确；分配电箱的布置及供电半径是否合理。

与其他专业图纸校对的要点包括：消防设备和其他主要用电设备的名称、用电量、供电要求及数量是否正确；消防系统的控制要求，如消防系统的状况监测、设备启停方式等是否正确；消火栓、报警阀、水流指示器、信号阀的数量及位置是否正确；空调系统的设备位置、用电量、电压、控制方式是否正确；防排烟系统的设备位置、用电量、电压、控制方式是否正确；通风系统的设备位置、用电量、电压、控制方式是否正确；主要风管、给水排水管道、消防给水管道等敷设路线与电气专业是否存在冲突；电气桥架上下层穿越时是否避开了结构梁；接地形式是否正确；地下变配电所的防淹、防潮、排水措施是否恰当；房间内的电气设备的运输、安装条件是否合理；相关门的位置、开启方向及数量是否符合规范。

3. 施工图审核

计算书审核重点包括：设计采用的标准、规范、规程设计参数如负荷容量、需要系数、负荷的功率因数等是否恰当；断路器整定及其与配电线路之间的配合是否正确；主要房间的照明功率密度是否正确；建筑防雷类别及电子信息系统雷电防护品级是否明确。

平面图及系统图审核重点包括：主要房间的照明设计标准（照度、UGR、显色指数）是否满足要求；主要设备的安装方式、高度是否正确；选用的开关、热继电器、熔断器的整定值是否符合要求；火灾自动报警系统主要设备的名称、型号或规格、数量是否正确；配线、保护管的选择是否正确；避雷引下线的位置、间距是否正确；照明节能控制是否正确；应急照明的供电方式是否正确；疏散指示灯的间距、位置是否正确；消防配电线缆的选型及其敷设方式是否正确。

六、设计成果评价

（一）建筑专业施工图设计评价

本工程各幢建筑面积与规划方案中的面积基本一致，各幢单体主要技术指标表 5-13 所示。

施工图设计的各幢单体主要技术指标　　表 5-13

建筑	地下建筑面积 /m²	地上建筑面积 /m²	保温层面积 /m²	计容建筑面积 /m²	建筑占地面积 /m²	层数	高度 /m
总计	1623.22	97525.25	510.03	98035.28	19122.48		
1 号教学楼		9774.82	65.59	9840.41	2131.61	5	23.25
2 号教学楼		9665.64	69.52	9735.16	2020.97	5	23.25
1 号宿舍楼		32859.28	143.46	33002.74	5566.79	6	23.859
2 号宿舍楼		11534.15	50.21	11584.36	1389.90	8	31.058
3 号宿舍楼		21545.84	92.93	21638.77	3689.79	6	23.859
食堂 + 风雨操场	1623.22	12145.52	88.32	12233.84	4323.42	3	21.5

施工图设计指导思想：整体协调、统筹规划；合理安排，科学布局；以人为本，生态优先；营造特色，追求个性。校园整体分为行政教学区、生活区、学术交流区。行政教学区位于中轴线区域，1 号、2 号教学楼并列设置，形成礼仪性入口。宿舍与食堂分布于主入口两侧，形成两个相对独立的教学生活组团。1 号食堂 + 风雨操场组合设置。学术交流位于西北侧，方便对外联系又保证内部使用便利。

教学楼单体功能包括教室、教师办公室、卫生间、设备机房、教师休息室、休闲空间、阅览室。

食堂单体功能包括厨房及附属功能、卫生间、公共就餐区，三层为风雨操场。

宿舍单体功能包括学生宿舍、教师宿舍、公共洗漱、宿舍管理、热水机房。学术交流单体功能包括客房、餐厅以及会议辅助空间。

1. 平面布局

考虑到校园教学与生活需要大规模的人流集散空间，在教学楼、宿舍、食堂等建筑主入口部分都考虑设置相关功能。主要教学空间（普通教室，阶梯教室）设置避开人流动线，将噪声影响降至最低，保证教学工作的便利性。教职工办公空间设置于校园次出入口附近，与学生上课人流错开，避免产生流线交叉。宿舍辅助功能（卫生间，茶水间，垃圾回收，洗衣房）设置于建筑中段部分，降低各个房间使用的距离，与无障碍宿舍相近，做到人性化考量。食堂后场全部位于建筑西侧，设置单独出入口，食堂职工上下班流线不干扰学生正常用餐。出入口附近设置洗碗洗手池，便于学生使用。东侧设置对外开放门面，增加理发、超市、快递等便民设施，丰富校园生活。

不足之处在于竖向交通空间设置欠合理，教学楼中电梯布置远离人流主要活动流线，比较隐蔽，缺少直观导向，需要后期增设导示牌指引。宿舍热水机房紧邻主要走廊，布局欠合理。食堂主入口处的楼梯坡度过大，使用不方便。

2. 立面设计

校园建筑因为内在使用需求，立面设计需要谨遵功能原则与经济原则，不做无谓的变化，也杜绝多余的装饰，达成简约大气的建筑形象。建筑物统一采用坡屋顶，形成整体的均衡，同时在结构合理的情形下，区分教学、宿舍、食堂的体量。形成高度的错落与前进后退关系，丰富沿街的轮廓线，提供内部空间在尺度上的差异性，也同时提升了城市形象。外墙大多采用涂料，颜色以暖色调米白色为主，局部用深色提亮和凸显，采用浅色金属遮阳构件，局部采用玻璃幕墙，形成视觉焦点。

3. 设计变更统计

本项目施工过程中建筑专业共出具设计变更单 10 份。建筑专业变更单汇总如表 5-14 所示。

建筑专业变更单汇总表 表 5-14

变更原因	变更单总数量	甲方原因变更	施工原因变更	设计本身原因变更		设备供应商原因变更
				专业内变更	其他专业引起变更	
变更数量	10	3	1	2	2	2
百分比	100%	30%	10%	20%	20%	20%

（二）结构专业施工图设计评价

项目所在地抗震设防烈度为 6 度，结合《建筑抗震设计标准》GB/T 50011—2010 相关条文规定，本项目采用框架结构体系，平面柱网规则、尺度适中，平面凹凸尺度均在规范允许范围内，仅食堂+风雨操场顶层收柱子形成 24m 跨度大空间。建筑单体立面规则，无较大收进。仅 2 号宿舍楼高度超 24m（31.06m），其余单体均未超 24m。各单体建筑所采用结构体系及基础形式如表 5-15 所示。

结构单体信息汇总表　　　　　表 5-15

单体	地上层数	地下层数	建筑高度 / m	主要柱网 / mm×mm	结构体系	基础形式
1 号教学楼	5	0	23.25	7800×8400	框架结构	独立基础
2 号教学楼	5	0	23.25	7800×8400	框架结构	独立基础
1 号宿舍楼	6	0	23.86	7800×7900	框架结构	独立基础
2 号宿舍楼	8	0	31.06	7800×7800	框架结构	独立基础
3 号宿舍楼	6	0	23.86	7800×7900	框架结构	独立基础
食堂+风雨操场	3	1	21.50	8400×8400	框架结构	独立基础

1. 构件设计合理性方面

本项目仅 2 号宿舍楼为小高层建筑，其余单体均为多层建筑。结合平面柱网尺寸、层高、建筑总高度等指标，本项目采用框架结构体系，按经验指标，框架梁的高跨比约为 1/12、次梁的高跨比约为 1/15 是合理的。

本项目框架柱主要截面尺寸为（mm×mm）：600×600、600×800、800×900。平面柱网尺寸为（mm×mm）：8400×8400、7800×7800。1 号、2 号、3 号宿舍楼层高 3.6m，1 号、2 号教学楼层高 4.2m，1 号食堂+风雨操场的层高 5.4m。结合平面柱网尺寸、层高、建筑总高度等指标，框架柱截面尺寸选取合理。

1 号食堂+风雨操场屋面 24m 跨预应力梁下的框架柱截面 800mm×800mm，预应力大梁截面 500mm×1600mm，如图 5-23 所示。沿预应力大梁跨度方向柱边配筋为 11 根 ϕ32 钢筋，预应力梁梁宽 500mm，梁底普通钢筋为 16 根 ϕ25 钢筋，梁顶支座处为 12 根 ϕ25 钢筋。框架柱、预应力框架梁配筋较大，造成节点区钢筋较密，施工困难偏大。

2. 设计变更原因与分类

本项目结构专业共出具设计变更单 24 份，如表 5-16 所示。

结构专业设计变更汇总表　　　　　表 5-16

变更原因	设计变更数量	甲方原因变更	施工原因变更	设计本身原因变更		设备供应商原因变更
				专业内变更	其他专业引起变更	
变更数量	24	5	5	10	2	2
百分比	100%	21%	21%	42%	8%	8%

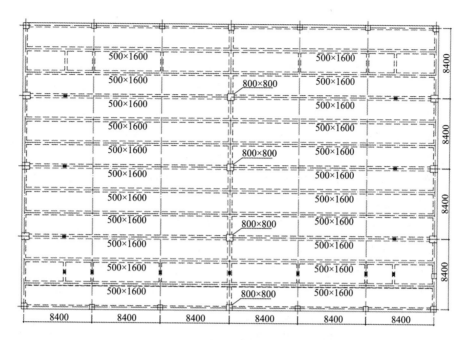

图 5-23　1 号食堂＋风雨操场屋面预应力梁布置图

（三）设备专业

1. 热水供应系统方案

因本项目的热水瞬时需求量较大，热水供水点较多，且用水点有各自的特点，例如，宿舍热水使用热水时间点比较集中，且每天用水时间点比较固定，食堂热水使用时间一般与宿舍使用热水时间不同，热水系统方案选用时进行了合理性对比，具体如下。

（1）热源的选择：太阳能为规范强制要求，考虑辅助热源时，从供水的安全性、稳定性、经济性综合考虑，选择燃气作为辅助热源。

（2）热水系统有两种布置方案：一是单栋集中供热，单独设置热水机房，独立设置辅热；二是全部集中供热，共同集中设置一个热水机房，集中设置辅热。

采用方案一的优缺点分析如下。

优点：室外管道用量较省；辅助热源热损失较少；每栋热水使用相对独立，互相影响较小。

缺点：机房靠近人员密集建筑，当辅助热源为燃气时，有一定安全风险；总的辅助加热设备及相应供水配件数量较多。

采用方案二的优缺点分析如下。

优点：根据热水使用情况分析，考虑错峰用水因素，合理选取参数，可以节省燃气热水炉的总数量，节省辅助换热水泵及相应配件的数量；减小每栋楼的热水机房面积；降低了人员密集场所使用燃气热水炉的风险性。

缺点：室外总的换热管道数量增加；室外换热管道热损失比独立设置时大；辅助热源机房需要考虑合适位置，在非人员聚集处，此机房面积会增加。

结论：从使用安全性考虑，应避免人员密集场所设置燃气热水炉，从经济性分析，集中设置辅助热源加热机房，虽然增加室外管道投资，但是总体节省了机房及燃气热水炉等加热设备，总体来说，节省了造价。

因此，本项目热水系统采用方案二，即太阳能＋燃气辅热的全部集中供热方式。

2. 宿舍排水系统方案

卫生间区域整体降板，宿舍排水管道方案采用每间宿舍设置两根立管，一根立管设置在蹲便器处，另一根立管设置在管井内。

缺点分析：在较小的空间内，分两根立管敷设，管道用量较多，同时会造成底层出户管道设置过多，室外污水检查井数量设置过多，影响室外美观。

3. 管材选择

室内冷、热给水管均采用PSP电磁热熔钢塑复合管，其相对于PPR管使用耐久性更长，性能更优。

根据《建筑给水排水设计标准》GB 50015—2019，2号宿舍为小高层建筑，给水立管及热水立管不可使用PPR塑料管（横管可以用PPR管），热水设备机房内所有管道不可使用PPR塑料管。出于经济性考虑，其余均采用PPR管。

教学楼（1号、2号）、宿舍楼（1号、2号、3号）、1号食堂＋风雨操场室内图纸设计排水管为HDPE三层复合静音沟槽式高密度聚乙烯排水管，相对于PVC管使用耐久性更长，性能更优，噪声小。

4. 设计变更汇总

设备专业共出具设计变更单16份，详见表5-17。

设备专业变更单汇总表   表5-17

专业	项目	设计变更数量	甲方原因变更	施工原因变更	设计本身原因变更		设备供应商原因变更
					专业内变更	其他专业引起变更	
电气专业	份数	16	3	0	1	11	1
	百分比	100%	19%	0	6%	69%	6%
给水排水专业	份数	4	3	0	0	1	0
	百分比	100%	67%	0	0	3%	0
暖通专业	份数	1	1	0	0	0	0
	百分比	100%	100%	0	0	0	0

(四)室内装饰

1. 设计风格

现代简约风格空间色彩清雅,装饰用材种类少,采用系统集成的施工方法,成本较低,施工快捷,基本实现零甲醛。

2. 设计方案

(1)宿舍楼

宿舍门厅以白色为主搭配木纹,通透明亮,营造出宁静平和的自然氛围,墙面电子显示屏,不仅可以作为对外发布信息的窗口,也可以作为展示学校文化的平台,如图5-24所示。电梯厅空间采用卡其色和白色搭配,色调清新淡雅,塑造现代、简洁的空间感。公共卫生间以灰色作为主色调辅以淡雅的白色,使空间简洁清爽,墙面地面均采用哑光地砖铺设,经济美观,便于保洁。宿舍内部采用白色配木纹,延续了大厅的风格,简洁明快、严谨有度,如图5-25所示。

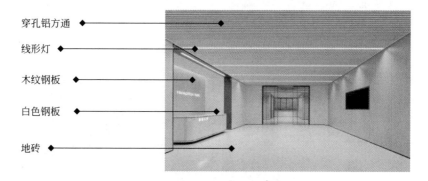

图 5-24 宿舍楼门厅效果图

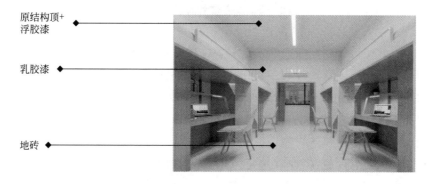

图 5-25 宿舍房间内部效果图

(2)教学楼

挑高 2 层的教学楼门厅以白色为主点缀木纹及色彩，顶面采用线形光源，发光均匀柔和，使室内空间更具科技感，如图 5-26 所示。

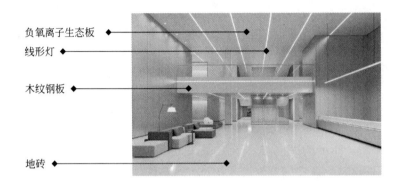

图 5-26　教学楼门厅效果图

教学楼电梯厅采用白色调风格给人以平静、理性的印象，点缀色彩区分的楼层，线形光源的使用令空间观感规整、统一且更具未来感，如图 5-27 所示。

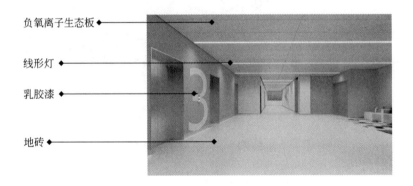

图 5-27　教学楼电梯厅效果图

教学楼教室白色调纯净，使人安静，颜色鲜明，更具国际化，收纳柜整洁理性，同时也增强了区域划分的协调性，如图 5-28 所示。

教学楼公共卫生间采用通透的白色空间加上灯带的点缀，使得空间更加通透、简洁轻快。

(3)食堂 + 风雨操场

为了营造良好的就餐氛围，将加工及出菜口位于西侧，大面积的临窗位置留给食堂，使食堂整洁、宽敞、明亮。顶面使用米色铝方通，桌椅采用白色搭配新

图 5-28　教室内部效果图

绿色，墙面淡雅的绿色加木纹，冷暖色增加色彩对比，使学生在就餐的同时感受绿意盎然，健康向上的校园文化，如图 5-29 所示。

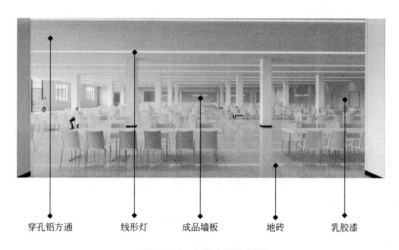

图 5-29　食堂内部效果图

色彩分明的篮球场使得空间更加具有运动气息，块面分明的色彩区分，使空间更具节奏感，如图 5-30、图 5-31 所示。

（五）设计成果总体评价

1. 建筑专业

（1）校园总平面规划设计整体协调，统筹考虑了航空职业技术学院培训中心与学历教育区之间的关系。强调了学校空间发展的整体性，使得培训中心的建筑布置既相对独立，又与整个校区发展相协调，促进当地教育事业整体发展。

（2）考虑地块周边气候、水文、日照等自然条件，科学分析校园各个功能区

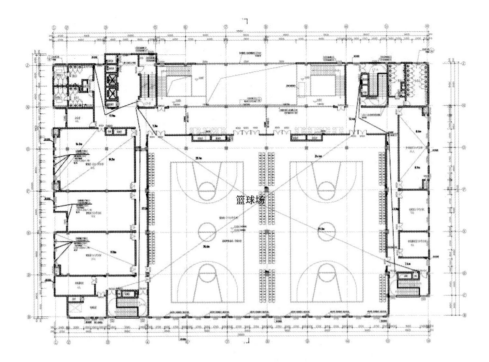

图 5-30 食堂 + 风雨操场三层平面图

图 5-31 1 号食堂 + 风雨操场三层效果图

之间的流线关系，项目完工后可以保持高效、流畅和活力。

（3）坚持以人为本的设计理念，营造顺畅的工作学习空间。建筑单体设计各具特色，建筑群落统一又彰显各自特质。

（4）谨守功能法则与经济立场，在造价合适的前提下，打造现代简约的教育建筑形象。

2. 结构专业

（1）基础选型合理

采用独立基础形式，节约造价、节省工期。

（2）满足建筑需求

构件截面选择较合理、经济。公共区域梁高能够最大限度地满足建筑净高要求，使得建筑在空间使用功能上较舒适。

（3）大跨度空间结构方案合理

1号食堂＋风雨操场屋面 25m 大跨度空间可采用预应力混凝土结构或钢结构屋面。

采用钢结构后期维护成本较预应力混凝土结构高。且跨度在 30m 内采用预应力混凝土结构工程经验成熟，本工程 25m 大跨度空间采用预应力混凝土梁设计合理，能够满足建筑大空间净高要求。

3. 设备专业

（1）总平面布置图的排水方案合理

能够结合场地竖向，周边市政接口，制订总体排水方案。排水方案能够满足地块内雨污分流，通过雨水系统组织，部分雨水能够进入雨水收集回用系统，用于绿化浇灌、道路冲洗。能够根据地块内建筑性质，合理选用设计重现期。

（2）总体供电方案合理

供电方案能够符合当地供电部门规定。开闭所、变电所的平面布置合理，变电所负荷及变压器计算符合项目要求，保证各变压器负荷平衡。

（3）暖通防排烟方案合理

设计满足公共建筑节能设计标准和当地节能规范要求。设备选型合理，风管选用扁平式风管。

（4）单体给水排水方案合理

能够供水充分利用市政水压供水，选用节水型洁具，根据用水部位设置水表计量。室外绿化灌溉利用雨水回用水浇灌，并利用微灌滴灌等技术。

消防采用区域消防给水系统，消防水池、泵房设置位置合理，并能够充分考虑培训中心二期的建筑预留。

第六章 工程监理

现行法规和监理规范规定了监理单位应承担三控两管一协调一履行的职责。但是这些法律与规范尚未考虑全过程工程咨询模式。当工程监理、项目管理或造价咨询为同一单位完成相关咨询业务时,此三者的部分职责存在交叉重叠。为了避免全过程工程咨询团队项目管理组、造价咨询组和工程监理组三个部门职责交叉,本项目将工程监理组的主要职责定位于现场的质量监理与安全管理工作。建设工程监理规范所规定的其他职责由项目管理组和造价咨询组承担。

第一节 质量控制

一、质量控制的原则

除了监理规范所制订的监理工作原则之外,在开展监理工作之前,项目总监带领全体监理人员深入讨论了本项目质量控制工作的使命感、责任感,并制订了深入每个监理人员内心深处的以下质量控制原则。

1. 质量合格是我们牢不可破的底线,突破底线是我们每个监理人员的耻辱。
2. 质量控制,事必躬亲,责无旁贷。
3. 检验批验收是质量控制的最小单元,不合格决不罢休。绝不搞下不为例或人情验收。
4. 质量验收的依据是设计文件与图集、施工验收规范,没有其他任何变通。
5. 质量验收时,先进行目测,然后在质量观感相对较差的部位使用仪器进行量测。
6. 样板先行,搞好预控。
7. 加强巡视,在各项验收之前把问题解决掉。

二、质量控制方法

质量控制的方法有:审查、巡视、复核、旁站、见证取样、平行检验、验收、监理通知、会议、样板示范、质量问题微信群。本工程的质量监理工作的成果统计见表6-1。

质量控制的监理方法及成果统计　　　　表 6-1

监理方法	具体操作	工作成果
审查	由项目管理组与监理组共同审查两家总包单位提交的施工组织设计,先各自审阅,然后组织审查会议,施工单位按审查意见修改再报审	审查施工组织设计两份,提出修改意见 20 多条,施工单位修改后再次报审,审查通过
	对一些重要的或有难度的分项分部工程审查施工单位编制的施工方案。一般情况下总监理工程师组织专业监理工程师审查,技术特别复杂时,组织专家进行审查	审查施工方案 39 份;审查危大工程专项施工方案 5 份;超过一定规模的危大工程施工方案 2 个,分别是高支模和深基坑,提出修改意见 20 条,经修改后审查通过
	审查质量管理体系和关键技术岗位的人员资格和特种作业人员资格	审查两个总包单位的质量管理体系。分阶段审查总包单位、分包单位的关键技术岗位的人员资格和特种作业人员资格合计 20 次
	审查分包单位资格	共审查防水施工、空调安装、电梯安装、太阳能热水系统、真石漆施工、厨具安装、供配电安装、消防工程、装修施工、室外工程、景观施工等 11 家分包单位的施工资格与能力
	审查施工实验室的资质条件	审查了施工实验室、环境检测、防雷检测、消防检测等四家试验检测单位;核查其营业执照、资质证书以及实验试验人员资格证书、检测设备及其计量证书等,并实地考察实验室的试验检测过程
复核	用自有的仪器在不同阶段复核坐标控制点、标高控制点、结构构成轴线及标高	1. 在开工前采用 GPS 测量设备,复核建设单位提供的 3 个控制基准点,引入场区建立控制网后,复核其坐标、高程。 2. 基础阶段用全站仪复核每幢建筑物定位、基础梁轴线,复核开挖边线。 3. 抽查垫层标高、核查基础放线成果。 4. 每幢主体结构每施工一层,均复核主要轴线及楼面标高,为避免误差累积,每次都从场地内原始控制点进行复核
见证	对工程材料构配件设备按工程建设标准和验收规范进行现场取样复验	1. 针对一标段:1 号教学楼现场见证取样复验 116 次,2 号教学楼见证取样复验 95 次,1 号食堂楼见证取样复验 132 次,2 号宿舍楼见证取样复验 124 次,3 号宿舍楼见证取样 192 次。 2. 针对二标段:1 号宿舍楼见证取样复验 24 次
	对涉及建设工程结构安全、工程质量验收的试块进行见证送样检测	1 号教学楼现场试块见证送检 60 次,2 号教学楼 54 次; 1 号食堂楼:164 组,83 次; 1 号宿舍楼:112 次; 2 号宿舍楼:70 次; 3 号宿舍楼:112 次

续表

监理方法	具体操作	工作成果
见证	对涉及建设工程结构安全和工程质量验收的施工工艺、现场检测和使用功能的现场检测,进行见证工作	对以下现场检测进行了见证:地基承载力检测、植筋拉拔试验、混凝土强度回弹、钢筋保护层厚度检测、室内环境检测、通球试验、接地与绝缘电阻试验、屋面淋水试验、外窗三性试验等,累计138次
平行检验	对施工质量和使用功能进行抽查或试验	按施工单位的检测数量30%的比例进行检查或检测
巡视	对施工过程中的所有施工现场进行检查,对巡视所发现问题及时进行处理并作专项记录	项目从2020年4月进场,至2022年2月完工,历经近2年时间,现场配备监理7人,每人每天2次以上
验收	对进场的原材料、构配件和设备进行验收	原材料进行验收建筑结构材料385次;给水排水15次;通风3次;电气25次;节能6次;太阳能设备6次;电梯4次
	对6个单位建筑的分部分项工程的检验批进行现场质量验收	1号教学楼:检验批质量验收共388次,重复验收120次。 2号教学楼:检验批质量验收共388次,重复验收108次。 1号宿舍楼:检验批质量验收共498次,重复验收150次。 2号宿舍楼:检验批质量验收共498次,重复验收180次。 3号宿舍楼:检验批质量验收共498次,重复验收210次。 1号食堂楼:检验批质量验收共355次,重复验收140次。 电梯:设备进场验收3次;土建交接3次;驱动主机验收3次;导轨、轿厢、对重验收各3次;悬挂、随行电缆、补偿装置验收各3次;门系统、安全部件、电气装置、整机各3次
	对6个单位工程的所有分项工程进行验收	1号教学楼:分项工程质量验收共87次。 2号教学楼:分项工程质量验收共87次。 1号宿舍楼:分项工程质量验收共90次。 2号宿舍楼:分项工程质量验收共90次。 3号宿舍楼:分项工程质量验收共90次。 1号食堂楼:分项工程质量验收共99次
	对6个单位工程除建筑智能外的9个分部工程共计54个分部分别组织专项验收。 对6个单位工程分别进行质量预验收	本工程包含建筑智能以外的有九个分部工程。 1. 地基与基础分部工程:教学楼、宿舍楼分别验收3个子分部,5个分项工程,21个检验批;食堂楼共验收5个子分部、8个分项、50个检验批。 2. 主体分部工程:教学楼、食堂楼、宿舍楼分别验收2个子分部,5个分项,32个检验批。 3. 装饰装修分部工程:教学楼分别验:9个子分部,18个分项,101个检验批;食堂楼共验收9个子分部、18个分项,70个检验批。宿舍楼分别验收9个子分部,18个分项,118个检验批。 4. 屋面分部工程:教学楼分别验收5个子分部,10个分项,11个检验批;食堂楼共验收5个子分部,13个分项,14个检验批;宿舍楼分别验收5个子分部,12个分项,13个检验批。

续表

监理方法	具体操作	工作成果
验收	对6个单位工程除建筑智能外的9个分部工程共计54个分部分别组织专项验收。 对6个单位工程分别进行质量预验收	5. 给水排水分部工程：教学楼分别验收3个子分部，8个分项，45个检验批；食堂楼共验收4个子分部，11个分项，40个检验批；宿舍楼分别验收4个子分部，12个分项，104个检验批。 6. 通风与空调分部工程：教学楼分别验收3个子分部，8个分项，40个检验批；食堂楼共验收3个子分部，10个分项，34个检验批；宿舍楼分别验收3个子分部，4个分项，24个检验批。 7. 电气分部工程：教学楼分别验收5个子分部，14个分项，73个检验批；食堂楼共验收2个子分部，14个分项，59个检验批；宿舍楼分别验收2个子分部，14个分项，115个检验批。 8. 节能分部工程：教学楼分别验收3个子分部，6个分项，26个检验批；食堂楼共验收4个子分部，7个分项，17个检验批；宿舍楼分别验收4个子分部，7个分项，32个检验批。 9. 电梯分部工程：教学楼、食堂楼、宿舍楼分别验收1个子分部，13个分项，39个检验批
监理通知	对现场的质量问题签发书面通知，施工单位整改后回复	一标段累计下发质量类通知单80份；安全类通知单106份，进度类通知单15份。 二标段累计下发质量类通知单86份；安全类通知单40份，进度类通知单5份
会议	每周召开工地例会解决质量问题	召开监理例会共计61次，形成会议纪要；周安全例会50次
	召开专题会议解决设计变更、质量问题或验收工作等	召开类似的专题会议116余次
样板示范	统一施工操作，提高观感质量，与施工单位共同制订了样板示范种类，统一施工操作要求	1. 现场样板：防火门、铝合金窗、砖砌体、真石漆、人行道铺砖、区域管道、设备房、屋面防水等。 2. 另外在装修阶段制作样板间的有卫生间、办公室、会议室、50人的教室、宿舍、阳台标准间、淋浴间玻璃隔断等
质量微信群	巡视或验收时发现质量问题，为提高效率，在微信群发布问题照片，施工单位回复整改后的照片	一般情况下每天的问题照片在10~20张，集中整改阶段问题数十张

三、施工组织设计审查

监理审查工作之一是监理人员对施工单位上报的施工组织设计进行审查。施工组织设计是工程项目施工指导性文件，也是保证工程质量、进度、安全、文明施工的前提条件。

(一)基本原则

施工组织设计应符合国家的技术政策,充分考虑施工承包合同规定的要求、施工现场条件及相关法规的要求,突出"质量第一,安全第一"的原则。

1. 全面性

施工组织设计应包含《建筑施工组织设计规范》GB/T 50502—2009 所规定内容,应包括编制依据、工程概况、施工部署、施工进度计划、施工准备与资源配置计划、主要施工方法、施工现场平面布置及施工管理计划等。

2. 可操作性

施工组织设计中的主要内容,如流水段划分是否符合进度计划,是否结合资源投入的具体情况,施工顺序的逻辑关系是否合理;劳动力数量配置是否符合施工进度计划;施工现场平面布置是否按施工阶段分别绘制;是否根据当地实际气候特点提出具有针对性的季节施工措施;各项交叉作业是否符合实际、合理可行等。

3. 针对性

施工承包单位是否掌握了本工程的特点及难点,施工条件的分析是否充分。施工组织设计重点内容是否针对工程特点,如本工程的风雨操场有高大模板工程和预应力张拉,其施工技术方案应作出重点说明。工程质量保证体系是否健全有效,措施是否切实可行,赶工措施是否可行。

4. 先进性

施工组织设计是否采用新工艺、新技术、新设备、新材料等,杜绝采用落后、淘汰的施工方法和施工工艺。

5. 自主性

在满足合同和法规要求的前提下,监理人员对施工组织设计的审查,应尊重承包单位的自主技术决策和管理决策。

(二)编审程序的审查

施工单位在编制施工组织总设计或单位工程施工组织设计时应当遵守下列程序。

1. 施工组织设计应由项目负责人主持编制,可根据需要分阶段编制和审批。
2. 施工组织设计应由施工单位技术负责人审批。
3. 施工组织设计通过审批后,应当加盖公司公章。

(三)实质性内容的审查

审查施工组织设计的内容,监理工程师应着重从"施工部署、质量、进度、安全"四个方面审查。

1. 施工部署的审查

施工部署是施工组织的首要工作。施工部署中的进度安排和空间组织应符合下列规定：

（1）施工空间划分应对应具体的施工内容，并合理确定施工力量。

（2）施工内容的进度安排应明确说明，施工顺序应符合工序逻辑关系。

（3）施工流水段应结合工程具体情况分阶段进行划分；单位工程施工阶段的划分一般包括地基基础、主体结构、装修装饰和机电设备安装三个阶段。

施工顺序应符合先地下后地上，先土建后设备，先主体后围护的基本规律。施工顺序应按照单位工程工期的要求，结合本项目建筑结构的特点和劳动力、材料、机械供应等具体情况确定。施工顺序必须符合施工工艺的要求，要与施工方法和施工机械相协调，满足质量、安全、职业健康、环保的要求。

本项目分两个标段进行施工，一标段包括两幢教学楼、两幢宿舍楼、一幢食堂加风雨操场共五个单位工程；二标段包括一栋宿舍楼（E型）这一个单位工程。如何确定每个标段的施工组织顺序，如何划分每栋楼的施工段进行流水施工，以及确定投入的劳动力等要素的内容是施工组织设计的重点内容。在审查时，项目总监理工程师要和施工项目经理进行充分的沟通，按照施工合同的要素，了解施工单位的组织计划，并商讨施工组织顺序及相关计划是否可行，资源投入是否合理，是否满足合同要求。同时在审查时，要考虑两个施工标段之间相互干扰所带来的影响，也可以对施工组织设计提出合理化的建议。

2. 质量控制方面的审查

审查施工单位质量管理、技术管理和质量保证组织结构是否健全。

施工组织设计中的质量管理程序应与现行建设工程监理规范及本项目监理规划中的相关报验规定相结合。

质量管理计划的审查重点是施工方案、主要分部工程的施工工艺、施工机械选择等。质量管理计划应采取各种有效措施，确保项目质量目标的实现；这些措施包括原材料和构配件的检查与检验、确定施工工艺参数要求、施工与质量验收标准和检验方法、季节施工措施、重点工序或特殊过程的质量保证措施、成品与半成品的保护措施、施工场所环境以及劳动力和资金的保障措施等。

要审查分部分项工程的主要施工方法是否能够保证质量。对新技术、新工艺以及采用的新材料、新设备应通过必要的试验或论证。要重点审查对本工程质量起关键作用的或施工技术复杂的分部分项工程施工技术措施。对于易发生质量通病、易出现安全问题、施工难度大、技术含量高的分项工程应有具体的质量保证措施。

施工机械的选择是施工方法的核心环节。根据现场实际条件和工程特点，审查主导工程质量的机械和相关设备是否是适宜的类型和型号，既要满足施工质量的要求，又要经济合理充分发挥施工机械的作用，提高机械使用率。

3. 进度控制方面的审查

进度控制方面的审查内容有三个部分：一是总进度计划本身；二是各相关的进度计划之间的衔接；三是与进度计划相匹配的各类资源投入情况。

施工组织设计中的进度安排是否符合总进度计划中总目标和分目标要求；是否符合施工承包合同中开、竣工日期的规定；进度计划中的项目是否有遗漏；施工顺序的安排是否符合施工工艺的要求。

各单位工程施工进度计划之间是否合理或协调；专业分包的进度计划与总进度计划的衔接是否明确合理；编制进度计划时是否考虑了物资供应、雨期施工、春节放假、疫情等影响因素；对业主负责提供的施工条件、甲供材料和设备等是否在施工进度计划作出明确安排；其安排是否合理。

审查劳动力、材料、构配件、设备及施工机具等生产要素资源配置计划是否能够保证施工进度计划的实现；需求高峰期是否有足够的供应能力；其供应是否均衡。

（1）劳动力需求计划：要根据工程实际情况，将本工程按照单位工程，并区分基础施工、主体施工、安装装饰施工三个阶段的劳动力投入数量，审查每个阶段劳动力投入的保障措施。

（2）机械设备需求计划：审查塔式起重机的型号和投入的数量，看看是否满足施工需求。本工程六个单位工程，拟投入 7 台塔式起重机，其中一段五个单体，每个单体 1 台；二标段一个单体，2 台塔式起重机。能够覆盖整个场区，保证材料的运输。

审查施工电梯的选择和投入。本工程一标段拟在每幢楼各设置 1 台施工电梯，共 5 台；二标段设置 2 台施工电梯。能够保证装饰材料、机电材料等的垂直运输。

（3）主要材料需求计划：本工程实体的主要材料包括钢筋、混凝土、砌体、防水、装饰材料等。施工前，根据总体进度计划、施工预算等资料编制详细材料数量及进场计划。施工前做好材料的进场检验工作，检验合格后方可投入使用。本工程使用的主要周转材料有：模板及模板支撑体系（木模板、木方、钢管、扣件）、安全用具、竹笆片等。

4. 安全管理方面的审查

建筑施工安全管理应贯彻"安全第一、预防为主"的方针。施工组织设计中应包含施工安全管理计划。施工安全管理计划应按《职业健康安全管理体系 要求及使用指南》GB/T 45001—2020 编制，并在施工单位安全管理体系的框架内编制。

施工安全管理计划应包括下列内容：

（1）确定项目重要危险源，制订项目职业健康安全管理目标。

（2）建立有管理层次的项目安全管理组织机构并明确责任。

（3）根据项目特点，进行职业健康安全方面的资源配置。

（4）建立有针对性的安全生产管理制度和职工安全教育培训制度。

（5）针对本项目的重要危险源，制订相应的安全技术措施；对达到一定规模的危险性较大的分部（分项）工程和特殊工种的作业应制订专项安全技术措施的编制计划。

（6）根据季节、气候的变化，编制相应的季节性安全施工措施。

（7）建立现场安全检查制度，并对安全事故处理作出相应的规定。

（8）安全技术措施应符合工程建设强制性标准。

5. 施工平面布置图的审查

施工平面图是拟建项目施工场地的总布置图。它按照施工方案和施工进度的要求，对施工现场的道路交通、材料仓库、加工场地、临时房屋、临时水电管线等做出合理的规划布置，从而正确处理工地施工期间所需各项设施和永久建筑、拟建工程之间的空间关系。因此施工平面图的设计应遵循以下原则：

（1）平面布置科学、合理，施工场地占用面积少。

（2）合理组织运输，减少二次搬运。

（3）施工区域的划分和场地的临时设施应符合总体施工部署和施工流程的要求，减少相互干扰。

（4）充分利用既有建（构）筑物和既有设施为项目施工服务，降低临时设施的建造费用。

（5）临时设施应方便生产和生活，办公区、生活区和生产区宜分离设置。

（6）符合节能、环保、安全和消防等要求。

（7）遵守当地主管部门和建设单位关于施工现场安全文明施工的相关规定。

全过程工程咨询团队进场后，研究并规划了施工现场布置图。在施工单位编制施工组织设计之前提供给施工单位，让施工技术人员在此框架内设计施工平面图。

四、施工方案审查

施工方案是根据一个施工项目制订的实施方案，主要内容包括工程概况、施工安排、施工进度计划、施工准备与资源配备计划、施工方法及工艺要求等几个方面。监理机构收到施工单位报审申请后，应在5日内完成施工方案的审查，并提出审查意见。审查的主要内容有以下几个方面。

（1）编制程序及人员资格应符合相关规定。施工方案的编制人为施工单位本项目技术负责人；审核人为施工单位技术部门专业技术人员；报审时项目经理在报审表上签字。

（2）施工方案中的质量管理体系应满足施工要求。

（3）施工方法、施工工艺应符合工程建设强制性标准。

（4）质量目标应符合施工组织设计要求。

（5）质量控制点的设定应合理，质量保证措施应符合有关标准。

（6）安全、环保、消防、节能和文明施工措施应符合有关规定。

通过本项目施工方案的审查及以往经验，施工方案编制中主要存在以下四个方面的问题，值得工程监理人员重视。

（1）施工方案的针对性不强。对项目的主要情况、施工内容简介和工程施工条件缺乏介绍。有些方案就是泛泛而谈地写了一个施工工艺过程，对过程中的任何要求都没有提及。

（2）有些施工方案没有进行必要的技术核算。对易发生质量通病、易出现安全问题、施工难度大、技术含量高的分项工程应做出重点说明。对采用新技术、新工艺、新材料、新设备应通过必要的试验或论证并制订详细计划，提出详细的施工安排。如在模板工程施工方案中，必须有不同梁截面的模板设计，同时对整个模板体系的稳定性进行验算，确保模板工程的安全稳定。

（3）绝大多数的施工方案没有施工进度计划安排。施工方案相当于一个小型的施工组织设计，施工组织设计中的要素都应该包括在内，有施工计划安排、施工顺序、施工段划分等内容。这样才能体现出该施工方案所涉及的施工内容什么时候开始施工，施工环境或条件是什么。如在审查一标段预应力专项施工方案时，因为没有施工进度计划而退回修改重新报审。

（4）绝大多数施工方案没有相关资源的供应计划。资源计划是保证施工顺利进行的前提条件，也是施工准备的重要内容。缺少这部分内容，项目管理人员难以进行进度控制和质量控制。

本项目一标段施工方案中，一次性审核通过的施工方案数量占整个施工方案总数的比例为44%。大多数施工方案经过工程监理组的审查需要二次修改，二次修改后审查通过的比例为49%。风雨操场地下室模板专项施工方案、外墙外保温施工方案等进行了三次审查和修改后才得以通过，经过三次审查后得以通过施工方案数量占比为7%。

二标段的施工方案中，一次审查通过的比例为60%；其他施工方案为二次修改后审查通过，二次审查通过率为40%。通过这两个标段的比较可以看出，二标段的技术力量较强，能够比较认真地编写施工方案。

除了审查施工组织设计和施工方案外，监理人员还审查了施工单位的质量管理体系、安全生产管理体系、分包单位资格、实验室资格等，由于此类审查的方法与要求较为简单，在此不再多述。

五、监理巡视工作

监理人员现场巡视检查是监理日常工作活动的主要内容之一，是对工程监理实施动态控制管理的主要手段，监理人员要做到腿勤、眼勤、口勤、手勤，勤跑、勤看、勤问、勤记，实现对工程施工动态控制管理。

（一）本项目现场巡视检查的频率

1. 监理员每天在施工现场巡视的时间占工作时间 80% 以上。
2. 专业监理工程师每天须到本专业的重点施工部位巡视检查 2 次以上。
3. 总监理工程师一般情况下每天需到施工现场巡视 1 次。

（二）施工质量的巡视

影响施工质量的因素有原材料、施工人员、施工机械、施工方法和施工环境等。监理人员巡视时应关注这五个方面。

1. 原材料

重点检查施工现场原材料、构配件的采购和堆放是否符合施工组织设计（方案）要求；规格、型号等是否符合设计要求；是否已见证取样；检测结果是否合格；是否已按程序报工程监理组验收并允许使用；有无使用不合格材料、质量合格证明资料欠缺的材料等。

2. 施工人员

（1）施工现场管理人员，尤其是质检员、安全员等关键岗位人员是否在岗到位；资格证书是否符合要求；内部配合和工作协调是否正常；能否确保整个施工期间的各项管理制度得到落实。

（2）特种作业人员是否持证上岗；人证是否对应；是否进行了相应的安全教育培训；是否进行了安全与技术交底并有书面记录。

（3）现场施工人员的数量能否满足施工进度计划的要求；是否遵循已审批的施工方案、设计文件、图集和施工规范进行施工等。

（4）施工人员现场操作的工艺能否保证质量要求。

3. 施工机械

各种机械设备的进场、安装、验收、保管、使用等是否符合要求和规定；数量与性能是否满足施工要求；运转是否正常；有无异常现象发生。

4. 施工方法

监理人员在巡视过程中能否发现存在的质量问题取决于监理人员对施工要求的掌握程度。现场的施工要求包括设计文件及图集、施工规范、验收规范、施工方案与施工工艺设计四个方面的要求。下面仅以钢筋工程为例阐述其施工作业要点。

（1）钢筋切割的要点

钢筋切割时端头两端要切除，在使用无齿锯时，要将钢筋尽量放平直，在无齿锯两边的钢筋可以在其下部垫方木或者工字钢找平，保证钢筋切口平整，避免出现马蹄形切口；切割时要有精确定位措施，保证钢筋加工时下料的精度，可以安装定位筋，或用工字钢定位，无需弯曲处理的钢筋下料精度 ±10mm，需做弯曲处理的钢筋下料精度 ±d（d 为钢筋直径）。

（2）钢筋弯曲加工质量要点

弯曲段平直段长度以规范、图集为准，一般不小于 10d。钢筋在进行弯曲加工时，首先要检查弯曲机的弯曲半径，避免弯曲半径过小产生死弯，影响钢筋强度。

（3）机械连接控制要点

钢筋直螺纹加工时首先检查丝扣的外观，丝扣要饱满，中间部位不允许出现不完整丝扣，钢筋剥肋长度要恰到好处，不允许出现剥肋过长不套丝的现象；现场钢筋套筒的丝扣加工数量需与各种型号钢筋丝扣加工数量相一致，丝扣数量的要求如表 6-2 所示，且不允许多于 1.5 扣。

钢筋直螺纹套丝规格技术要求　　　　　表 6-2

直径规格 /mm	标准套筒长度 /mm	钢筋丝头扣数（已含外露丝扣长度）	螺距 /mm
16	40	9	2.5
18	45	10	2.5
20	50	11	2.5
22	55	12	2.5
25	60	11	3.0
28	65	12	3.0
32	75	14	3.0
36	85	15	3.0

丝扣加工完成后需用环通规、环止规进行检验，检验合格后方使用，丝扣加工完成之后，需使用角磨机对钢筋端部进行打磨，去除毛边。

直螺纹钢筋连接完成后需进行质量检查，在外观上，主要检查接驳器两侧的外漏丝扣数，外露丝扣在 0.5~1.5 扣之间。钢筋直螺纹接头安装及施工队自检完成之后，工程监理人员随机抽取同规格接头数的 20% 且不少于 3 个进行外观检查，力学检验采用力矩扳手检查接头的拧紧值。接头的百分率不超过 50%，接头错开最小距离是 35 倍的钢筋直径。

（4）搭接连接质量控制要点

一般情况下，钢筋直径小于 22mm 时，钢筋可以采用绑扎搭接，绑扎搭接的长度与混凝土的等级与钢筋型号有关，现场的 HRB400 钢筋在 C30 混凝土构件的搭接长度为 $35d$，C40 混凝土构件的搭接长度为 $30d$；钢筋搭接的断面接头率不得超过 50%，接头错开长度不小于 1.3 倍的搭接长度；纵向受力钢筋不得采用绑扎搭接。

（5）钢筋焊接控制要点

焊接接头长度单面焊不少于 $10d$，双面焊不少于 $5d$，焊缝宽度不小于 $0.8d$，焊缝高度不少于 $0.3d$；焊缝的表面平整，内部无气泡，受焊部位不允许出现烧筋现象；在进行电弧焊时，每次施焊结束后要敲掉焊缝上部的焊渣；接头的百分率不超过 50%，接头错开最小距离是 $35d$。

（6）钢筋安装质量控制要点

钢筋绑扎前施工人员要熟悉图纸，确定好钢筋各层之间的位置关系，以及不同部位钢筋的锚固情况，确定钢筋的施工顺序。钢筋的各种参数要明确，如钢筋的型号、钢筋的长度、钢筋的间距、钢筋的净距、拉钩的排布方式、节点的固定方式（绑扎或点焊）等。不同部位的钢筋保护层厚度会有不同，钢筋保护层需要用与混凝土同强度等级的混凝土垫块来控制，垫块固定在最外侧主筋的外侧，钢筋有底模的部位，垫块的密度要相对大一些，确保垫块可以支撑起上部钢筋及施工荷载。

钢筋安装前要提前确定好结构构件的轴线及外轮廓线的位置，避免钢筋成型后出现偏移；要确定好拉钩、箍筋加密区的位置及尺寸。梁与梁相交时，主梁在梁节点位置及两侧箍筋加密，柱子在与梁的节点处箍筋加密，板墙交界处、梁板交界处均属于拉结筋加密区。钢筋在节点处的锚固长度要满足要求，图纸没有特殊要求的，能满足直锚条件的优先选择直锚，直锚长度不够时需要做弯锚处理。

5. 施工环境

重点检查雨雪天气对施工质量、施工安全和施工进度的影响。在台风来临时检查工地是否做好防台风措施。在冬期施工时注意检查是否按冬期施工方案做好冬期施工措施。

（三）现场巡视发现问题的处理

1. 在巡视检查中，如果发现施工单位违反施工规程、规范、图纸要求，或者违反安全工作规程，或发现质量安全隐患，都要及时向施工人员提出纠正，并向施工单位有关管理人员反映现场发生的事实，还应跟踪其纠正处理的过程。

2. 口头通知后施工单位未采取纠正措施，应向施工单位发送《监理通知单》，当问题较为严重，符合签发工程暂停令的情形时，应报告总监理工程师及时签发《工程暂停令》。

3.《监理通知单》发出后，施工单位必须采取整改措施，并填写《监理通知回复单》报送工程监理组，相关监理人员要检查验证其整改情况，并在回执中记录检查情况并签字。

4. 工程暂停令发出后，施工单位必须暂停施工并对停工原因进行整改，整改完成后填写复工申请，经监理人员检查确认造成停工因素已消除，方可报总监理工程师签署复工令。

5. 当施工单位整改不力或拒不纠正时，工程监理人员应向施工单位和业主发送备忘录，申明立场及由此可能产生的后果。

监理人员在现场巡视检查后，应将所发现的问题及时记录在监理日志中。

六、监理旁站工作

监理旁站是监理人员在施工现场对工程实体的关键部位或关键工序施工质量进行的监督检查活动，本项目工程监理组对一些现场进行的检测试验过程也进行旁站，以确认检测结果的可靠性。

（一）本项目监理旁站的部位或工序

根据本项目的监理规划，本项目旁站的部位、工序或过程如下所示。

（1）基础工程：土方回填、土钉墙、结构混凝土及后浇带、防水混凝土灌注、卷材防水层细部构造处理。

（2）主体结构工程：梁柱节点钢筋隐蔽过程、混凝土灌注，预应力张拉与灌浆。

（3）屋面工程：卷材防水层、细石混凝土保护层的分仓设置、透气孔设置、细石混凝土灌注。

（4）装修工程：铝合金窗的现场三性试验和现场喷淋试验、饰面砖块砖的剥离试验。

（5）空调与给水排水工程：给水管水压试验、排水管的灌水试验和通球试验、风管的漏风量检测。

（6）建筑电气工程：电气系统接地电阻检测、电线和电缆的绝缘检测。

（7）消防及监控系统：设备联动调试。

（二）监理旁站人员的职责

（1）检查施工单位现场质检人员到岗、特殊工种人员持证上岗以及施工机械、建筑材料准备等情况。

(2)在现场监督关键部位和关键工序的施工,或试验检测的整个过程。

(3)核查进场建筑材料、建筑构配件、设备的质量检验报告等,必要时在现场监督施工单位进行检验或者委托具有资格的第三方进行复检。

(4)做好旁站监理记录,保存旁站监理原始资料。

(三)监理旁站的工作要求

(1)工程监理组根据工程的特点制订详细的旁站方案,确定各个旁站部位、工序或过程的监控要点。

(2)旁站监理人员在旁站前熟悉施工图纸、图集、标准规范、批准的施工方案、试验方案和旁站监理方案要求,为现场旁站做好充分准备。

(3)检查准备情况,包括上一道工序验收情况和人员到位、设备准备、材料准备情况及天气条件。

(4)检查使用的材料是否符合要求,如有偏差应立即进行处理,禁止不合格的材料用在工程上。

(5)检查施工方法、工艺及质量保证措施的执行情况,例如,混凝土灌注的分层厚度、灌注顺序、施工缝的留置等是否符合设计文件、技术标准,特别是工程建设强制性标准的要求。检查试验检测的仪器、试验方法与数据记录等是否符合相关试验检测标准的要求。

(6)检查施工机械设备数量、性能和完好情况,能否满足施工需要。

(7)督促施工单位按规定在施工过程中进行检验或留取试验的试件。

(8)在实施旁站监理时发现质量问题,应采取措施督促施工人员或试验人员立即整改,保证工程质量、安全或试验检测结果的可靠。必要时马上向总监理工程师汇报。

(9)将施工情况及现场旁站情况详细记录在旁站记录中,及时整理归档,以便事后跟踪、检查。

(四)混凝土施工的监理旁站工作

本项目旁站的部位、工序、试验和种类很多,本书仅以混凝土施工旁站为例,介绍监理旁站工作的过程。

1. 旁站前的准备工作

(1)查阅设计文件,了解混凝土施工所在的部位、尺寸、强度等级和其他要求,预估混凝土总的方量。

(2)了解混凝土灌注期间的气温、雨雪和风力情况。

(3)查阅已审批的混凝土施工方案,了解商品混凝土的运输线路、运输所需时间、灌注顺序、泵送设备、布料方式,振捣设备型号、混凝土班组人数,预估总体灌注时间。

2. 检查施工准备情况

（1）检查质检员、施工员（工长）、试验员等管理人员是否到位。

（2）检查混凝土的强度等级、抗渗等级、坍落度；了解混凝土的初凝时间、终凝时间。

（3）检查施工通道是否畅通；泵车等输送设备的地基是否坚实平整；照明是否充足，并检查振捣设备型号、数量及其完好情况。

（4）检查钢筋、模板及预埋管线等检验批是否验收合格，检查《混凝土浇灌申请书》是否报送工程监理组，检查施工班组是否进行施工方案交底，混凝土班组长是否清楚混凝土的灌注顺序和混凝土的初凝时间等主要施工工艺要求。

3. 监督检查混凝土灌筑过程

（1）查验《预拌混凝土运输单》、工程结构有明确要求的其他检测指标（如《混凝土氯化物和碱总量计算书》《砂石碱活性试验报告》）。

（2）逐辆核查混凝土运输车出站时间、到场时间；监督施工单位现场测试混凝土坍落度。

（3）检查施工方法是否与批准的施工方案一致，主要检查场内输送方式、灌注顺序、是否连续灌注、分层厚度、振捣方式、养护措施等。如混凝土未能连续灌注，则需达到一定强度后，按施工缝处理。

（4）检查混凝土灌注过程中钢筋及预留孔洞、预埋件是否移位，应特别注意上层钢筋是否有被踩踏变形现象。

（5）检查模板和模板支架的变形情况。

（6）如果是大体积混凝土，要检查测温孔留置数量和位置是否与施工方案一致。在冬期施工时，应检查施工人员是否记录混凝土入模温度，是否按施工方案留置测温孔；灌注后是否及时覆盖保温。

（7）检查施工单位混凝土试块留置的种类、组数及养护条件是否符合相关要求。

（8）整理旁站记录，如表6-3所示。

旁站监理记录—混凝土灌注　　　　　　　　　　　　表6-3

日期及气候：	工程地点：
旁站监理的部位或工序：	
旁站监理开始时间：	旁站监理结束时间：
施工情况： 1. 混凝土强度等级＿＿＿＿＿坍落度要求＿＿＿＿＿混凝土初凝时间＿＿＿＿＿ 2. 使用机械设备名称及状态＿＿＿＿＿＿＿＿＿＿＿＿＿＿＿＿＿＿＿＿＿。	

续表

旁站监理情况：
1. 检查质检员到岗情况_____；
2. 开盘鉴定和混凝土配合比通知单与浇灌申请情况_____；
3. 抽检运输小票与混凝土配合比通知单情况_____；
（内容包括：是否为选定搅拌站、施工部位是否对应、混凝土强度等级、抗渗等级、水灰比、初凝时间、外加剂名称、掺量、坍落度等）
4. 监理抽测坍落度情况_____；
5. 混凝土外观检查（和易性、流动性、均匀性）情况_____；
6. 试块制作情况_____；
7. 混凝土灌注顺序、层厚、振捣情况_____；
8. 季节性施工措施是否满足施工方案要求_____；
9. 安全、环保措施是否落实_____。

发现问题：
处理意见及结果：
备注：

七、质量验收工作

（一）进场原材料验收

所有材料在进场时必须由工程监理组进行检查、验收，验收合格的材料允许在现场堆放和使用，验收不合格的材料由施工单位或材料供应商当天运出现场。

工程监理组收到"材料进场验收申请报告"后，在材料进场时对进场材料进行核对和查验，并填写"材料进场验收单"。对材料的外观质量、合格证、质保书、检测报告等进行检查验收，同时按要求进行见证取样，并对材料的取样过程及样品留存影像资料。

（二）检验批验收

1. 审查施工单位上报的检验批划分计划

工程监理组根据《建筑工程施工质量验收统一标准》、本项目特点、班组数量、流水施工的组织等多个方面对施工单位上报的检验批划分及其合理性进行审查。同意后由施工单位按检验批划分计划组织施工、施工单位质检员自检合格后方可报专业监理工程师进行验收。

2. 工序检验批验收

检验批验收是监理质量控制工作中工作量最大的一项工作，有些检验批在第一次验收时并没有全部符合检验批验收标准，需要施工单位整改后进行第二次验收，具体情况见表 6-1 所示。下面仅以钢筋工程、模板工程为例说明检验批的验收要求。

（1）钢筋分项工程的检验批验收

钢筋分项工程的检验批验收包括材料、钢筋加工、钢筋连接和钢筋安装等四部分内容，概括起来钢筋验收的主要内容包括以下几个方面：

1）钢筋原材料的外观、力学性能的试验检测应验收合格。

2）纵向受力钢筋的牌号、规格、数量、位置应符合设计文件和验收规范的要求。

3）钢筋的连接方式、接头位置、接头质量、接头面积百分率、锚固方式及锚固长度应符合设计文件和验收规范的要求。

4）箍筋、横向钢筋的牌号、规格、数量、间距、位置，箍筋弯钩的弯折角度及平直段长度应符合设计文件和验收规范的要求。

5）预埋件的规格、数量和位置应符合设计文件和验收规范的要求。

在1号教学楼顶层柱钢筋验收中，框架柱钢筋绑扎过程中发现箍筋加密区长度不够，监理人员立即要求施工单位整改，但是施工单位直至封模并未整改，监理人员巡视时发现两个框架柱已封模，要求已封模的框架柱拆除模板并对钢筋加密区进行整改。第二天上午，监理人员到现场核查，发现部分框架柱的上部箍筋仅增加了外箍，并未增加内箍（4肢），也无法查看下部箍筋是否整改，已封模的两个框架柱也未拆模整改。在监理人员的强烈要求下，施工单位无奈拆除模板让监理人员核查，事实证明所有框架柱的箍筋加密区均未整改到位，上部少内箍，下部用拉钩代替内箍，最后施工单位只得按监理人员的要求全部返工整改到位。

现场出现违反设计文件、工程质量标准或存有结构安全隐患的原则性问题，监理人员绝不放过，要在第一时间下发监理通知单。当出现施工单位不服从管理时，总监理工程师必须坚决地支持监理人员纠正质量安全问题的行为，否则监理人员的威信大受影响。总监理工程师可直接向建设单位项目负责人汇报，积极争取建设单位的支持，与建设单位联合起来要求施工单位整改。

（2）模板检验批验收

模板检验批的数量应该和钢筋检验批的数量相一致，即每次同意钢筋隐蔽后，在灌注混凝土之前，必须对模板工程进行验收。

1）模板工程应该编制专项施工方案，模板及其支架应根据安装、使用和拆除等工况荷载进行设计，并满足承载力、刚度、整体稳定性的要求。

2）模板及其支架的材料技术指标应符合国家现行有关标准的要求，进场时监理人员应抽样检验模板和支架材料的外观、规格和尺寸。

3）模板和支架的安装质量，应符合国家有关标准的规定和施工方案的要求。

4）模板安装质量包括接缝应严密，模板内不得有杂物，模板应平整、清洁等。

5）现浇结构模板安装的偏差应符合规范要求。

在2号宿舍楼施工中，为了加快施工进度，施工单位在没有进行基础回填的情况下，准备组织二层梁板的施工，但是此时支撑钢管的地基面高低起伏，且承载力不确定，与之前审查同意的模板支撑方案存在较大的差异，模板支撑架的稳定性无法保证。工程监理组立即下发监理联系单，要求施工单位另行编制专项施工方案。施工单位采取的措施是在基础梁上架设槽钢，把支撑模板的钢管支撑在槽钢上，确保了模板支撑的稳定性。后续施工中，监理人员严格按照专项施工方案进行检查验收，有效保证了二层梁板施工质量，消除了安全隐患，也促进了施工进度。

（三）分项工程验收

1. 分项工程质量验收程序

分项工程的质量验收在检验批验收的基础上进行，由专业监理工程师组织，施工单位的项目技术负责人、施工质量员和施工班组长等参加。本项目让分项工程的施工班组长参加验收，目的是想让班组长知道他所施工的分项工程质量状况。

施工单位应先对分项工程所包含的全部检验批进行统计，并对该分项工程自检，合格后填写分项工程质量验收记录及分项工程报验表，并报工程监理组申请验收。专业监理工程师对施工单位所报资料逐项进行审查，符合要求后签认分项工程报验表及质量验收记录。

2. 分项工程质量验收的合格标准

（1）分项工程所含检验批的质量均应验收合格。

（2）分项工程所含检验批的质量验收记录应完整。

（四）分部工程验收

1. 分部工程质量验收程序

分部工程的质量验收应由总监理工程师组织。其中，地基与基础、主体结构、建筑节能等分部工程验收时，代建单位、勘察单位、设计单位的项目负责人和施工单位技术、质量部门负责人参加，其他分部工程验收由总监理工程师组织建设单位、设计单位、施工单位项目负责人和技术、质量负责人等进行验收。

本项目的分部工程验收分四个阶段进行；第一阶段：监理人员先验收该分部工程所含的全部子分部工程；第二阶段：由施工项目技术负责人汇报所含子分部工程、分部工程施工质量情况，监理单位汇报该分部工程质量评估报告等；第三阶段：分三个验收小组进行验收，其中第一组审查资料，第二组观感质量检查，第三组用仪器检测实体的质量指标等。第四阶段：由勘察、设计、代建单位提出质量验收意见，最后形成分部工程验收结论和需要整改的问题。

2．分部工程质量验收合格的规定

（1）所含分项工程的质量均应验收合格。

（2）质量控制资料应完整。

（3）有关安全、节能、环境保护及主要使用功能的抽样检验结果应符合相应验收规范的规定。例如，地基与基础、主体结构等分部工程应进行建筑物垂直度、混凝土强度、钢筋保护层厚度、沉降观测、截面尺寸检查等有关的抽样检验。

（4）观感质量应符合要求。

本项目有6个单位工程，共54个分部工程，按照上述验收程序共组织了54次分部工程的验收。

（五）单位工程竣工验收

本项目的单位工程基本完成后，总监理工程师和项目管理负责人开始筹划验收工作，对工程的收尾及验收等各项工作进行安排，一方面对施工收尾的时间及施工质量整改工作提出要求；另一方面要求施工单位依据验收规范、设计文件等组织有关人员自检，对检验结果进行评定，符合要求的填写单位工程竣工验收报审表，以及质量竣工验收记录、质量控制资料核查记录、安全和功能检验资料核查、观感质量检查记录等，并将单位工程竣工验收报审表及有关竣工资料报送工程监理组申请验收。

1．竣工预验收

工程监理组在收到施工单位的竣工验收申请后，总监理工程师与项目管理负责人要组织由施工单位项目经理、技术负责人、各专业设计人员、代建单位项目人员进行竣工预验收。预验收重点检查以下内容。

（1）是否按设计文件和施工承包合同要求完成全部施工内容。

（2）单位工程所含分部工程质量是否均已验收合格。

（3）各系统的功能性检验检测是否均已合格。

（4）单位工程是否已满足设计文件及使用功能要求。

（5）现场是否存在质量、观感缺陷。

（6）单位工程竣工资料是否完整等。

竣工预验收的核心内容就是对照验收规范找存在的质量问题，把所有的问题按照问题描述、所属分部、问题所在楼层与具体位置、问题照片、责任单位五个维度毫无保留地用列表形式提出来，并以质量通知单的形式下发给施工单位。施工单位整改完毕后，总监理工程师再组织一次复查，复查合格后总监理工程师签认单位工程竣工验收报审表及有关资料，并向代建单位提交工程质量评估报告。

2. 竣工验收

竣工验收由代建单位项目负责人组织实施，施工单位项目部及公司质量技术部门负责人、全过程工程咨询团队（含勘察单位、设计单位、项目管理组、工程监理组、造价咨询组）所有成员参加，政府监督机构监督进行。

八、推行样板间先行施工

在监理工作之初，工程监理组多次与施工单位沟通，提出了"样板引路"的施工管理思路。样板引路的作用有：①施工质量验收要求直观明了，可以提高施工班组长及作业人员的质量意识并按质量要求自检；②对装修的细部设计及施工安装做法进行优化，避免返工；③可以提前暴露施工操作中出现的质量、技术、交叉施工等质量通病，用于指导大面积施工，既节约成本又使施工进度得到有效地控制。

（一）"样板引路"的策划

监理人员依据工程的具体特性、预期的质量标准、技术上的难点以及关键区域，经过与施工单位和建设单位的深入沟通，制订出"样板引路"的具体计划，最终形成一份正式的《"样板引路"计划与实施细则》。本项目实施了以下样板：钢筋绑扎成形样板、模板搭设样板、地下室外墙防水样板、砌筑工程样板、卫生间装修样板、宿舍装修样板、教室装修样板、办公室装修样板、外墙真石漆样板、屋面防水样板、走廊管线安装样板、设备间安装样板等十多项样板。

除了样板的种类外，每个样板的施工准备、技术交底、施工工艺参数、重点质量指标、验收要求等方面也要进行策划。

（二）"样板引路"的做法

分项（工序）工程施工前，在施工现场指定场地位置设置实体样板展示区，按样板引路所策划的种类，分别由施工单位项目部组织各样板种类的专业施工队，依照施工方案和技术交底以及现行的国家规范、标准进行分项（工序）工程实体样板施工，请代建单位、设计人员、监理人员共同验收。样板验收合格前不得进行全面施工，同时在班组样板施工中要接受施工工艺、质量标准的培训，做到统一操作程序，统一施工做法，统一质量验收标准。

样板施工中坚持"三检制度"即自检、交接检、专职质检相结合。从保证施工质量的高度来优化施工工艺或操作要求，实现每道工序甚至施工操作都是后续施工的样板，从而达到样板引路的效果。

实体样板验收合格后在施工部位挂牌注明工序名称、施工责任人、技术交底人、操作班长、施工日期、实测允许偏差值等。

(三)外墙真石漆样板

外墙真石漆是前期策划的样板之一,工程监理组审查真石漆样板段施工方案,施工单位对样板段施工人员进行详细的技术交底后开始样板段施工,其间工程监理组每天跟踪样板段的施工过程,分析施工工艺对施工质量的影响,并不断与施工作业人员商量优化施工工艺和操作要领。

真石漆样板段施工完成后,工程监理组组织代建单位、设计人员、施工单位质量管理人员和施工作业人员对真石漆样板段观感质量进行检查和验收,并最终确定了可以推广施工的真石漆样板施工操作指南。

本项目选用某品牌真石漆仿石涂层作为外墙装饰材料,该品牌真石漆是由环保型高分子乳液聚合物和构成仿石材纹理的天然大理石骨料、岩片、助剂等材料组成的厚质涂料,喷涂所形成的涂层干结固化后坚硬如石,外观如天然石头一般自然、稳重、气派。是一款耐候性好、仿石材真实性极强、各种性能均为优异的外墙涂料。其涂层结构施工参数如表 6-4 所示。

外墙真石漆各层施工参数　　　　表 6-4

工序	涂层结构	材料配置及配套	膜厚 / mm	理论用量 / (kg/m)	道数 / 道	施工方式	干燥时间 / (25℃, h)
1	基层	合格的抹面砂浆层	—	—	—	检查及处理	干燥良好
2	找平层	外墙粗底腻子	1.5	2.50	2	批刮后打磨	12～48
3	底漆层	质感专用底漆	0.03	0.12	1	滚涂	8～24
4	真石漆层	真石漆	2.0	4.0	2.5	喷涂	72h 内无雨
5	罩面层	罩面清漆	0.03	0.12	1	滚涂	—

1. 基层要求

(1)基材养护期满,干燥良好,含水率小于 10%,pH 值小于 10(在夏季基层砂浆粉刷施工 3 周后即可)。

(2)基层坚固、平整、清洁,无污染,无油污,无明显裂纹等不良现象,平整度和粗糙度状况符合要求。

(3)外保温系统抹面砂浆,必须符合外墙外保温系统的验收规范。按《建筑涂饰工程施工及验收规程》JGJ/T 29—2015 中的基层验收标准验收。

2. 环境要求

(1)环境和基面温度在 5～40℃范围内,环境湿度不大于 85%。

(2)天气状况良好,无扬尘、大风、雨天、大雾等天气。

(3）施工现场环境整洁，无污染源及扬尘。

(4）施工辅助设施及安全保证设施齐备。

3. 找平层（外墙粗底腻子）及施工

（1）材料配置

外墙抗裂粗底腻子，干粉状、密闭袋装、灰白色。

（2）腻子配制

腻子骨料（干粉）按包装物上规定比例兑水充分搅拌，在呈现均匀腻子膏状后使用。

（3）施工方式

批刀或抹刀、刮板、靠尺、腻子刀，整体连续均匀批刮 2 遍。合理分配一次性涂装区域，从上至下连续均匀批刮，一道干燥后打磨接痕和适当修补，然后批刮二道，二道干燥后整体连续进行细微打磨。保证腻子基面平整度和细腻度良好。打磨后及时清扫和擦拭表面粉尘及粉屑，采用清水对腻子层进行适当养护 2~3 遍。

4. 底漆层施工

腻子干燥良好、打磨平整后，于腻子层上进行底漆的涂装施工。

（1）材料配置

外墙真石质感专用底漆，水性，单组分液状，密闭桶装。开桶后采用清水稀释并充分搅拌均匀后使用，兑水量约为底漆重量的 15%~20%，也要根据施工黏度和遮盖底材需要调整。底漆兑水比例应保持基本相同。

（2）施工方式

选择优质中毛滚筒整体连续均匀滚涂 1 道。合理分配一次性涂装区域，从上至下连续均匀滚涂，细致滚涂接槎，要求滚涂均匀、连续、无漏涂、整体色泽均一，难涂装部位要采用羊毛刷辅助。底漆涂刷后应保证充分干燥。

5. 分格线设置及分格缝颜色涂刷并保护

底漆干燥 24h 后，于底漆上弹线设定分格。

按工程监理组所确认的外墙分格线要求，在底漆上采用墨斗进行弹线，要求弹线清晰、平直。采用细毛刷描刷分格缝颜色，一般根据分格缝的宽度大小描刷，描刷的宽度可略大于分格缝，描刷 1~2 遍。

常温干燥 24h 以上，真石漆施工前用胶带粘贴，沿弹线及刷好的分格颜色在可施工操作面逐步粘贴胶带，胶带粘贴应横竖平直、无虚粘，并于上层涂料施工后短时间内揭去，避免过长时间黏接造成撕揭缺陷。应注意墙面转角、拐弯、造型、上下分色等处的分格接续和美观性操作。

6. 真石漆层施工

分格线（块）设置以后，且胶带粘贴完成，进行真石漆的涂装（喷涂）施工。

（1）材料配置

ZSG100真石漆，水性，单组分砂壁膏状，密闭桶装。颜色、感观根据设计人员、代建单位和全过程工程咨询团队联合所确认的要求。

（2）涂料配制

开桶后搅拌均匀直接使用，不兑水，有必要调节黏度时采用不超过漆量3%的清水，兑水调节必须充分搅拌均匀。

（3）施工方式

采用真石漆专用喷枪（口径5～7mm可选）喷2道，第一道薄喷，第二道再喷涂达到要求厚度并盖底。合理分配一次性涂装区域，正式喷涂前于试板上进行试喷涂，未正式喷涂前先于非正式墙体或板材上做试验喷涂，调节空压机压力和枪嘴口径大小，确定好物料黏度、行枪速度、凹凸质感效果、涂膜厚度。通常空压机压力设定为4～6MPa、枪嘴口径为3～5mm；试喷涂确认无误后，开始从上至下连续均匀地进行整体正式喷涂；喷涂走"W"形，第一次薄喷，再一次达到设计膜厚。仔细进行接槎和接续，要求连续、均匀、到位、无漏涂、厚度一致，质感效果凹凸一致。单次设定区域喷涂完成后，应对已喷涂区域进行厚度、外观、整体喷涂状况的目测检验和评判。局部存在异常可进行回喷修补；边、角、弯、拐、节点等难涂装部位，应先进行预涂装，即于整体连续喷涂前先薄喷一道，节点喷涂应细致，保证与整体的连续性和接续均匀性。

真石漆喷涂合格后，应于表面干燥前撕揭开胶带，预留出分格线。撕揭胶带应细致谨慎操作，横竖胶带撕揭一致，避免胶带撕揭损伤涂料层，胶带撕揭后不应随地乱扔，应随时注意回收。

（4）施工操作要点

正式连续喷涂中，合理设定一次可喷涂区域，通常需要根据吊篮空间、可移动情况、施工者有效操作臂展进行确定，通常一次可喷涂横向与竖向距离不超过1m，并宜以墙体固有变形缝、收缩缝为界线。

喷涂移动中的交接或接续应细致、快速、连续，保证厚度一致并连续。连续喷涂中不应随意停顿或间歇，一次设定的涂装区域应一次喷涂完成。合理安排整体过程间歇和后接续，整体工作面也应尽量于同等施工环境下一次性喷涂完成。

喷涂操作控制要素有同等压力下，喷枪嘴口径大，喷出涂料点状分布会相对大和凹凸。同等喷嘴口径下，压力大，喷出涂料点状分布会相对细和平整。同等压力和喷嘴口径下，喷枪与基面距离和行移速度也会影响其喷涂外效。

真石漆涂层为厚质，干燥通常需要较长时间，所以喷涂前应关注天气及变化状况，选择良好天气开始涂装施工，保证后期有充分养护干燥。72h内有雨水应进行遮挡保护，避免初期受雨水冲刷影响效果。

7. 罩面层及施工

真石漆涂层干燥良好后（25℃下干燥 72h，气温低时应适当延长），可进行罩面层的涂装施工。

（1）材料配置

罩面清漆，水性，单组分略带黏稠，密闭桶装，无色透明。兑水调节并搅拌均匀后使用，最大兑水率为漆量的 30%。

（2）施工方式

短毛滚筒滚涂，或喷枪喷涂方式，整体连续均匀涂装 1 道。

（3）施工操作要求

从上至下均匀细致涂装，要求涂装连续、均匀、到位、无漏涂、厚度一致、滚压程度和力道一致。罩面清漆涂装应细致，由两人配合操作，一人在前细致均匀上漆，一人于后连续细致滚压。每次滚筒蘸取漆料合理，托盘适当滚压挤出过多漆料后再上漆涂装操作，保证上漆量均匀一致，避免薄厚不均和接痕。

（4）干燥及保养

罩面层涂装完毕后应保证充分干燥，避免初期雨水以及大风扬尘天气。

第二节 履行安全生产管理的监理职责

《建设工程安全生产管理条例》已经界定了监理单位在安全生产管理方面的监理责任，监理单位应按法规的规定开展相关监理工作。作为在施工现场的全过程工程咨询机构，工程监理组要用好审批验收等相关权力，全面审查专项施工方案、安全生产管理体系和相关人员的岗位证书，加强巡视并努力发现施工现场存在的各种安全隐患，通过沟通或教育提高施工单位与相关人员的安全意识，防范安全事故的发生，履行安全生产方面法定的监理责任。

一、编写履行监理安全责任实施细则

本项目所在位置目前离市区相对较远，施工区域四周没有其他建筑物和各种地下管线，周边施工环境相对较好。项目为 8 层以下的多层建筑，除 1 号食堂＋风雨操场以外均没有地下室基坑的施工，施工相对安全。教学楼、宿舍楼、1 号食堂＋风雨操场均为框架结构，结构跨度不大，施工难度较小。我们主要从临时用电、脚手架安全稳定、高空作业安全、模板支架安全稳定、塔式起重机与施工电梯等起重设备安全管理、卸料平台安全、施工机具安全、文明施工等方面展开相关监理工作。

履行监理安全责任实施细则的主要内容有：

（1）项目安全生产管理的专业特点。

（2）项目监理机构的安全管理体系、岗位职责。

（3）施工各阶段安全生产管理的监理工作要点。

（4）安全生产管理的监理工作程序、方法、措施。

（5）重大危险源的安全巡视方案。

（6）其他有关内容。

二、危大工程安全管理的监理工作

1. 审查专项施工方案

专项施工方案是指专门针对危险性较大的分部分项工程编制的施工方案。审查危大工程专项施工方案时法规规定分两种情况进行。

（1）一定规模以下的危大工程专项方案，总监理工程师应先审查其专项方案的编制程序是否符合规定，施工单位技术负责人是否签字并盖公章；其次进行内容审查，重点审核内容的完整性、针对性和符合性。如果编制流程符合法规要求，方案内容满足施工安全要求，总监理工程师可以签字同意施工并加盖执业印章。

（2）超过一定规模的危大工程专项施工方案需要组织专家进行论证。专家论证会议由施工单位组织召开，总监理工程师参加。专家论证会前，总监理工程师应事先审查专项施工方案，如果认为专项施工方案是可行的，同意组织专家论证。专家论证的结论有三种情况：第一种情况是"通过"，表示可以按编制的方案组织施工；第二种情况是"不通过"，施工单位要重新编写，按前面流程重新编制并组织专家论证；第三种情况是"修改后通过"，并提出修改的意见。工程监理组在会后监督施工单位对方案进行修改、完善，按照编制流程进行编制，并且报总监理工程师审批同意后组织实施。这种情况不需要重新召开专家论证会。

本项目属于危大工程的有深基坑工程、高大模板支撑工程、塔式起重机安装与拆卸、施工电梯拆卸、落地式钢管脚手架、预应力工程、型钢悬挑钢管脚手架、卸料平台等。其中深基坑工程、高大模板支撑工程为超过一定规模的危大工程，这两份专项施工方案经专家论证后结论都是"修改后通过"。工程监理组按照上述程序，监督施工单位对方案进行修改、完善，最后通过方案审查。其他专项施工方案必须经过施工单位技术负责人审批后报工程监理组进行审查。

2. 专项巡视检查危大工程并填写专项记录

监理人员巡视检查危大工程的施工情况，并专门记录有关危大工程的施工安全巡视检查的信息。对一般危险源的检查情况，记入每天安全检查记录中。如果巡视中发现施工单位没有按照审批后的专项方案施工，要签发《监理通知单》（安全类）要求施工单位及时整改，以确保施工单位按照总监理工程师审批过的专项方案去实施。情节严重的，可要求暂停施工，并及时报告代建单位。拒不整改或不停止施工的，要及时报告代建单位和项目所在地安全生产监督管理的主管部门。

3. 联合施工单位组织危大工程的联合验收

深基坑工程、高大模板支撑工程、塔式起重机安装、施工电梯、落地式钢管脚手架、预应力工程、型钢悬挑钢管脚手架、卸料平台等八项危大工程施工完成后，工程监理组分别召集施工单位、代建单位进行验收。深基坑工程还召集勘察单位和设计项目负责人参加验收。塔式起重机安装后召集安装单位参加验收。验收合格后方可使用或进行后续施工。

4. 建立危大工程安全管理档案：

（1）危大工程监理实施细则。
（2）已审批的专项方案（或按照专家意见修改、完善后的方案）及报审表。
（3）专家论证意见。
（4）监理人员危大工程专项巡视检查记录。
（5）危大工程联合验收表。
（6）针对危大工程安全隐患签发的《监理通知单》及回复单。

三、安全生产管理方面的其他审查工作

1. 审查施工单位的安全生产管理制度

主要包括安全生产责任制、安全生产许可制度、安全技术措施计划与管理制度、安全施工技术交底制度、安全生产检查制度、特种作业人员持证上岗制度、安全生产教育培训制度、设备（包括租赁设备）管理制度、消防安全管理制度、应急救援预案管理制度、生产安全事故报告和调查处理制度、安全生产费用管理制度、工伤和意外伤害保险制度等。

2. 审查施工单位安全生产管理体系和人员资格

工程开工前，工程监理组审查施工单位报送安全生产管理体系和人员资格报审表，重点审查安全生产管理体系是否健全，项目经理、专职安全员的安全生产考核合格证书是否有效，安全员配备数量是否满足本项目安全生产管理需要，符合要求后报总监理工程师审核确认。

3. 审查特种作业人员岗位证书

工程开工前，工程监理组审查施工单位报送特种作业人员资格报审表，重点审查特种作业人员岗位证书的有效性。审查符合要求后报总监理工程师审核确认。

4. 审查施工组织设计中的安全技术措施

审查的主要内容有：

（1）符合工程建设强制性标准相关要求的情况。

（2）安全管理组织机构和资源配置。

（3）安全生产管理制度和职工安全教育培训制度。

（4）重大危险源清单。

（5）安全验算结果的可靠性。

（6）季节性安全施工措施。

（7）超过一定规模危险性较大的分部分项工程，专家论证会的审查意见是否已落实修改。

（8）现场安全检查制度和安全事故处理规定。

5. 施工起重机械与自升式架设设施的审查

（1）审查施工起重机械与自升式架设设施的备案证。

（2）审查安装拆卸单位资质证书、安全生产许可证。

（3）审查安装拆卸单位特种作业人员岗位证书。

（4）审查安装拆卸单位负责施工起重机械与自升式架设设施安拆专职安全生产管理人员、专业技术人员名单。

（5）审查施工单位负责施工起重机械与自升式架设设施安拆的专职安全管理人员考核证书。

（6）审查施工起重机械与自升式架设设施安装拆卸专项施工方案。

（7）审查施工单位与安装拆卸单位签订的安装拆卸合同及安全管理协议书。

（8）施工单位向工程监理组提交安装拆卸申请，并明确安装拆卸的具体时间。未经工程监理组的批准，施工单位不得进行施工起重机械安装拆卸。

（9）施工起重机械顶升前，施工单位向工程监理组提交顶升申请，告知工程监理组顶升的具体时间。未经工程监理组批准，施工单位不得进行施工起重机械顶升作业。

（10）审查施工起重机械的安装、拆卸、顶升、附着等工作是否由同一单位完成，并不得批准在夜间或恶劣环境进行施工起重机械安装、拆卸、顶升和保养等工作。

（11）审查施工起重机械与自升式架设设施基础的验收资料。

四、识别重大危险源

建筑工程是流动人员从事流动性作业、工序复杂、危险因素较多的行业。为防止安全事故的发生，针对本工程特性，工程监理组根据项目的建筑结构、类型、规模、高度、施工环境、施工季节等特点，从人、机、料、法、环五大因素综合分析，识别确认可能造成人员伤害、财产损失的重大危险源，如表6-5所示，并要求施工单位安全生产管理人员加强巡视检查。同时工程监理人员在巡视检查过程中也重点关注这些重大危险源。

本项目的重大危险源列表 表 6-5

危险源		可能导致的事故	分级
塔式起重机	限位、保险装置不起作用	吊物坠落、伤人	一级
	起重钢丝绳线磨损、断丝超标	吊物坠落、伤人	一级
	锁具不符合要求	吊物坠落、伤人	一级
	附墙装置不符合要求	倒塌、伤人	一级
	漏电保护器未设或失效	触电伤人	一级
	接地接零线不符合要求	触电伤人	一级
	垂直度偏差超标	倒塌、伤人	一级
	架空线路防护不符合要求	触电伤人	一级
施工升降机	起重量限制器、渐进式防坠安全器、防松绳装置、非自动复位型的急停开关、吊笼和对重缓冲器等安全装置失效	起重伤害、高处坠落	一级
	自动复位型限位开关、吊笼门机电联锁装置、吊笼顶窗电气安全开关失效	起重伤害、高处坠落	一级
	吊笼和对重升降通道周围地面、出入通道、停层平台两侧防护措施不到位	物体打击、高处坠落	一级
	附墙架刚度、强度、稳定性不符合要求，附墙架与建筑结构连接方式、角度不符合产品说明书要求，附墙架间距、最高附着点以上导轨架的自由高度不符合要求	坍塌、高处坠落	一级
	钢丝绳磨损、变形、锈蚀超过限值，滑轮未安装钢丝绳防脱装置，对重重量、固定方式、钢丝绳的规格不符合产品说明书及规范要求	起重伤害、高处坠落	一级
	导轨架垂直度、标准节质量不符合要求	坍塌	一级
	基础及验收不符合要求，基础无排水设施	起重伤害、坍塌	一级
	与架空线路安全距离不足，未设置避雷带	触电	一级
卸料平台	卸料平台外侧未封闭	物体打击	一级
	卸料平台与结构连接位置设置不合理	坍塌	一级
	卸料平台安装前未对安装人员进行安全教育。拆除/安装前未进行安全技术交底	坠落、物体打击、坍塌	一级
	卸料平台安装时管理人员违章指挥	坠落、物体打击、坍塌	一级
	卸料平台无限载牌或未分类量化限载	坠落、坍塌	一级
	卸料平台与结构之间临边、洞口封闭不严密。坠落半径内无隔离防护措施	物体打击	一级
	卸料平台未经验收投入使用	坍塌	一级
	拆除/安装时管理人员违章指挥	坠落、物体打击、坍塌	一级
	卸料平台未分类量化限载	坠落、物体打击、坍塌	一级

续表

危险源		可能导致的事故	分级
临时用电	电焊机漏电未接保护零线	触电伤人	二级
	电焊机漏电保护器失灵	触电伤人	二级
	电焊机无二次空载降压保护器或防触电装置	触电伤人	二级
	电焊机防护装置不符合要求	触电伤人	二级
	配电室（柜）小于安全距离未采取措施	触电伤人	一级
	外电防护措施不符合要求	触电伤人	一级
	未达到"三级配电、两级保护"要求	触电伤人	一级
	配电箱未接保护零线	触电伤人	一级
	私接、私拉电线	触电伤人	一级
	使用大功率电器	火灾	二级
脚手架	架体下部无扫地杆	脚手架坍塌	一级
	基础积水	脚手架坍塌	一级
	基础不平、不实、无垫木	脚手架坍塌	一级
	未张挂密目网	物体打击、高处坠落	一级
	密目网封闭不严	物体打击	一级
	作业层未挂平网	物体打击、高处坠落	一级
	作业层未设防护栏杆	坠落伤人	一级
	拉结点数量不足或不牢固	脚手架倾覆	一级
	未设剪刀撑	脚手架变形、坍塌	一级
	剪刀撑设置不符合要求	脚手架变形	二级
	脚手板未满铺	坠落伤人	一级
	脚手板材质不符合要求	坠落伤人	二级
	脚手板存在探头板现象	高处坠落	一级
	私自拆除杆件、扣件	脚手架坍塌	一级
	荷载超过核定值	脚手架坍塌	一级
	卸料平台同脚手架连接	脚手架变形	二级
	未设防护栏杆	坠落伤人	一级
基坑支护	未按照规定编制基坑施工专项方案，超过一定规模未组织专家论证，未按照专项方案组织施工	各类事故	一级
	堆放材料距基坑边不足1m	坍塌	一级
	坑壁支护不符合要求，支护发生变形	坍塌	一级
	出现不利的地质情况	坍塌	一级

续表

危险源		可能导致的事故	分级
边口防护	未按要求搭设临边防护栏杆	坠落伤人	一级
	楼梯口未设防护栏杆	坠落伤人	一级
	预留洞口未按要求搭设安全网（板、栏杆）	坠落伤人	一级
	电梯井口未按要求设防护门	坠落伤人	一级
	通道口未按要求搭设防护通道	落物伤人	一级
模板支撑	操作平台超载或堆放不均匀	坍塌、坠落伤人	一级
	立杆接头在同一平面	坍塌	一级
	立杆底部无垫板或用砖垫高	坍塌	一级
	未设剪刀撑	坍塌	一级
	未设扫地杆	坍塌	一级
	立杆间距大于设计要求	坍塌	一级
	模板上施工荷载超过要求	坍塌	一级
	立杆材料不符合要求	坍塌	一级
	大模板存放无防倾倒措施	倾倒伤人	一级
	高架支模无专项方案、无专家论证	坍塌	一级
	2m以上模板工程施工作业时无可靠立足点	人员坠落	一级
不安全行为	模板拆除区域未设置警戒线，且无监护人	落物伤人	一级
	模板拆除时，混凝土强度达不到设计要求	坍塌	一级
	作业面及临边无防护措施	高处坠落	一级
	垂直交叉作业无防护措施	落物伤人	一级
	未按方案施工	建筑物裂缝变形	一级
	未经允许开动、关停、移动机器设备	机械伤害	二级
	使用不安全设备设施	坠落、触电、机械伤害、火灾等	一级
	安全设施配备不足	坠落、物体打击、触电、机械伤害等	一级
管理缺陷	危险作业无人员现场监护	物体打击、火灾等	二级
	安全设备设施未按规定验收	机械伤害、触电、倒塌、坠落等	二级
	大型设备安拆单位无资质	机械伤害、倒塌、高处坠落等	一级

五、落实安全巡视检查制度

1. 安全检查的主要类型

（1）日常的安全巡查

工程监理组的安全管理人员负责施工现场的安全巡视工作，每天应不少于两次。在巡视检查过程中，应重点检查下列内容。

1）施工单位专职安全生产管理人员到岗情况和特种作业人员持证上岗情况。

2）施工单位是否按照批准的施工组织设计安全技术措施和专项施工方案施工。

3）施工现场各种安全标识、安全防护措施和安全生产管理制度落实情况。

4）施工现场存在的安全隐患及整改情况。

5）重大危险源处的安全状况。

6）工程监理组签发的监理通知、工程暂停令执行情况等。

（2）经常性安全检查（周检查）

本项目规定了每周一下午为周安全检查时间。周安全检查是工程监理组的常规检查，人员要求各单位的安全员、生产经理和各施工工长都必须参加，对于检查发现的问题，能立即整改的，必须立即整改；不能立即整改的，我们下发安全检查记录，通知施工单位限期整改。施工单位整改后及时回复，监理单位复查合格后，安全隐患消除，形成资料闭合。

（3）季节性安全检查（防雷电、防暑、防涝抗旱）

（4）节假日检查（中秋节、端午节、春节前后等）

（5）公司质量技术中心的全面检查

按照公司的管理规定，公司层面每一个季度对项目进行一次全面巡视检查。本项目施工实施期间，公司检查7频次（含高大支模验收专项检查一次）。公司层面检查一般由质量技术中心组织，检查人员含公司总工、公司质量负责人、公司安全负责人参加。检查过程包括查看全部的施工现场、办公资料、监理人员交流座谈等，对项目的资料、质量、安全有个全面的了解，并编写专项巡视检查报告。

2. 安全检查的主要内容

（1）查思想

重点检查项目施工中各单位负责人和员工对安全生产方针的认识、重视程度；人员在岗情况等。

（2）查管理

主要检查安全生产管理制度和措施是否有效。包括安全生产管理各项制度（班前会、安全例会、安全检查、安全施工作业票、安全技术交底、安全监护、安全评价等）是否得到落实。

（3）查隐患

主要是作业现场是否符合安全生产的要求，检查工人的劳动工器具、个人防护用品、卫生设施、安全通道、防护设施（高处作业、脚手架、模板支撑）、临时用电、动火作业、危化品、防暑降温、消防设施等，重点是对危大工程或超过一定规模的危大工程的安全巡查记录必须完备。

（4）查整改

主要检查工程监理组已提出的安全问题和安全隐患是否采取了技术和管理措施，以及所采取措施的效果。

六、履行监理安全责任的资料

安全管理资料很多，主要有管理性文件、工作性文件等，如分包单位资格审查、安全监理专题会议纪要、技术文件审批、施工现场起重机械管理、安全生产措施费申请资料、安全问题或隐患整改记录。对于本项目，履行监理安全责任的资料有以下的内容。

1. 安全日志独立成册

工程监理组专职安全管理人员每日记录安全日志，安全日志包括下列内容：

（1）工程形象进度、施工现场安全生产管理情况及安全巡视情况。

（2）特种作业人员持证上岗情况、施工单位安全管理人员到位及工作情况。

（3）现场发现的安全隐患及其处理。

（4）当日有关安全生产方面存在的问题、下发的监理通知及整改复查情况。

（5）危险性较大的分部分项工程专项施工方案执行情况。

2. 安全验收记录资料

（1）安全物资验收资料

为安全生产采购或租赁的安全防护用品及涉及施工现场安全的重要物资（包括预埋钢筋和螺栓、塔式起重机基础用商品混凝土、脚手架钢管、钢管扣件、安全网、安全带、安全帽、安全绳、灭火器、消火栓、消防水带、配电箱、开关箱、漏电保护器、隔离开关、电缆等）进场前，施工单位应填写《工程物资进场报验表》，并附出厂质量证明文件、试验报告、合格证等材料，报工程监理组验收。工程监理组负责安全的工程师审核生产许可证、产品合格证、检测报告等相关文件，并须履行相应的审核、审批手续。

（2）现场施工验收资料

根据施工进度和现场情况，工程监理组负责安全的工程师依据施工现场文明施工检查验收记录，对施工现场的环境保护、安全施工、文明施工、临时设施等项目进行安全验收。如脚手架验收、卸料平台验收、基坑开挖验收、塔式起重机保养检查验收等。

3. 公司巡视检查记录资料

公司巡视检查报告主要包括施工形象进度、施工现场的总体评价、施工质量与安全隐患状况、施工与监理资料收集情况、工作建议等内容。公司检查的次日将检查报告传给全过程工程咨询项目团队，项目团队收到公司的巡视检查报告后，要立即学习并组织整改，整改完成后以书面的形式将整改措施及效果回复给公司质量技术中心，形成完整的闭合资料。并将资料作为考核项目团队监理工作的重要依据。

第七章 造价咨询

除了编制培训中心全部投资估算（含一期和二期）外，造价咨询的工作内容还有编制培训中心一期工程的施工图预算、培训中心一期工程施工阶段的造价控制工作和培训中心一期工程竣工结算等。需要特别说明的是，由于某些无法控制的原因，导致培训中心一期工程签订施工合同时只有暂估价而没有合同价，最后只能按实际预算价进行结算。施工阶段约有1500种材料单价要求造价咨询组根据不同的采购量对应的采购时间来确认单价。当造价咨询组所调查确认的材料单价得不到施工单位的认可时，代建单位将材料采购的主体由施工单位调整为代建单位，此时全过程工程咨询团队又协助代建单位进行材料采购工作（见第四章）。

第一节 施工图预算的编制

依据法律规定，民营企业投资的建设项目可以不通过招标选择承包单位。代建单位通过非公开招标方式遴选了施工单位。确定施工单位后，代建单位要求以方案设计的估算价作为暂定合同价签订总承包施工合同，并约定以实际发生的施工图预算价作为造价控制依据。

为便于后期与施工单位核对清单的工程量与价格，造价咨询组在编制施工图预算文件之前确定采用清单计价法，并遵照《建设工程工程量清单计价规范》GB 50500—2013以及当地关于招标控制价编制的规定。

编制范围为培训中心一期工程的施工内容包括1号教学楼、2号教学楼、1号宿舍楼、2号宿舍楼、3号宿舍楼、1号食堂＋风雨操场（含地下一层设备用房）、室外景观及市政配套等，总建筑面积99658.50m^2。编制内容包括地上、地下建筑工程（土方、建筑、基坑支护），安装（水、电、消防、通风空调）、室外管道及景观绿化等。智能化系统及厨房设备因由委托方自行统一建设，施工图预算未包括智能化系统及厨房设备，但为完整起见，仍按投资估算价列入。

一、施工图预算的编制程序

施工图预算编制按编制准备、实施和成果审核三个工作阶段进行。

1. 编制准备

（1）造价人员了解施工现场情况、工程特点，收集相关编制依据。

（2）造价咨询组熟悉相关合同、会议纪要、施工图纸和施工方案相关资料，熟悉与建设工程项目有关的标准、规范、技术资料。

（3）造价咨询组负责人与代建单位沟通确定施工图预算的编制要求。

（4）造价咨询人员掌握施工图预算的编制要求和范围，熟悉相关的计价标准、费用指标、材料价格信息等。

（5）造价咨询组负责人进行施工图预算编制技术交底，并做好编审前的所有准备工作。

2. 编制实施

（1）分析研究本工程的施工组织设计和施工方案。

（2）进行分部分项工程的工程量清单项目列项、计量、计价，并汇总分部分项工程费。

（3）进行措施项目工程量清单项目列项、计价，并汇总措施项目费。

（4）进行其他项目工程量清单项目列项、计价，并汇总其他项目费。

（5）进行规费项目、税金项目工程量清单项目列项、计价。

（6）汇总相关文件，确定施工图预算价格交造价咨询负责人审核。

3. 成果审核

（1）造价咨询组负责人对初步成果文件进行检查、复核。

（2）全过程工程咨询负责人组织全过程工程咨询团队项目管理、工程监理、设计人员对施工图预算价格进行全面审查。

（3）全过程工程咨询负责人组织审查后报公司造价咨询部审核。

二、施工图预算

培训中心一期工程施工图预算总价及单方指标见表7-1。实际工作中，由于智能化系统及厨房设备由建设单位自行完成，不在全过程工程咨询的范围之内，为完整起见，仍将智能化系统及厨房设备按估算价列入表7-1中。

培训中心一期工程施工图预算总价及单方指标　　　表7-1

序号	项目名称	建筑（或场地）面积/m²	施工图预算/万元	预算指标/（元/m²）
一	土建工程	99658.50		
1	土方工程		881.90	88.49
2	基坑支护		42.23	4.24
3	1号教学楼土建	9840.41	1433.23	1456.47
4	2号教学楼土建	9735.16	1391.44	1429.29
5	1号宿舍楼土建	33002.74	4809.79	1457.39
6	2号宿舍楼土建	11584.36	1639.67	1415.42

续表

序号	项目名称	建筑（或场地）面积/m²	施工图预算/万元	预算指标/(元/m²)
7	3号宿舍楼土建	21638.77	3108.89	1436.72
8	1号食堂+风雨操场	13857.06	2636.54	1902.67
	土建工程小计	99658.50	15943.69	1599.83
二	装修工程		4990.73	500.78
三	安装工程			
1	电气工程		1264.98	126.93
2	消防电气工程		245.43	24.63
3	通风工程		391.79	39.31
4	给水排水工程		2246.74	225.44
5	消防水工程		482.44	48.41
	安装工程小计		4631.38	464.73
四	室外工程			
1	室外绿化工程	18587.90	335.23	180.35
2	室外道路铺装	20475.71	902.65	440.84
3	室外管网	39063.61	1938.41	496.22
	室外工程小计		3176.29	813.11
五	专业设备工程			
1	高低压配电		470.75	47.24
2	电梯		494.76	49.65
3	空调工程		886.21	88.92
4	智能化（估算）		1195.90	120.00
5	厨房设备（估算）		150.00	15.00
	专业工程小计		3197.62	320.86
	合计		31939.71	3204.92

注：智能化工程和厨房设备由建设单位自行实施，其预算价按估算指标计入表中。

第二节 施工阶段的造价控制

在施工阶段，造价咨询组通过编制资金使用计划，为建设单位合理筹集资金提供依据。同时，建立了适合全过程工程咨询模式管理需要的造价内控管理制度，及时进行工程计量与计价，对出现的工程变更对比优选方案，使工程造价得到有效控制。

一、施工阶段资金使用计划的编制

本项目建设单位母公司为上市公司，对项目融资和资金的使用有严格的管理规定。造价咨询组编制了培训中心一期工程的资金筹集和使用计划供投资方参考，如表 7-2 所示。

一期工程资金使用计划表　　　　　表 7-2

序号	时间	当月计划投资/万元	累计计划投资/万元	计划应支付费用/万元	累计计划应支付费用/万元
1	2020.5	1650.00	1650.00	0.00	0.00
2	2020.6	2150.00	3800.00	1155.00	1155.00
3	2020.7	3200.00	7000.00	1505.00	2660.00
4	2020.8	3850.00	10850.00	2240.00	4900.00
5	2020.9	4700.00	15550.00	2695.00	7595.00
6	2020.10	6200.00	21750.00	3290.00	10885.00
7	2020.11	5000.00	26750.00	4340.00	15225.00
8	2020.12	3800.00	30550.00	3500.00	18725.00
9	2021.3	1800.00	32350.00	2660.00	21385.00
10	2021.4			1260.00	22645.00
11	2021.6			3235.00	25880.00
12	2021.12			5499.50	31379.50

二、材料核价

施工合同约定，所有材料、设备价格均由承包人报发包人审批确认，按照发包人审批价格结算，实行"甲控乙供"方式。发包人对部分材料指定了品牌或者生产厂家范围，发包人限定了品牌或者生产厂家范围的乙购材料，承包人应在限定的品牌或者生产厂家范围中选择一个进行询价、报价。凡由承包人负责采购的材料、设备均应完全满足合同条款、设计文件及有关规范、标准的要求。需要进行价格调整的材料，其单价和采购数量应由发包人审批，发包人确认需调整的材料单价及数量，作为调整合同价格的依据。

整个项目约有 1500 种材料需要核价。为了解当地材料市场价的情况，造价咨询组与委托方一起，对当地的主要材料价格做了市场调研。根据调研情况，向委托方推荐两到三个信誉好、价格适中的材料品牌经委托方确认后供施工方选用，由施工单位选择品牌后向造价咨询组申报价格，此价格一经确认，将作为进度付款和结算的依据。

钢材及混凝土数量在工程建设项目中占比很大，其价格的高低对工程造价有举足轻重的作用，而且这两个种类材料的市场价随时处于变动中，如何合理确定市场价是核价工作的难点。

关于钢材价格，全过程工程咨询团队与代建单位一起收集一定时间段内的当地信息指导价及同期"我的钢铁网"上的交易价，与当地信息指导价进行对比（表7-3），其中仅2020年7月份的价格对比与其他月份出现明显差异。造价咨询组对当地的市场价格进行调研，并将市场调研结果与"我的钢铁网"及信息指导价进行对比分析后得出结论，当地信息指导价的价格水平基本符合市场价状况。为减少核价的工作量及核价过程中的种种矛盾，以当地信息指导价下浮4%后作为施工期间的材料价格计入当月计量款，结算时采用施工期间的加权平均价下浮4%后计取。

"我的钢材网"与当地信息指导价的价格对比表　　表7-3

时间	计价类别	不同规格价格　元/t					
		HRB400,Φ=6	HRB400,$\Phi \leq 10$	HRB400,Φ=12	HRB400,Φ=14	HRB400,$16 \leq \Phi \leq 25$	HRB400,$28 \leq \Phi \leq 32$
2020年4月份	钢材网平均价	4057	3757	3774	3654	3624	3684
	当地信息价	4137	3837	3854	3734	3704	3764
	差异	80	80	80	80	80	80
2020年5月份	钢材网平均价	4192	3892	3884	3764	3734	3794
	当地信息价	4272	3972	3964	3844	3814	3874
	差异	80	80	80	80	80	80
2020年6月份	钢材网平均价	4265	3965	3950	3830	3800	3860
	当地信息价	4345	4045	4030	3910	3880	3940
	差异	80	80	80	80	80	80
2020年7月份	钢材网平均价	4287	3987	3941	3821	3791	3851
	当地信息价	4026	4367	4067	4021	3901	3871
	差异	-261	380	126	200	110	20

续表

时间	计价类别	不同规格价格　元/t					
		HRB400, Φ=6	HRB400, Φ≤10	HRB400, Φ=12	HRB400, Φ=14	HRB400, 16≤Φ≤25	HRB400, 28≤Φ≤32
2020年 8月份	钢材网平均价	4459	4159	4032	3912	3882	3942
	当地信息价	4539	4239	4112	3992	3962	4022
	差异	80	80	80	80	80	80
2020年 9月份	钢材网平均价	4560	4234	4058	3938	3908	3968
	当地信息价	4640	4314	4138	4018	3988	4048
	差异	80	80	80	80	80	80
2020年 10月份	钢材网平均价	4661	4298	4065	3942	3912	3972
	当地信息价	4741	4378	4145	4022	3992	4052
	差异	80	80	80	80	80	80
2020年 11月份	钢材网平均价	5100	4719	4401	4281	4251	4311
	当地信息价	5180	4799	4481	4361	4331	4391
	差异	80	80	80	80	80	80
2020年 12月份	钢材网平均价	5200	4794	4564	4444	4414	4486
	当地信息价	5280	4874	4644	4524	4494	4566
	差异	80	80	80	80	80	80

关于混凝土价格，参照钢材价格的确定原则，经调研对比分析后，确定将当地信息指导价下浮4%后作为施工期间的材料价格计入当月计量款，结算单价采用施工期间的加权平均价下浮4%计取。认价单的格式见表7-4。

材料认价单　　　　　　　　　　　　　表7-4

材料或设备名称	规格型号	单位	申报单价（含税价）/元	核定单价（含税价）/元
M5水泥砂浆（预拌砂浆）		t	417.22	395.00

续表

材料或设备名称	规格型号	单位	申报单价（含税价）/元	核定单价（含税价）/元
M10水泥砂浆（预拌砂浆）		t	434.95	415.46
M5混合砂浆（预拌砂浆）		t	412.68	400.75
水泥砂浆（预拌砂浆）	1:1	t	454.73	436.27
水泥砂浆（预拌砂浆）	1:2	t	481.65	456.91
水泥砂浆（预拌砂浆）	1:2.5	t	482.33	455.80
水泥砂浆（预拌砂浆）	1:3	t	470.24	445.74
混合砂浆（预拌砂浆）	1:1:6	t	427.36	425.74
混合砂浆（预拌砂浆）	1:1:4	t	441.12	435.74
螺纹钢筋	HRB400，ϕ10以内	t	4682.30	4459.66
螺纹钢筋	HRB400，ϕ10以上	t	4764.23	4496.00
螺纹钢筋	HRB400，ϕ6	t	5012.17	4959.54
螺纹钢筋	HRB400，Φ8	t	4622.23	4434.64
螺纹钢筋	HRB400，Φ10	t	4622.23	4459.66
螺纹钢筋	HRB400，Φ=12	t	4355.12	4254.46
螺纹钢筋	HRB400，Φ=20	t	4163.27	4046.60
螺纹钢筋	HRB400，$\Phi \leq 20$	t	4163.27	4017.16
螺纹钢筋	HRB400，Φ>20	t	4172.23	4050.55
螺纹钢筋	HRB400，Φ=28	t	4766.54	4050.55
螺纹钢筋	HRB400带Eϕ8	t	4662.23	4065.90
螺纹钢筋	HRB400带E，$\Phi \leq 20$	t	4203.27	4633.00
螺纹钢筋		t		4474.64
螺纹钢筋		t		4090.55
冷拔低碳钢丝		t	6120.00	5628.34
有粘结钢绞线		t	6300.00	5900.00
中厚钢板（综合）		kg	4.82	4.50
钢板网（钢丝网）		m²	8.95	8.80
复合木模板		m²	44.00	39.84
水泥	32.5级	t	470.00	425.57

造价咨询人员在审核材料价格时，秉持着客观公正的立场。在全过程工程咨询团队核定的材料价格中，大部分得到了施工单位的认可。但是也有部分材料价

格，承包人不予接受，理由是所核定的价格低于市场价。如外墙真石漆，承包人申报价格为 105 元 /m^2，审计核定价格为 52 元 /m^2，双方价格差距较大。为此，造价咨询人员参照"发包人保留材料设备由发包人供应的权利"的合同约定，建议委托人将其改为甲供材处理，此项节约造价约 300 万元。另外，安装工程的电缆、给水管等部分主材设备也因双方对审核价格达不成一致意见而改为甲供材处理，节约造价约 150 万元。

三、工程计量

工程计量师根据设计图纸、技术规范以及施工合同约定的计量方式和计算方法，对承包人已经完成的质量合格的工程实体数量进行测量与计算。

施工承包合同关于计量周期约定按月进行，每期工程计量审核时，造价咨询人员都与监理人员一起到现场进行核对。隐蔽工程须在覆盖前共同核对工程量。施工期间共完成了 15 期计量款的审核，施工单位送审的工程款约 41293.92 万元，审核后的工程款为 31050.19 万元，核减 10243.73 万元，核减率 24.81%，如表 7-5 所示。核减主要原因有工程量多报、材料价格偏高、将未审核完成的签证计入工程进度款申报等。

计量款审核汇总表　　　　　　　表 7-5

序号	时间	报送价 / 万元	审核价 / 万元	核减额 / 万元	核减率 /%
1	2020.5	2245.77	1050.63	1195.14	53.22
2	2020.6	1548.63	1273.22	275.41	17.78
3	2020.7	3965.33	2744.26	1221.07	30.79
4	2020.8	5431.27	4217.86	1213.41	22.34
5	2020.9	5761.25	4659.21	1102.04	19.13
6	2020.10	5950.84	5325.65	625.19	10.51
7	2020.11	5677.65	4114.39	1563.26	27.53
8	2020.12	3124.33	2214.65	909.68	29.12
9	2021.3	1684.51	1360.24	324.27	19.25
10	2021.4	1168.25	937.88	230.37	19.72
11	2021.5	1031.79	675.96	355.83	34.49
12	2021.6	974.68	474.32	500.36	51.34
13	2021.7	812.62	516.23	296.39	36.47
14	2021.8	844.66	671.47	173.19	20.50
15	2021.9	1072.34	814.22	258.12	24.07
合计		41293.92	31050.19	10243.73	24.81

通过细致的计量审核,核减了施工单位在进度款上虚报的产值,一方面减轻了建设单位的资金筹集的压力;另一方面避免了工程款超额支付的风险。

四、投资偏差分析

本项目的投资偏差分析结合每月的计量支付审核进行。造价咨询人员每次完成审核当月的进度支付申请后,与当月已完工程的预算价进行对比,计算出相对偏差的比例,如表7-6所示,可以客观反映投资偏差的程度,以便项目管理人员采取进度纠偏措施,确保工程进度按原计划进行。

投资偏差分析表　　　　　　　表 7-6

序号	时间	计划完成产值/万元	累计计划完成产值/万元	实际完成产值/万元	累计实际完成产值/万元	累计偏差率/%
1	2020.5	1250.00	1250.00	1050.63	1050.00	-16.00
2	2020.6	1650.00	2900.00	1273.22	2323.22	-19.89
3	2020.7	2800.00	5700.00	2744.26	5067.48	-11.10
4	2020.8	4600.00	10300.00	4217.86	9285.34	-9.85
5	2020.9	4100.00	14400.00	4659.21	13944.55	-3.16
6	2020.10	5400.00	19800.00	5325.65	19270.20	-2.68
7	2020.11	4300.00	24100.00	4114.39	23384.59	-2.97
8	2020.12	2000.00	26100.00	2214.65	25599.24	-1.92
9	2021.3	1300.00	27400.00	1360.24	26959.48	-1.61
10	2021.4	1100.00	28500.00	937.88	27897.36	-2.11
11	2021.5	800.00	29300.00	675.96	28573.32	-2.48
12	2021.6	700.00	30000.00	474.32	29047.64	-3.17
13	2021.7	600.00	30600.00	516.23	29563.87	-3.39
14	2021.8	900.00	31500.00	671.47	30235.34	-4.01
15	2021.9	850.00	32350.00	814.22	31049.56	-4.02

五、工程变更签证及索赔的处理

（一）工程签证

本项目共发生工程签证 105 份,其中涉及费用变更的设计变更签证 18 份、施工条件变更类 79 份、其他（索赔及补偿等）8 份,施工单位申报费用 1673.42 万元,核定的费用为 772.57 万元,核减 900.85 万元,核减率 53.83%。

上述工程签证总体上可以分为三类，见表 7-7。

变更类型及费用汇总表　　　　表 7-7

序号	签证类型	签证单数量/份	送审金额/万元	审定金额/万元	核减金额/万元	核减率/%
1	设计变更类	18	79.72	65.2	14.52	18.21
2	施工条件类	79	665.67	507.37	158.30	23.78
3	补偿索赔类	8	928.03	200	728.03	78.45
	合计	105.00	1673.42	772.57	900.85	53.83

设计文件本身原因引起设计变更的单个签证费用金额均较小。如教学楼屋面变更、食堂卸料平台加固等，主要原因是图纸表述不完善、各专业协调不一致等。

由建设单位需求变更所引起的设计变更，其涉及的费用变化较大。对于此类变更，全过程工程咨询团队要求设计团队在正式出具变更通知单前，提供 2 个以上的变更方案请造价咨询组进行费用测算，综合考虑变更方案的技术可行性和经济性，经建设单位认可后正式下发设计变更单。

施工单位提出的施工条件变更签证，经工程监理、造价咨询人员现场核实并报代建单位同意，及时按规定办理了签证确认手续，虽然施工条件变更签证数量较多，但总体金额较小。

补偿索赔类签证可以细分为补偿和索赔两类。其中补偿类签证主要涉及回购施工单位的现场设施发生的费用等。虽然签证单数量不多，仅为 8 份，但占了送审金额的 55.46%、审定金额的 25.89%。

（二）工程索赔

本项目开工不久，当地在近 2 个月时间里连续出现大雨天气，有时达到暴雨程度。现场基坑、道路持续积水浸泡，对工程施工产生了很大的不利影响。

一标段施工单位以本次降雨为当地遭遇几十年难遇的连日持续暴雨造成现场基坑、道路持续积水浸泡，使工程长时间停工为由，向全过程工程咨询单位报送了 57d 工期延误及相应人员窝工、机械台班损失及清理现场道路、排水疏通发生的费用，共计约 197.18 万元的索赔意向。

全过程工程咨询团队收到索赔意向后，及时组织项目管理、工程监理、造价咨询人员研究讨论，查阅合同条款，施工合同约定了"持续降雨 24h 且降雨量 200mm 以上"为不可抗力。在合同条款 7.7 条"异常恶劣的气候条件"中，对异常恶劣的气候条件的描述与不可抗力中的描述完全一致。

在索赔意向中，施工单位只是文字表述了"当地遭遇几十年难遇的连日持续暴雨"，未提供"持续降雨24h且降雨量200mm以上"的气象证明材料，归属于不可抗力或异常恶劣气候条件的依据不足。造价咨询组将索赔分析结论及时与代建单位进行沟通，与代建单位达成一致意见。最后全过程工程咨询团队以不符合合同关于不可抗力约定为由，拒绝了此项索赔要求。

第三节 竣工结算的审核

一、竣工结算审核工作概述

竣工结算审核工作主要包括审核送审资料的完整性、合法性和充分性；审核结算项目范围、内容与合同约定的项目范围、内容的一致性；审核计价方式是否符合合同约定；审核工程量计算规则与计价规范或定额的一致性以及工程量计算的准确性；审核结算单价是否严格执行合同约定或现行的计价原则与方法；审核变更签证凭据的真实性、合法性、有效性，并核准工程变更费用；审核索赔是否依据合同约定的索赔处理原则、程序和计算方法以及索赔费用的真实性、合法性、准确性；审核分部分项工程费、措施项目费、其他项目费、规费和税金等结算价格是否执行合同约定或相关费用计取标准及有关规定，并审核费用计取依据的时效性、符合性。

结算审核初审意见在征求代建单位、施工单位意见时，施工单位对部分问题提出了不同意见，造价咨询人员根据施工单位提出的意见综合整理了工程结算洽商记录表，如表7-8所示。全过程工程咨询项目负责人召集代建单位、施工单位和全过程工程咨询相关人员就工程结算洽商记录表的内容进行会商，充分听取各方意见，并按合同约定、现场实际情况对初审意见进行调整，最后达成共识。

工程结算洽商记录表　　　　　　表 7-8

序号	洽商问题	施工单位意见	问题澄清及处理意见
1	甲供材料和设备如何计价？	甲供材料和设备不计入造价	甲供材料和设备不计入造价，但在审定单备注中说明本工程甲供材料总价。超供或欠供材料按实际供应价处理
2	本工程有工期延误，是否按合同进行考核？	工期延误由疫情及特大暴雨等造成，应按合同予以顺延	本工程的工期延误涉及雨季、疫情及其他原因，故不考虑工期方面的奖惩
3	水电费如何处理？	现场装表计量，自行交纳	水电费由总包单位自行交纳，结算中不予扣除
4	未核价乙供材料价格如何确定？	按合同约定进行核价	乙供材料由施工单位整理出申报清单，由全过程工程咨询单位和建设单位共同确认

续表

序号	洽商问题	施工单位意见	问题澄清及处理意见
5	是否执行新文件进行人材机及管理费利润的调整？	应按照当地住房和城乡建设厅相关文件分别进行定额、人工价、不可竞争费率的调整	2021年6月30日前完成的工程量仍按原定额及取费标准执行，2021年7月1日完成的工程量按新文件计取
6	结算审计费用核减率超过5%部分的审计费是否按照合同约定在承包人结算费用中扣除？	建议由建设单位承担此项费用	建设单位综合考虑项目实际情况，同意结算中不扣除此项费用，审计费由委托方直接支付

二、竣工结算的成果文件

结算审核内容包括培训中心一期工程的所有建安工程费用。智能化工程和厨房设备工程由委托人自行实施，未纳入审核范围。为方便比较，仅按估算价计入工程结算审核汇总表中，如表7-9所示。

工程结算审核汇总表　　　表7-9

序号	项目名称	施工单位送审结算价/万元	全过程工程咨询审定价/万元	核减额/万元	核减率/%
一	土建工程				
1	土方工程	222.59	207.42	15.17	6.82
2	基坑支护	104.29	101.01	3.28	3.15
3	1号教学楼土建	1446.99	1371.70	75.29	5.20
4	2号教学楼土建	1424.40	1333.01	91.39	6.42
5	1号宿舍楼土建	4960.10	4557.32	402.78	8.12
6	2号宿舍楼土建	1713.50	1618.99	94.51	5.52
7	3号宿舍楼土建	3174.22	3005.96	168.26	5.30
8	1号食堂+风雨操场	3048.71	2612.50	436.21	14.31
	土建工程小计	16094.80	14807.91	1286.89	8.00
二	装修工程	7047.14	5933.68	1113.46	15.80
1	1号教学楼内装	662.46	524.09	138.37	20.89
2	2号教学楼内装	690.96	545.72	145.24	21.02
3	1号宿舍楼内装	2403.74	2054.88	348.86	14.51

续表

序号	项目名称	施工单位送审结算价/万元	全过程工程咨询审定价/万元	核减额/万元	核减率/%
4	2号宿舍楼内装	941.55	743.21	198.34	21.07
5	3号宿舍楼内装	1499.60	1323.76	175.84	11.73
6	1号食堂＋风雨操场内装	848.83	742.02	106.81	12.58
三	安装工程				
1	电气工程	1510.36	1253.09	257.27	17.03
2	消防电工程	175.82	166.06	9.76	5.55
3	通风工程	253.26	241.63	11.63	4.59
4	给水排水工程	2175.70	1889.42	286.27	13.16
5	消防水工程	424.73	394.14	30.58	7.20
	安装工程小计	4539.87	3944.34	595.53	13.12
四	室外工程				
1	室外绿化工程	367.75	338.81	28.94	7.87
2	室外道路铺装	945.39	866.58	78.81	8.34
3	室外管网	1821.67	1694.44	127.23	6.98
	室外工程小计	3134.81	2899.83	234.98	7.50
五	工程签证变更	1459.02	1292.18	166.84	11.44
1	土建签证	868.11	825.41		
2	安装签证	52.54	30.30		
3	内装签证	241.07	225.14		
4	室外签证	297.30	211.33		
六	专业设备工程				
1	高低压配电	407.80	407.80	0.00	0.00
2	电梯	312.00	312.00	0.00	0.00
3	空调工程	680.62	677.87	2.75	0.40
4	智能化（估算）	1195.9	1195.9	0.00	0.00
5	厨房设备（估算）	150.00	150.00	0.00	0.00
	专业设备工程小计	2746.32	2743.57	2.75	0.10
	合计	35021.96	31621.51	3533.09	10.09

注：为方便指标的对比，甲供材费用已分摊计入各单位工程中。

核减的主要原因包括工程量多计、甲供材计入造价、材料价格偏高等。

三、工程结算指标分析

全过程工程咨询团队重视咨询成果的数据积累,项目审核完成后,及时进行了项目的经济指标分析。分析内容包括工程概况、总造价构成及主要指标、建筑费用组成分析表、安装费用组成分析表、分部分项工程量及费用、主材和设备增减表等。经济指标分析表的格式参照当地造价管理部门的格式,便于与类似工程之间数据对比与分析。工程结算指标分析如表 7-10 所示。培训中心一期工程结算与预算价及指标对比如表 7-11 所示。

工程结算指标分析表　　　　　　　表 7-10

序号	项目名称	建筑(或场地)面积 /m²	结算价 / 万元	单方指标 / (元 /m²)
一	土建工程	99658.50		
1	土方工程		207.42	20.81
2	基坑支护		101.01	10.14
3	1号教学楼土建	9840.41	1371.70	1393.95
4	2号教学楼土建	9735.16	1333.01	1369.27
5	1号宿舍楼土建	33002.74	4557.32	1380.89
6	2号宿舍楼土建	11584.36	1618.99	1397.57
7	3号宿舍楼土建	21638.77	3005.96	1389.15
8	1号食堂+风雨操场	13857.06	2612.50	1885.32
土建工程小计		99658.50	14807.91	1485.87
二	装修工程			
1	1号教学楼内装	9840.41	524.09	532.59
2	2号教学楼内装	9735.16	545.72	560.57
3	1号宿舍楼内装	33002.74	2054.88	622.64
4	2号宿舍楼内装	11584.36	743.21	641.56
5	3号宿舍楼内装	21638.77	1323.76	611.75
6	1号食堂+风雨操场内装	13857.06	742.02	535.48
装修工程小计			5933.68	595.40
三	安装工程			
1	电气工程		1253.09	125.74
2	消防电工程		166.06	16.66

续表

序号	项目名称	建筑（或场地）面积/m²	结算价/万元	单方指标/(元/m²)
3	通风工程		241.63	24.25
4	给水排水工程		1889.42	189.59
5	消防水工程		394.14	39.55
	安装工程小计		3944.34	395.79
四	室外工程			
1	室外绿化工程	18587.90	338.81	182.27
2	室外道路铺装	20475.71	866.58	423.22
3	室外管网	39063.61	1694.44	433.76
	室外工程小计		2899.83	742.34
五	工程签证变更		1292.18	
六	专业设备工程			
1	高低压配电		407.80	40.92
2	电梯		312.00	31.31
3	空调工程		677.87	68.02
4	智能化（估算）		1195.90	120.00
5	厨房设备（估算）		150.00	15.05
	专业设备工程小计		2743.57	275.30
	合　计		31621.51	3172.99

培训中心一期工程结算与预算价及指标对比表　　　表7-11

序号	项目名称	建筑（或场地）面积/m²	预算价/万元	结算价/万元	价格差异/万元	预算指标/(元/m²)	结算指标/(元/m²)	指标差异/(元/m²)
一	土建工程	99658.50						
1	土方工程		881.90	207.42	674.48	88.49	20.81	67.68
2	基坑支护		42.23	101.01	−58.78	4.24	10.14	−5.90
3	1号教学楼土建	9840.41	1433.23	1371.70	61.53	1456.47	1393.95	62.52
4	2号教学楼土建	9735.16	1391.44	1333.01	58.43	1429.29	1369.27	60.02
5	1号宿舍楼土建	33002.74	4809.79	4557.32	252.47	1457.39	1380.89	76.50

续表

序号	项目名称	建筑（或场地）面积/m²	预算价/万元	结算价/万元	价格差异/万元	预算指标/（元/m²）	结算指标/（元/m²）	指标差异/（元/m²）
6	2号宿舍楼土建	11584.36	1639.67	1618.99	20.68	1415.42	1397.57	17.85
7	3号宿舍楼土建	21638.77	3108.89	3005.96	102.93	1436.72	1389.15	47.57
8	1号食堂+风雨操场	13857.06	2636.54	2612.50	24.04	1902.67	1885.32	17.35
	土建工程小计	99658.50	15943.69	14807.91	1135.78	1599.83	1485.87	113.96
二	装修工程		4990.73	5933.68	−942.95	500.78	595.40	−94.62
三	安装工程							
1	电气工程		1264.98	1253.09	11.89	126.93	125.74	1.19
2	消防电工程		245.43	166.06	79.37	24.63	16.66	7.97
3	通风工程		391.79	241.63	150.16	39.31	24.25	15.06
4	给水排水工程		2246.74	1889.42	357.32	225.44	189.59	35.85
5	消防水工程		482.44	394.14	88.30	48.41	39.55	8.86
	安装工程小计		4631.38	3944.34	687.04	464.72	395.79	68.94
四	室外工程							0.00
1	室外绿化工程	18587.90	335.23	338.81	−3.58	180.35	182.27	−1.92
2	室外道路铺装	20475.71	902.65	866.58	36.07	440.84	423.22	17.62
3	室外管网	39063.61	1938.41	1694.44	243.97	496.22	433.76	62.46
	室外工程小计		3176.29	2899.83	276.46	813.11	742.34	70.77
五	工程签证变更		0.00	1292.18	−1292.18		129.66	
1	土建签证			825.41				
2	安装签证			30.30				
3	内装签证			225.14				
4	室外签证			211.33				
六	专业设备工程							0.00
1	高低压配电		470.75	407.80	62.95	47.24	40.92	6.32
2	电梯		494.76	312.00	182.76	49.65	31.31	18.34

续表

序号	项目名称	建筑（或场地）面积/m²	预算价/万元	结算价/万元	价格差异/万元	预算指标/(元/m²)	结算指标/(元/m²)	指标差异/(元/m²)
3	空调工程		886.21	677.87	208.34	88.92	68.02	20.90
4	智能化（估算）		1195.90	1195.90	0.00	120.00	120.00	0.00
5	厨房设备（估算）		150.00	150.00	0.00	15.05	15.05	0.00
	专业工程小计		3197.62	2743.57	454.05	320.86	275.30	45.56
	合计		31939.71	31621.51	318.20	3204.92	3172.99	31.93

根据合同约定，本项目将施工图预算作为造价控制及结算依据，从结算价与预算价分析表我们可以看出，在工程主体没有大的变更情况下，本项目建安工程结算价比预算价低了 1.00%（不考虑签证变更影响时降低约 5.04%）。通过对各专业工程的分析，我们可知结算价低的主要原因。

1. 土方工程造价由预算的 881.90 万元降低到 207.42 万元，主要原因是二者回填土土质不一样。编制预算时根据图纸设计要求"……位于设备基础、地面、散水、踏步等基础之下的回填土，须采用 3 : 7 灰土"。施工时，全过程工程咨询人员发现土质情况较好，满足原土回填的要求，故要求施工单位开挖预留后利用原土进行了回填，从而降低了约 670 万元造价。

2. 装修工程结算价高于预算价，主要原因有人工单价和不可竞争费的费率调整（执行新的政府文件要求）；工作内容上增加腻子涂刷（原预算价定额未计取此部分内容）；原总包单位施工的楼梯栏杆改为装修单位施工；教学楼顶层增加钢制转换层且吊顶内增加隔声棉，二～四层地坪灌注施工由总包单位施工调整为装修单位施工；宿舍楼顶层增加钢制转换层，且宿舍楼顶层增加石膏板隔断；食堂部分增加了后厨装修（原预算因需深化设计，未计取）。

3. 材料价格得到了有效控制。预算中材料价按编制期的信息价计入，结算价按核定后的市场价计入（或改为甲供材），且材料品牌及档次要求不高，此部分降低造价约 1340 万元，降低比例约 1.96%（不含签证变更金额，下同）。

4. 空调、电梯、高低压配电工程等专业设备工程，通过内部招标比选，合计降低造价约 424 万元，约占总造价的 1.31%。

5. 结算工程量及定额套用比预算的把控尺度更严格，降低造价约 590 万元，合计降幅约 1.82%。

综合而言，培训中心一期工程的经济指标偏低于类似工程指标，但在合理范围内。这个经济指标符合代建单位开工前的预期，也证明了我们的造价控制及项目管理措施是有效的。

四、各阶段工程造价对比

培训中心一期工程投资估算、施工图预算和竣工结算造价对比详见表 7-12。项目实施各阶段的单方造价指标对比详见表 7-13。

培训中心一期工程各阶段工程造价对比表　　表 7-12

序号	项目名称	建筑（或场地）面积 /m²	投资估算 /万元	施工图预算 /万元	工程结算 /万元
一	土建工程				
1	土方工程		298.97	881.90	207.42
2	基坑支护		424.84	42.23	101.01
3	1号教学楼土建	9840.41	1918.88	1433.23	1371.70
4	2号教学楼土建	9735.16	1898.36	1391.44	1333.01
5	1号宿舍楼土建	33002.74	6930.58	4809.79	4557.32
6	2号宿舍楼土建	11584.36	2432.72	1639.67	1618.99
7	3号宿舍楼土建	21638.77	4544.14	3108.89	3005.96
8	1号食堂+风雨操场	13857.06	3048.55	2636.54	2612.50
	土建工程小计	99658.50	21497.04	15943.69	14807.91
二	装修工程				
1	1号教学楼内装	9840.41	590.42	466.82	524.09
2	2号教学楼内装	9735.16	584.11	426.40	545.72
3	1号宿舍楼内装	33002.74	1980.16	1694.33	2054.88
4	2号宿舍楼内装	11584.36	695.06	595.10	743.21
5	3号宿舍楼内装	21638.77	1298.33	1077.99	1323.76
6	1号食堂+风雨操场内装	13857.06	831.42	730.09	742.02
	装修工程小计		5979.52	4990.73	5933.68
三	安装工程				
1	电气工程		1494.88	1264.98	1253.09
2	消防电工程		298.98	245.43	166.06
3	通风工程		896.93	391.79	241.63
4	给水排水工程		2391.80	2246.74	1889.42
5	消防水工程		597.95	482.44	394.14
	安装工程小计		5680.54	4631.38	3944.34

续表

序号	项目名称	建筑（或场地）面积/m²	投资估算/万元	施工图预算/万元	工程结算/万元
四	室外工程				
1	室外绿化工程	18587.90	464.70	335.23	338.81
2	室外道路铺装	20475.71	982.83	902.65	866.58
3	室外管网	39063.61	2070.37	1938.41	1694.44
	室外工程小计		3517.90	3176.29	2899.83
五	工程签证变更		0.00	0.00	1292.18
六	专业设备工程				
1	高低压配电		1494.88	470.75	407.80
2	电梯		494.76	494.76	312.00
3	空调工程		1295.56	886.21	677.87
4	智能化		1195.90	1195.90	1195.90
5	厨房设备		150.00	150.00	150.00
	专业工程小计		4631.10	3197.62	2743.57
	合计		41306.08	31939.71	31621.51

各阶段造价指标对比表　　表7-13

序号	项目名称	建筑（或场地）面积/m²	估算指标/(元/m²)	预算指标/(元/m²)	结算指标/(元/m²)
一	土建工程				
1	土方工程		30.00	88.49	20.81
2	基坑支护		42.63	4.24	10.14
3	1号教学楼土建	9840.41	1950.00	1456.47	1393.95
4	2号教学楼土建	9735.16	1950.00	1429.29	1369.27
5	1号宿舍楼土建	33002.74	2100.00	1457.39	1380.89
6	2号宿舍楼土建	11584.36	2100.00	1415.42	1397.57
7	3号宿舍楼土建	21638.77	2100.00	1436.72	1389.15
8	1号食堂+风雨操场	13857.06	2200.00	1902.67	1885.32
	土建工程小计	99658.50	2157.07	1599.83	1485.87
二	装修工程				
1	1号教学楼内装	9840.41	600.00	474.39	532.59
2	2号教学楼内装	9735.16	600.00	438.00	560.57

续表

序号	项目名称	建筑（或场地）面积 /m²	估算指标 /（元 /m²）	预算指标 /（元 /m²）	结算指标 /（元 /m²）
3	1号宿舍楼内装	33002.74	600.00	513.39	622.64
4	2号宿舍楼内装	11584.36	600.00	513.71	641.56
5	3号宿舍楼内装	21638.77	600.00	498.18	611.75
6	1号食堂+风雨操场内装	13857.06	600.00	526.87	535.48
	装修工程小计		600.00	500.78	595.40
三	安装工程				
1	电气工程		150.00	126.93	125.74
2	消防电工程		30.00	24.63	16.66
3	通风工程		90.00	39.31	24.25
4	给水排水工程		240.00	225.44	189.59
5	消防水工程		60.00	48.41	39.55
	安装工程小计		570.00	464.73	395.79
四	室外工程				
1	室外绿化工程	18587.90	250.00	180.35	182.27
2	室外道路铺装	20475.71	480.00	440.84	423.22
3	室外管网	39063.61	530.00	496.22	433.76
	室外工程小计		900.56	813.11	742.34
五	工程签证变更				
六	专业设备工程				
1	高低压配电		150.00	47.24	40.92
2	电梯		49.65	49.65	31.31
3	空调工程		130.00	88.92	68.02
4	智能化		120.00	120.00	120.00
5	厨房设备		15.05	15.05	15.05
	专业工程小计		464.70	320.86	275.30
	合计		4144.76	3204.92	3172.99

通过以上对比可以看出，投资估算、施工图预算和竣工结算的工程造价整体呈现逐步递减的趋势，全过程工程咨询的投资控制是成功的，也体现出了全过程工程咨询服务模式的优势。

附录 全过程工程咨询的文件资料清单

一、前期项目决策与报建审批资料清单

1. 可行性研究报告
2. 可行性研究报告审查意见
3. 项目立项批文
4. 办理土地使用证明文件需要的资料有：
 (1) 申请人身份证明（原件）；营业执照副本；经办人授权委托书
 (2) 土地宗地图（原件）
 (3) 成交确认书；相关缴费通知单（政府土地科提供）；土地出让合同（原件）
 (4) 土地出让金收据（原件）
 (5) 土地契税完税证明（原件）分别为 3% 契税；万分之五印花税
 (6) 不动产权籍调查成果（界址坐标表；权籍调查表）
5. 土地不动产证
6. 规划设计方案图及规划设计要点文本
7. 依测绘成果绘制的含用地红线的地形图
8. 按规划局格式填报的建设工程设计方案自审表
9. 工程建设项目规划事项申请表
10. 民用建筑防空地下室建设意见书申请表
11. 建设工程规划许可证申请报告
12. 建设工程规划许可证附件
13. 发展改革部门核准、批准、备案文件
14. 建设用地规划许可证
15. 民政局地名确认批复
16. 人防意见书
17. 建筑施工图电子版（按标准进行规整）和面积校核报告
18. 节能设计备案文件
19. 建设工程规划许可证及其附件
20. 建设工程施工许可证
21. 工程概况信息表

22. 投资估算书

二、设计与招标采购阶段资料清单

1. 工程地质勘察报告
2. 办理岩土勘察文件审查所需要的其他资料有：
（1）勘察单位资质证书副本
（2）勘察单位组织机构代码证书副本
（3）规划设计要点
（4）工程立项审批文件
（5）岩土勘察设计文件审查委托书
3. 岩土勘察文件审查意见书
4. 设计方案审查意见
5. 人防、环保、消防等有关主管部门（对设计方案）审查意见
6. 全套施工图设计文件
7. 施工图设计文件审查意见及批准书
8. 办理施工图设计文件审查所需的其他文件：
（1）结构、建筑节能等相关专业计算书
（2）施工图设计文件审查委托书
9. 专业深化设计施工图审查合格证明文件
10. 设计概算书
11. 各类招标文件及招标控制价
12. 各类评标报告
13. 勘察、设计、施工（总包、桩基）、监理、项目管理合同（代建单位）
14. 勘察、设计、施工（总包、桩基）、监理、项目管理单位中标通知书
15. 直接发包文件
16. 办理质量安全监督所需要的其他文件：
（1）建设工程质量、安全监督申报表
（2）项目经理安全生产知识考核合格证书
（3）企业安全生产许可证
（4）危险性较大的分部分项工程清单和安全管理措施
（5）安全文明施工措施费支付计划或凭证
（6）现场周边环境和地下设施情况交底表
17. 办理施工许可证所需的其他文件有：
（1）农民工工资支付专户开设
（2）农民工工资保障金缴纳证明

（3）五方责任人质量终身责任承诺书

（4）建筑工程施工许可申请表

（5）安全防护、文明施工措施费支付计划审查表

18. 办理消防审查所需的其他文件有：

（1）建设单位的营业执照等合法身份证明文件

（2）设计单位的资质

（3）消防审查申请报告

（4）必审必验项目提供《建设工程消防设计审核申报表》

（5）消防设计质量承诺书

（6）消防设计文件

三、施工过程中的项目管理资料清单

1. 全过程工程咨询策划方案
2. 工程建设管理纲要
3. 工程造价咨询方案
4. 项目管理大纲
5. 安全文明管理规划及安全应急预案
6. 施工现场平面规划图
7. 施工现场质量安全管理规定
8. 施工现场工程变更管理规定
9. 施工质量样板工作方案及样板间清单
10. 施工组织设计审查方案
11. 疫情预防工作方案
12. 重大施工方案审查会会议纪要
13. 甲供材料采购方案
14. 甲供材料供应计划审查表
15. 施工质量检查报告
16. 施工安全与文明施工检查报告
17. 全过程工程咨询工作指令单
18. 各类造价审查意见书
19. 工程款支付审查表
20. 各类会议纪要
21. 全过程的各类待办事项清单
22. 全过程工程咨询周报
23. 全过程工程咨询月报

24. 图纸会审、技术核定单、变更设计通知单、工程签证、洽商文件

25. 工程总进度计划

26. 年度、月度和专项进度计划

27. 各类预验收方案及验收报告

28. 各类疫情预防工作记录表

29. 全过程工程咨询工作经验与教训

30. 施工过程及验收节点的影像资料

四、项目验收资料

1. 各类预验收存在问题销项清单

2. 单位工程竣工验收报验表

3. 竣工移交证书

4. 勘察单位工程质量检查报告

5. 设计单位工程质量检查报告

6. 施工单位竣工报告

7. 监理单位工程质量评估报告

8. 单位工程竣工验收报告

9. 建筑工程五方责任主体项目负责人质量终身责任信息档案

10. 工程竣工图

11. 规划、消防、人防（备案证明和监督报告）

12. 质监等部门出具的认可文件或准许使用文件、勘测（测量成果）

13. 消防、防雷、环保、市政等第三方专业检测机构出具的专业测量成果与检测报告

14. 地下管线竣工测量电子数据汇交回执单

15. 房屋建筑工程质量保修书

16. 工程竣工验收证书

17. 工程整体外观和立面状况

18. 室外环境（绿化、亮化、雕塑、道路等附属及配套设施）影像资料

19. 室内环境（大厅、主要通道、楼梯、消防设施等）影像资料

五、工程监理资料

1. 开工令

2. 总监理工程师任命书

3. 监理规划

4. 监理实施细则

5. 采用新技术、新材料、特殊工艺或危险性较大工程监理实施细则及其汇总表

6. 工地例会会议纪要及其汇总表

7. 专题会议纪要及其汇总表

8. 施工方案审查表

9. 工程进度计划审查表

10. 监理日志

11. 监理月报

12. 监理旁站记录表

13. 监理平行检验记录表

14. 各单位工程分部验收工作报告

15. 各单位工程监理质量评估报告

16. 监理工作总结

六、移交建设单位的资料清单

按照合同约定及工程档案管理的相关规定，及时收集整理并向建设单位移交存档资料。主要资料包括：

1. 项目前期资料（发展改革部门批文、不动产权证、用地规划许可证、建设规划许可证、环评报告、节能设计备案表、图审合格证、防雷设计合格证书、消防设计审查证书、人防结建许可证书、渣土处置许可证等）

2. 施工手续资料（质量监督证、安全监督证、施工许可证、人防监督证）

3. 验收手续资料［质安监站施工检查记录、质监站过程分部验收记录、防雷验收报告、人防检测与验收报告及备案证、环保验收报告、白蚁防治验收证明、消防联网监测告知书、消防验收合格书、档案（预）验收证明、规划核实证书、竣工验收备案证明］

4. 检测资料（基坑监测资料、桩基检测资料、材料检测资料、沉降观测资料、环境检测资料）

5. 规划资料［建筑（市政）设计要点、建筑（市政）设计方案审定意见书、建筑（市政）规划许可证、建筑（市政）验灰线测绘报告及结果表、建筑（市政）验正负零测绘报告及结果表、建筑（市政）竣工测绘报告、规划核实证书］

6. 各单位中标通知书、招标文件、投标文件、合同

7. 代建单位或建设单位的通知单、工作联系单

8. 竣工图纸及变更、技术核定单

9. 专题会议纪要

10. 项目管理周报、月报

11. 工程总进度计划、年度工作计划

12. 工程签证、洽商文件

13. 质量保修书

14. 水费卡、电费卡、网络账号

七、移交公司的资料

项目管理应留存并移交公司的资料有：

1. 办理的相关项目许可证书、施工许可手续的影像复印件（发展改革部门批文、不动产权证、用地规划许可证、建设规划许可证、环评报告、节能设计备案表、图审合格证、防雷设计合格证书、消防设计审查证书、人防结建许可证书、渣土处置许可证、质量监督证、安全监督证、施工许可证、人防监督证等）

2. 各类验收合格证书的影像资料或复印件

3. 项目管理中标通知书、合同

4. 项目管理策划书、项目管理实施方案

5. 现场勘察情况报告

6. 招标工作计划、招标工作方案

7. 设计任务书、设计文件审查报告、设计评估总结报告

8. 设计概算审核报告、工程量清单／招标控制价审核报告、现场计量签证台账

9. 总进度控制计划、各分项工作（报批报建、勘察设计、招标采购、施工准备、施工总进度、专业施工进度、验收工作）实施计划及其调整修改版本、月进度计划等

10. 工程报价清单、工程计量原始记录、工程签证、费用支付、索赔文件等

11. 质量管理制度、安全管理制度、样板间种类及要求列表、样板间施工工艺文件、竣工预验收方案

12. 代建单位或建设单位的通知单、工作联系单、各类汇报文件

13. 竣工图纸及变更、技术核定单

14. 会议纪要（含专题会议）

15. 项目管理日志、周报、月报

16. 竣工验收备案证明

17. 竣工结算书、审核报告及相关资料

18. 项目总结报告